스마트TV IDEC 플랫폼 센터

Curriculum Series V

Control and Communication Programming with Smartphone, Smart TV and PC

스마트폰, 스마트TV와 PC 사이의 제어 및 통신 프로그래밍

하상혁 | 윤승훈 | 한제현 | 조성일
김민재 | 이원희 | 민상원 지음

홍릉과학출판사

발간사

1996년에 시작된 IDEC은 국내 반도체설계인력양성사업을 정착시켜서 현재 반도체 산업의 위상 및 가능성의 기반을 이룩하였습니다.

최근 반도체산업은 소프트웨어 및 시스템산업 등과 함께 디지털 컨버전스의 핵심 역할을 수행하게 되어, 차세대 정부 정책 및 산업 수요에 따라 시스템반도체육성에 필요한 고급 설계인력양성과 대학의 연구능력향상 등에 대한 효과적인 해결책을 요구하고 있습니다. 이에 기존의 IDEC을 인력양성, 팹리스 및 파운드리와 시스템 제조 등의 경쟁력 강화를 위한 IPC(IDEC Platform Center)로 발전시키고자 합니다. IPC는 교육과 연구 영역뿐만 아니라 산학연 교류를 위한 플랫폼을 구축하고, 시스템반도체(SoC)와 소프트웨어(SW) 및 시스템(System) 분야가 상호 연동하는 플랫폼을 개발 및 보급하고자 합니다. 광운대학교 IPC는 스마트TV 융합시스템에 대한 3S(SoC, SW, System) 연동 및 ERB(Education, Research, Business) 집적의 산학연 플랫폼을 구축·개발·보급하는 목표를 추구하고 있습니다.

Education 플랫폼은 스마트TV 시스템 디자인에서 SoC 설계까지의 T형 인재양성을 사업목표로 합니다. "나노설계방법론", "스마트TV 아날로그 및 디지털 SoC", "스마트TV UI/UX", "스마트TV CPTN+α" 등 5종의 교재 개발을 14개 대학의 23분 교수님과 산업체의 전문가들께서 추진하고 있습니다. 현재 글로벌시장에서 차지하고 있는 국내기업의 TV단말기 경쟁력을 유지·발전할 수 있도록 국내 스마트TV 인력양성 기반 구축에 기여할 것입니다.

본 교재를 통해 스마트TV 생태계 시스템에 대한 체계적인 이해를 바탕으로 산업수요 기술을 미리 갖추는 준비된 인력이 되기를 바랍니다.

2012년 10월
광운대학교 스마트TV IPC센터장
공 진 흥

머리말

지금은 스마트시대의 초반기이다.

IT기기 중심으로 가전, 자동차 그리고 우리 생활이 스마트화되고 있다. 스마트기기 개발은 일부 글로벌 기업이 주도하고 있으며 이와 관련한 서비스 개발자 및 교육생은 늘 새로운 분야에 대한 자기개발을 필요로 하고 있다. 아이폰과 안드로이드폰이 출시되기 전에는 단순 PC 프로그래밍 교육과 일부 휴대폰 프로그래밍 개발 업무가 대부분이었다. 그러나 스마트폰 사용자들은 단순한 메뉴를 꾸미는 수준을 넘어 자신의 맞춤형서비스를 프로그래밍할 수 있게 되었다.

스마트폰은 개인 위주의 서비스로 발전하는 반면 TV는 과거 가족 중심의 가전기기에서 점차 스마트폰에 방송서비스가 임베디드되거나 단독 가전기기가 스마트화되는 두 가지 추세로 발전하고 있다. 지금까지 TV는 공중파, 케이블 또는 위선통신으로 콘텐츠를 전달하였지만 인터넷이 발전하면서 IPTV가 출현한 후 스마트폰과 유사한 메뉴 및 자신의 앱(App)을 TV에서 실행할 수 있는 스마트 TV로 발전하였고 다른 기기와의 통신도 기본 기능이 되었다.

향후 일반인이 사용하게 될 스마트기기들은 스마트자동차, 스마트가전, 로봇 등이 있으며 이들은 현재 스마트기기들과 연동되어 새로운 서비스가 창출될 것으로 기대된다. 이들이 서로 연동되기 위해서 하부통신기술로써 무선 셀(Cell) 반경이 피코(Pico) 셀 단위로 작아지고 광대역화(Broadband)가 가속화될 것이며 유선 망 구간은 멀티미디어(Multimedia)를 지원할 수 있는 인터넷으로 인프라가 구축될 것이다. 유무선 링크 계층 모두 인터넷으로 상호 연동되면서 이동성 및 서비스품질 보장이 가능할 것이다. 스마트기기 사이의 M2M(Machine-to-Machine), 인터넷주소문제를 해결할 수 있는 IPv6, 멀티미디어 호 접속을 위한 SIP(Session Initiation Protocol), 3GPP(Third Generation Partnership Project)에서 정의하는 EPS(Evolved Packet Service) 관련 기술 등은 핵심 통신프로토콜로 자리매김을 할 것이다.

하드웨어가 동작하기 위한 임베디드 소프트웨어와 다양한 응용서비스를 프로그래밍 등이 점차 프로그래머가 용이하게 사용할 수 있도록 발전하고 있지만 자바 프로그래밍, 안드로이드 프로그래밍 그리고 스마트 TV 프로그래밍 등 각종 스마트기기 환경에 맞는 다양한 프로그래밍의 학습을 필요로 하고 있다. 향후에는 스마트기기들의 개발플랫폼이 표준화되겠지만 현재 개발플랫폼들은 유사하지만 서로 다른 개발환경을 사용하여야 한다.

본 도서에서는 스마트폰, 스마트 TV 그리고 PC가 서로 연동되고 제어하는 서비스 개발을 위한 내용으로 각각 프로그램 개발환경 및 프로그래밍 그리고 서로 통신을 위한 API(Application Programming Interface)를 소개하고 이를 활용한 응용서비스 예를 자세하게 제시하였다. 스마트폰 프로그래밍에 대한 일반도서는 많지만 스마트 TV 프로그래밍 및 이들 사이에 연동 및 제어에 관한 도서는 없어 본 도서에서 제시하는 내용이 스마트기기 사이의 통신 및 제어를 필요로 하는 개발자 및 학생들에게 도움이 되기를 바란다.

본 연구실은 그 동안 인터넷 및 이동통신 분야에서 연구개발을 진행하다가 2010년 스마트TV와 연관한 분야를 시작하면서 현재 스마트 자동차 및 스마트 로봇을 포함한 다양한 스마트기기의 개발플랫폼과 이들 사이에 연동 플랫폼 등을 개발하고 있다. 현재 다양한 개발플랫폼을 접하면서 기본 프로그래밍 틀은 유사한 것을 확인하였고 기존 C 프로그래밍보다는 객체지향 프로그래밍 개념의 프로그램을 사용하여 비교적 개발자가 용이하게 사용할 수 있도록 발전한 것을 확인하였다. 따라서 본 도서를 읽는 독자는 본 도서를 기초로 다양한 프로그래밍을 경험하고 발전하기를 바란다.

본 도서는 본 연구실의 연구원들이 그 동안 엘지전자와 삼성전자의 프로젝트를 수행한 결과를 수행한 내용을 기초로 작성한 것이며 이들의 노력으로 일구어진 결과물을 정리한 것이다. 또한 광운대학교 임베디드공학과의 지원으로 본 도서 작성이 가능하였으며 홍릉과학출판사에서 출판을 도와주었다. 본 도서가 출판될 수 있도록 도와준 연구원, 임베디드 학과 및 광운대학교 구성원들에게 감사함을 전한다.

끝으로 스마트 시대를 사는 우리 모두가 빨리 Smart하게 변신하기 바란다.

참빛관에서 남산을 바라보며..

목차

제6장 스마트 TV 환경설정 및 SDK 소개

제7장 효율적인 스마트 TV 제어를 위한 EPG 정보 제공

제8장 스마트폰-스마트 TV 연동과 인증

제 1 장

스마트기기의 발전

1.1 스마트기기 연동과 컨버전스

1.2 스마트기기 연동

1.3 시스템 개발 범위

1.4 개발 일정

1.1 스마트기기 연동과 컨버전스

현재 컴퓨터와 정보통신의 발전 추세는 컴퓨터 하드웨어의 성능보다 오히려 ICT (Information and Communication Technology) 기술의 활용 방식과 비즈니스 모델을 설계하는 쪽으로 발전하고 있다. 즉, 과거 컴퓨터 하드웨어가 가장 중요하게 인식되던 시대에서 그 중요성이 소프트웨어로 옮겨갔고 다시 정보와 디지털 콘텐츠가 가장 중요한 시대가 된 것이다.

이러한 추세 속에서 IT 기술은 그 자체로 존재하기보다 또 다른 첨단 기술과 융합하여 새로운 첨단 기술과 활용 영역을 창출하거나 기존의 전통산업과의 융합으로 기존산업에 경쟁력을 제공하고 있다. 이와 같은 컨버전스(Convergence)는 다양한 기기 및 기술의 융합을 하고 있으며 특히, 통신 분야에서는 [그림 1-1]과 같이 음성, 데이터 및 영상의 서로 다른 미디어 시스템을 결합하거나 교차하는 등 새로운 기술의 확장을 말한다. 이러한 컨버전스는 기술 영역 외 서비스 및 비즈니스 영역 경계를 불분명하게 만들고 있다.

[그림 1-1] 다양한 환경에서 다양한 스마트기기 연동

그 동안의 통신 기술 및 기기들은 그 기능에 따라 서로 다른 네트워크와 플랫폼을 사용하여 왔다. 예를 들어 방송 분야에서는 TV, 음성은 전화와 휴대폰과 같은 고유의 플랫폼으로 서비스를 각각 제공하였었다. 그러나 새로운 기술 개발과 네트워크의 발달로 인해 다양한 기능을 모두 제공할 수 있는 단말기나 가전기기를 통해 인터넷 및 통신 서비스 등의 멀티미디어 서비스를 제공할 수 있게 되었고 방송, 통신 그리고 컴퓨터 산업이 서로 컨버전스하는 방향으로 발전하고 있다.

가까운 미래에는 스마트폰, 스마트TV 중심으로 기존 가전제품 및 새롭게 출시될 기기는 물론 자동차 및 주변 통신 환경이 서로 연동되게 될 것이며 새로운 환경에서 새로운 문화를 만들어야 할 것이다. 이러한 스마트기기들의 연동은 우리 주변에서 자연스럽게 이루어질 것이며 각 기기들 사이의 OS(Operating System) 및 프로그래밍 언어가 서로 달라도 이 기기들 사이의 연동은 필수적이다. 예를 들어 [그림 1-2]와 같이 무선랜(Wireless Local Area Network: WLAN) 환경에서 스마트폰, 스마트 TV, PC가 서로 연결되어 있을 경우 이들이 서로 사용하는 OS 및 프로그래밍 언어는 서로 다르다. 스마트 TV는 Smart TV OS 환경으로 XML(eXtensible Markup Language), Javascript, CSS(Cascading Style Sheet)를 사용하며 PC는 Windows XP 환경으로 C언어를 사용한다.

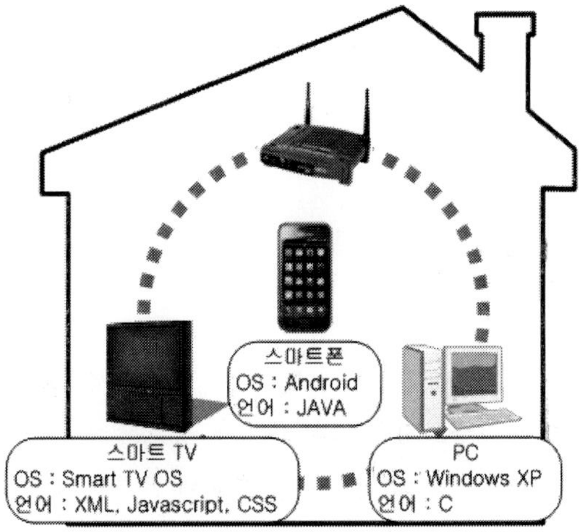

[그림 1-2] 스마트기기의 서로 다른 OS와 개발언어

본 도서에서 설명하고자 하는 스마트기기의 연동은 [그림 1-2]와 같은 환경을 구축하는 것이며 이들 사이에 서비스는 [그림 1-3]과 같이 스마트폰을 이용하여 스마트TV 및 PC를 제어하는 것이다. 이를 위하여 스마트폰은 스마트 TV와 PC를 편리하게 제어하기 위해 직관적인 UI(User Interface)를 개발하고 개발한 UI를 통하여 스마트 TV와는 인증을 수행한 후 채널 변경, 볼륨 조절을 수행하며 PC와는 전원을 인가 후 ID와 PW 값을 수신 받아 원격 PC 로그인 서비스를 수행하는 시나리오를 고려하여 스마트기기 사이의 연동을 개발하였다.

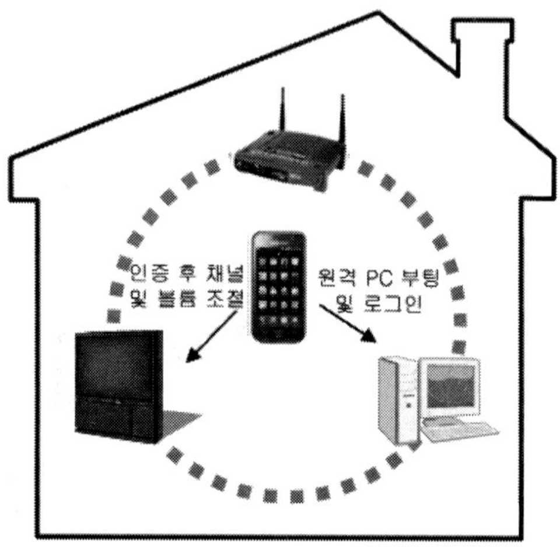

[그림 1-3] 본 도서의 개발목표

1.2 스마트기기 연동

먼저 집안에서 스마트기기 연동은 [그림 1-4]와 같이 사용자의 스마트폰과 댁내에 있는 다양한 스마트기기들과 사용자 정보를 공유하면서 다양한 컨버전스 서비스가 가능하다. 사용자가 퇴근하여 집 근처에 도착하게 되면 사용자의 스마트폰은 댁내의 스마트기기들에게 현재 사용자가 집 근처에 있으며 곧 집에 도착한다는 메시지를 전송한다. 이러한 메시지를 받은 집안의 스마트기기들은 사용자가 집에 도착했을 때 바로 사용자에게 맞는 서비스를 제공할 수 있도록 준비한다. 예를 들어, 냉·난방 장치는 사용자의 도착 시간에 맞추어 사용자가 사전에 설정해 놓은 온도까지 동작하게 된다.

사용자가 집에 도착하게 되면, WLAN을 통해 스마트 TV는 사용자의 인증절차를

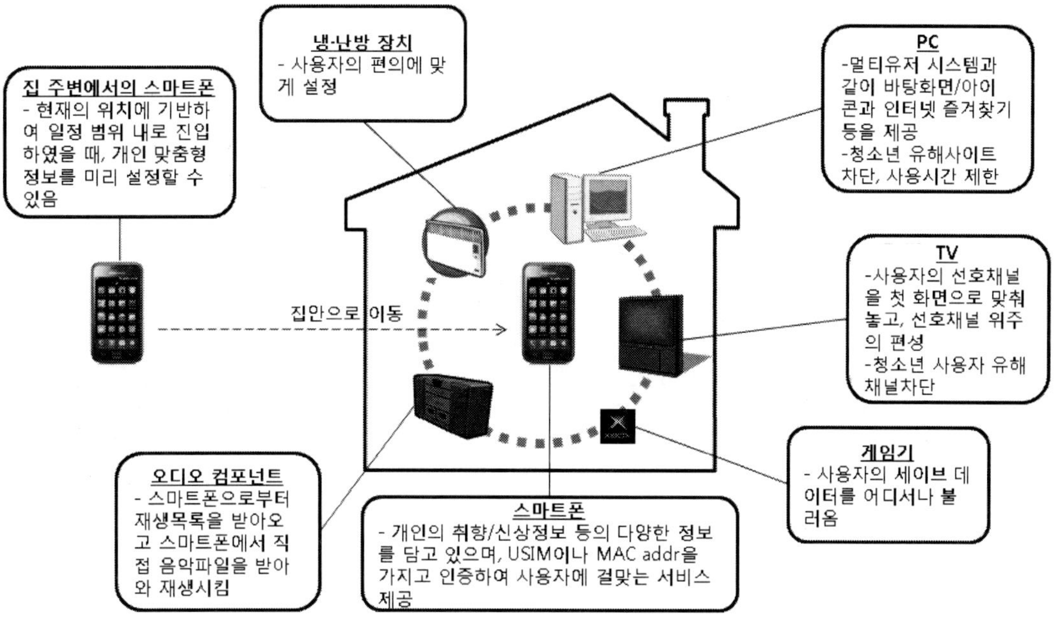

[그림 1-4] 댁내에서 스마트기기 연동 예

거쳐 사용자가 선호하는 채널을 시청할 수 있게 먼저 동작할 수 있다. 또한 Sleep 모드의 PC가 자동 부팅될 수 있도록 연동되며 스마트폰에 설정된 사용자 ID와 PW를 전송하여 사용자 계정으로 원격 로그인하는 서비스를 제공한다. 또한, 오디오는 스마트폰으로부터 재생 목록과 음악 파일을 받아와 재생한다. 게임기로 게임을 했던 사용자는 저장된 게임 정보를 토대로 이전에 진행한 부분에 이어서 게임을 진행할 수 있다.

[그림 1-5]는 사무실에서 가능한 스마트기기의 연동 사례이다. 사무실은 효율적인 스케줄 관리, 문서 관리, 회사 동료와의 커뮤니케이션 등이 원활히 이루어지는 업무를 처리하기 좋은 공간이어야 한다. 스마트폰은 사용자의 개인 정보를 저장하고 있으며 클라우딩 컴퓨팅 서버와 동기화되어 회사 및 다른 구성원의 일정을 공유할 수 있다. 스마트폰을 갖고 사용자가 회사에 출근할 때 회사 입구에서 스마트폰을 이용하여 회사에 출입하는 것이 가능하다. 이때 스마트폰을 이용하여 출입한 사용자의 출근 시간이 자동으로 기록되어 사용자의 출퇴근 시간이 관리되며, 해당 정보는 사용자의 스마트폰으로 전송된다. 이렇게 사용자가 출근했다는 것을 인식하게 되면 사용자의 전자 스케줄러와 PC에 전원을 인가하여 사용자가 도착하였을 때 스케줄 정보를 받고, PC를 바로 사용할 수 있도록 한다.

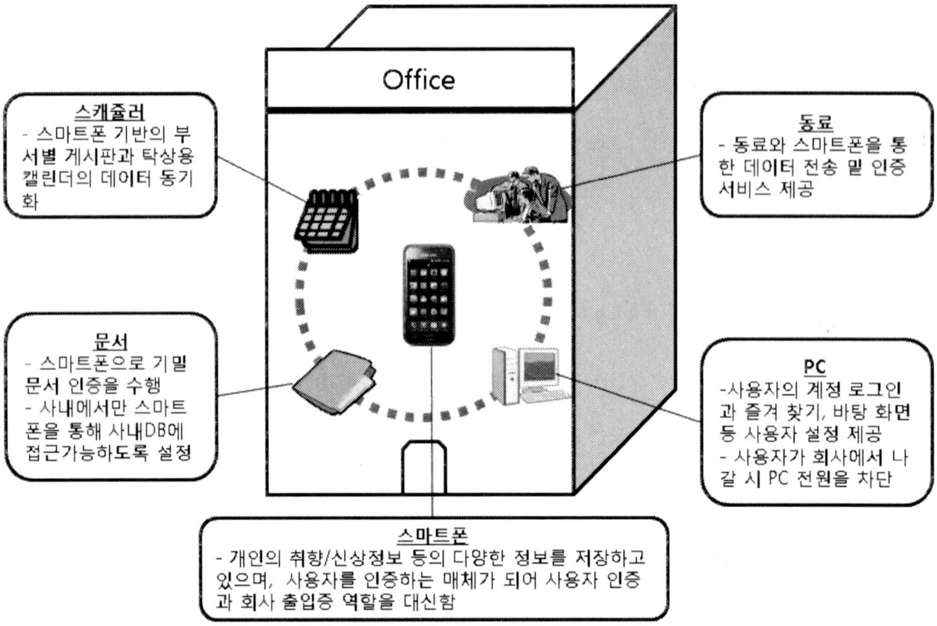

[그림 1-5] 사무실에서 스마트기기 연동 예

전자 스케줄러는 사용자가 자리에 도착하여 사용자의 스마트폰과 전자 스케줄러 간에 동기화를 수행한다. 동기화 과정은 스마트폰에 저장되어 있는 구성원의 스케줄과 회사 업무 일정을 업데이트한다. 이러한 업무 일정 관리 및 협조 사항은 지금까지 이메일 또는 오프라인의 미팅을 통하여 가능했었다.

PC는 댁내에서 스마트기기 연동과 유사하다. 사용자를 인식하여 사용자에게 동일한 작업환경을 제공할 수 있는 서비스를 말한다. 다만, 차이점은 사용자의 전자 스케줄러와 동기화 과정을 통하여 사용자에게 스케줄 알림이나 업무 일정 등의 서비스를 제공하는 점이다.

회사에서 작성한 자료들은 보안 수준에 따라 열람할 수 있는 권한을 제한하는 것이 일반적이다. 스마트폰은 사용자가 항시 가지고 다니는 스마트기기이기 때문에 접근 권한을 확인하기 위한 사용자 인증에 활용할 수 있다. 또한 회사 자료는 사외에서 볼 수 없게 되어 있는데, 인증된 스마트폰으로는 회사 자료를 저장하는 클라우딩 컴퓨팅 서버에 접근하여 사외에서도 회사 자료를 볼 수 있게 만들어 업무 효율을 높일 수 있다.

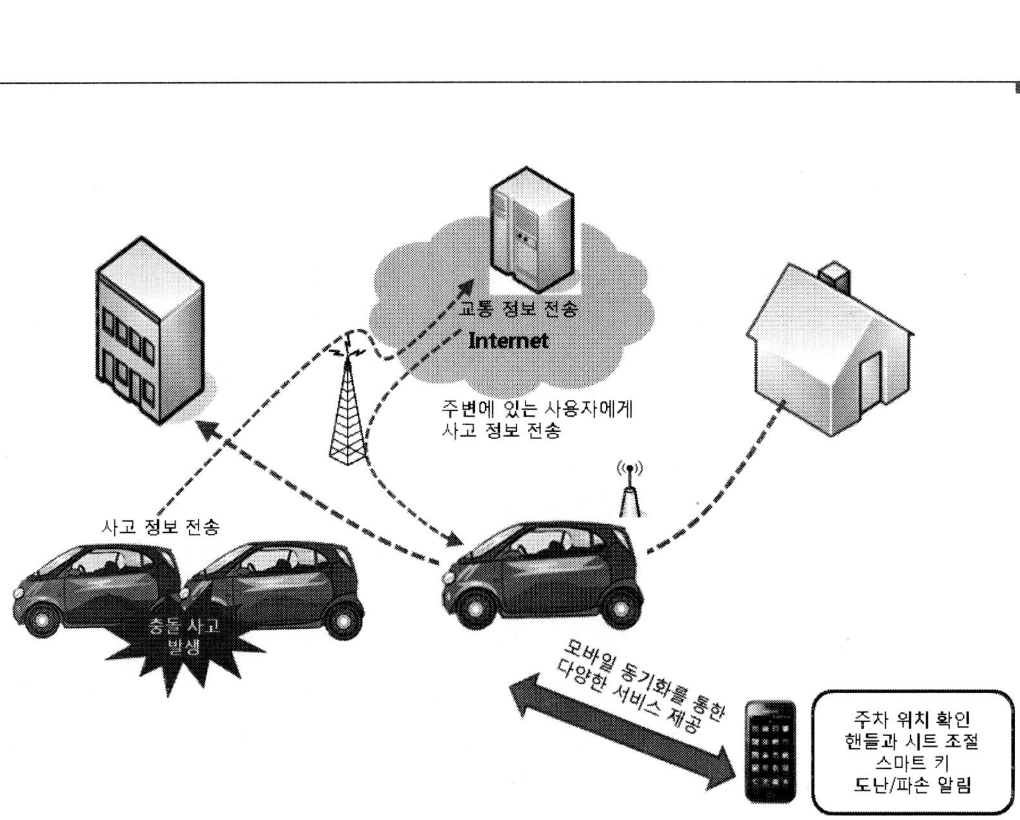

[그림 1-6] 미래의 스마트 카 서비스

가까운 미래에 자동차에 정보통신 기능이 결합되어 스마트 카를 사용하게 되면 [그림 1-6]과 서비스가 가능하다. 스마트 카는 Network Hub, IT 컨버전스를 통한 사용자 안전, 고객 편의성의 극대화와 고객 친화적 생활공간 제공이라는 네 가지 특성을 제공하게 된다. 이와 같은 특성을 제공하기 위해서 스마트 카는 차량 외부의 공중망(Public Network)에 항상 연결되어 스마트 카는 물론 차량 내 사용자에게 네트워크 접근서비스를 제공한다. 스마트 카가 사용하는 무선 네트워크로는 LTE(Long-Term Evolution), HSDPA(High-Speed Downlink Packet Access), Wibro(Wireless Broadband Internet), WLAN 등을 이용하여 네트워크 연결을 유지하며, 주차 중에는 필요에 따라 유선 네트워크로는 이더넷(Ethernet)과도 연결 가능하다. 차량 내 스마트기기와의 연동을 위하여 스마트 카 내부에서 NFC(Near-Field Communication), Bluetooth, Zigbee, WLAN 등을 활용한 네트워크 서비스를 제공한다.

스마트 카는 외부 공중망과 연결되어 외부에서 제공하는 다양한 교통정보를 기초로 교통 상황을 인지할 수 있어 주행 예정인 도로 상황을 파악할 수 있다. 또한 사용자의 스마트 카가 고장 또는 사고를 당했을 경우 고장 및 사고 정보를 서비스 제공사업자에게 전송하여 주변에 있는 다른 스마트 카에 고장 및 사고 정보를 전송하여 이 지역을 경유할 때 능동적으로 대처하도록 할 수 있다. 사용자의 스마트 카가 정상 주행 중 주변의 사고 정보를 받을 경우 일단 속도를 줄여 2차 사고를 사전에 방지하도록 한다.

사용자의 스마트폰과 다른 스마트기기 등은 스마트 카와 동기화하여 자동차 내부에서 뿐만 아니라 원격에서 스마트 카와 관련된 서비스를 받는 것이 가능하다. 예를 들면 스마트 카의 위치, 스마트 카의 상태 진단, 도난/파손 알림 등의 서비스를 받을 수 있다.

스마트 카는 집에서 사무실로 이동하는 중간에 스트리밍 콘텐츠가 끊어지지 않고 지속적인 서비스를 제공하는 중간 네트워크 역할을 수행할 수도 있다. 집과 사무실에 비하여 도로에는 광대역 서비스가 제공되지 못하여 집에서 사무실로 이동할 때까지 콘텐츠가 끊기는 현상 있지만 스마트 카가 광대역 서비스를 지속적으로 제공할 수 있도록 사용자는 이동하면서 스트리밍에 대한 지속성을 유지할 수 있다.

스마트 카는 클라우드 컴퓨팅 서비스를 이용하여 댁내, 스마트 카, 카페, 회사 등에서 사용자를 인식하여 사용자의 콘텐츠를 제공하는 것이다. 이는 사용자가 댁내에서 스마트 카로, 스마트 카에서 회사로 이동할 경우에도 콘텐츠가 끊기지 않는 콘텐츠의 연속성이 보장된 서비스를 받을 수 있다. 이렇게 IT 컨버전스 환경의 자동차에서 사용자에게 다양한 서비스를 제공할 수 있는 자동차가 스마트 카이다.

스마트 카에서 스마트폰을 이용한 개인 맞춤형 서비스로는 사용자의 스마트폰과 동기화하여 개인 맞춤형 서비스를 제공한다. 예를 들어 사용자의 스마트폰은 사용자가 평소에 선호하는 핸들과 시트위치를 저장하고 있어 여러 사용자 정보를 가지고 있을 때 특정 사용자가 스마트 카에 타면 해당 사용자가 선호하는 핸들과 시트 위치 정보를 스마트폰에서 받아서 설정할 수 있을 것이다. 또한 스마트 카 오디오와 연동하여 사용자의 스마트폰에 저장되어 있는 음악을 들을 수 있다. 처음에는 평소 사용자가 선호하는 음량으로 설정되어 있고 이후에는 음악의 장르에 따라 음량을 자동 조절하여 사용자가 음량을 따로 조절할 필요가 없다.

사용자가 스마트 카에 타서 현재 시간에 따라 사용자에게 목적지를 추천해주는 서비스를 제공하는 시나리오도 생각할 수 있다. 이 서비스는 사용자의 일정과 현재 시간을 통해 서비스를 제공하며 특정한 일정이 없을 경우 출근 시간일 경우에는 회사를 목적지로 추천하고, 퇴근 시간일 경우에는 집을 목적지로 추천한다. 이러한 서비스를 통해 사용자는 최소한의 조작으로 목적지를 선택할 수 있게 된다. 또한, 스마트폰에 사용자가 선호하는 정비공장 정보를 저장하고 있어 스마트 카에 문제가 발생했을 경우, 이를 사용자에게 알리고 저장된 정비소에 자동으로 정비 예약을 하고, 예약 결과를 스마트폰에 전송하여 사용자에게 알린다. 또한, 스마트 카의 정비이력 등을 저장하고 있어 다른 정비공장을 이용하게 될 경우에도 효율적으로 스마트 카를 관리할 수 있도록 한다.

이 외에도 여러 장소에서 스마트기기 연동을 통하여 다양한 서비스를 받을 수 있으며 [그림 1-7]은 일부 장소에서 사용가능한 스마트폰과 다른 기기들과의 연동 서비스를 보여주고 있다. PC방은 여러 사용자들이 사용하는 장소로 PC방의 PC들은 특정 사용자가 사용하기 위해 사용되는 것이 아니라, 다수의 사용자들의 사용을 목적으로 하기 때문에 PC방에서 PC를 사용할 때마다 사용자의 스타일에 맞게 설정을 바꿔야 하는 불편한 점이 있다. 이러한 불편함을 개선하기 위해 스마트폰에 사용자의 스타일에 맞는 설정 사항들을 저장하고 이를 PC방 PC에 적용시켜 사용자가 댁내에 있는 PC를 사용하는 것과 같은 환경을 제공한다.

카페에서의 스마트기기 활용 예로서 스마트폰 사용자는 자신이 방문한 카페에서 판매하는 다양한 커피들에 대한 정보를 사용자의 스마트폰으로 전송받을 수 있다. 전송되는 커피 정보는 커피의 원산지, 커피 종류와 종류에 따른 맛의 특징과 해당 커피의 설명 등에 대한 정보들이다. 이런 정보를 받은 스마트폰은 사전에 저장되어 있는 사용자의 취향을 고려하여 사용자가 선호하는 커피들을 사용자에게 제안한다. 이렇

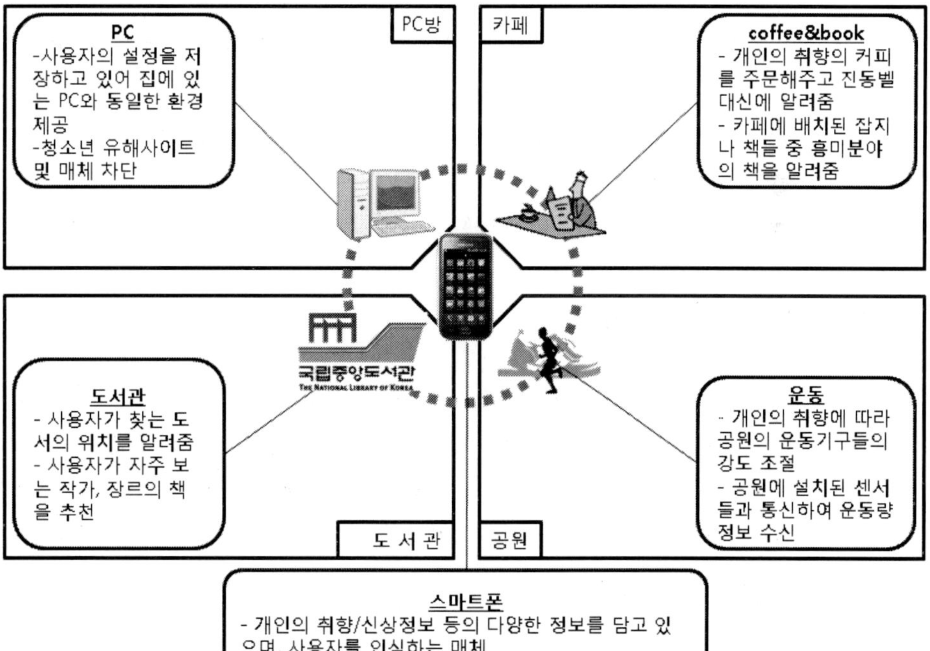

[그림 1-7] 다양한 장소에서 스마트기기 연동 예

게 제안된 커피의 정보를 기초로 사용자가 커피를 결정하면 스마트폰을 이용하여 자신의 자리에서 주문한다. 주문한 커피가 나오면 사용자의 스마트폰의 진동으로 커피가 나왔음을 알린다. 또한, 사용자의 필요에 따라 카페에 배치되어 있는 잡지나 책들에 대한 정보를 사용자의 스마트폰으로 전송하여 사용자가 선호하는 분야의 책의 정보를 사용자에게 알리는 서비스를 제공한다.

도서관에서는 자신의 스마트폰을 통하여 사용자가 자주 보는 작가, 장르, 출판사 등의 정보를 기초로 사용자가 보고 싶어할만한 도서를 추천하거나 도서관 내에서 원하는 도서 위치 정보를 제공할 수 있다. 또한 사용자가 미리 예약한 도서가 있을 경우, 예약 책의 위치를 알려주는 서비스를 제공할 수 있고 도서관 열람실의 자리 상황을 사용자에게 알려주는 등 다양한 부가정보를 사용자에게 알려주어 도서관을 편리하게 사용할 수 있도록 서비스 제공이 가능하다.

공원의 운동장소나 헬스클럽에서 스마트기기들은 사용자가 평소에 운동하던 운동기구 운동량 설정을 사용자에 맞게 설정할 수 있도록 연동될 수 있다. 현재에는 공원이나 헬스클럽에 있는 다양한 운동기구들을 사용하기 위해서 매번 사용자가 직접 자신에 맞게 설정을 해야 한다. 물론 수동 조작하는 운동기구라면 스마트기기 연동이 불가할 것이다. 그러나 스마트한 운동기구가 자동 설정이 가능하다면 스마트폰에 저장된 개인 설정 정보에 따라 운동기구 값들이 설정될 수 있을 것이다. 그리고 스마트 운동 기구와 운동기구 주변에 있는 센서들은 사용자가 운동한 운동량을 측정하여 이를 사용자의 스마트폰으로 전송하므로 매일 사용자의 운동량을 체크하고 담당 트레이너가 있다면 이 정보를 보내어 차후 사용자가 보다 체계적인 지도를 받을 수 있도록 할 수 있다.

1.3 시스템 개발 범위

본 도서에서 연동하는 스마트기기는 스마트폰, 스마트 TV 그리고 PC를 대상으로 하며 이들은 인터넷을 통하여 연결될 수 있는 환경을 고려하였다. 앞 절에서도 설명한 바와 같이 이들은 서로 다른 OS와 프로그래밍 환경이므로 이들을 연동하기 위해서는 각각의 개발환경을 이해하여야 한다. [그림 1-8]은 이러한 환경과 개발 범위를 간단히 보여주고 있다.

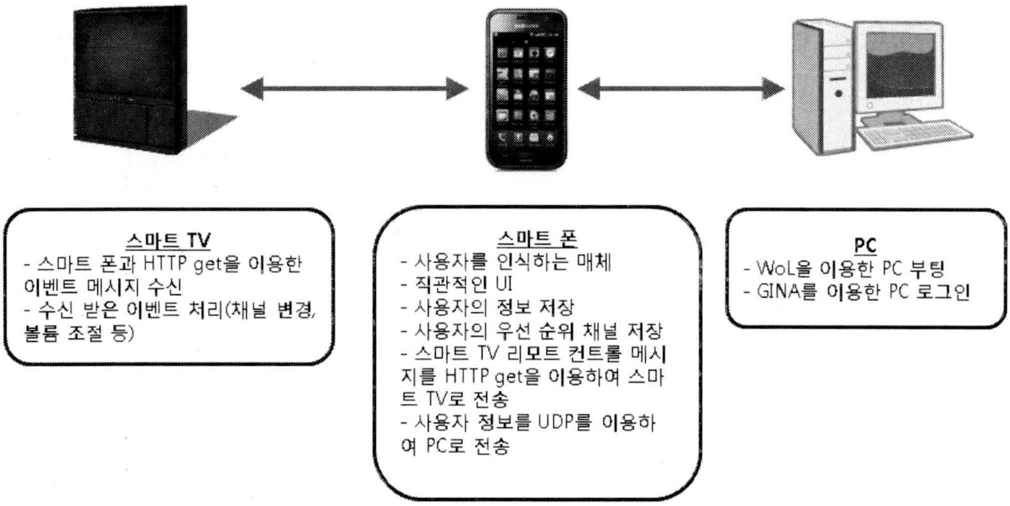

[그림 1-8] 스마트기기 연동 개발 범위

스마트폰은 사용자의 개인정보를 설정하고 사용자를 인식하는 역할과 스마트 TV와 HTTP(Hypertext Transfer Protocol) Get 방식, PC와 UDP(User Datagram Protocol) Socket을 이용하여 서로의 정보나 제어 명령을 주고 받는다. 사용자가 스마트폰에서 스마트 TV와 PC를 편리하게 제어하기 위한 직관적인 UI를 제공한다. 이 UI를 이용하여 사용자는 자신의 개인정보를 보다 편리하게 저장하여 관리할 수 있고, 간편하게 스마트 TV와 PC를 제어할 수 있다. 또한 스마트 TV를 효율적으로 제어하기 위해서는 EPG(Electronic Program Guide) 정보가 필요하다. 그래서 본 도서에서는 사용자에게 EPG정보를 제공하기 위해 인터넷 포털 사이트에서 제공하는 EPG 정보를 파싱(Parsing)하여 사용하였다.

스마트 TV는 사용자를 인증하고, 인증된 사용자의 스마트폰으로부터 제어 메시지를 전송받는다. 이렇게 전송받은 메시지는 스마트 TV에서 XML 형태로 변환한다. 변환된 XML 형태의 메시지는 'XML Parser'를 이용하여 제어 메시지의 종류를 추출한다. 이렇게 추출된 제어 메시지에 맞는 API(Application Programming Interface)를 찾아 호출하는 방식으로 이벤트를 처리하고 처리 결과 값을 리턴한다. 스마트 TV에서 처리하는 이벤트로는 채널 변경, 볼륨 조절, 숫자 입력 등이 있다.

PC는 사용자의 스마트폰과 WoL(Wake on LAN)을 이용하여 사용자의 PC에 전원을 인가한다. 이렇게 전원이 켜진 사용자의 PC는 GINA(Graphical Identification and Authentication) Library를 이용하여 스마트폰에 저장되어 있는 ID와 PW 값을 수신 받아 원격 PC 로그인 서비스를 수행할 수 있다. 스마트폰, 스마트 TV와 PC가

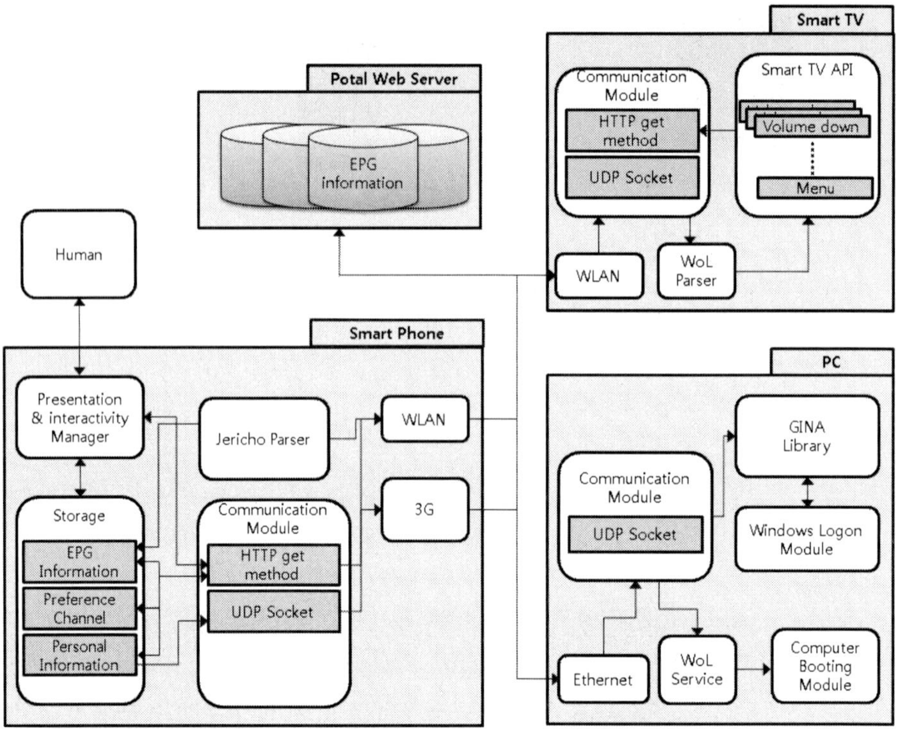

[그림 1-9] 구현한 스마트기기의 기능블록 관계도

서로 연동되기 위하여 각 기능블록과의 관계를 [그림 1-9]에 도식하였다. 기능블록 간의 관계도는 크게 스마트폰, 스마트 TV, PC로 기기로 나누고 각 기기의 내부 기능 블록을 구분하였으며 각 기능블록 간의 관계는 화살표로 표시하였다.

1.4 개발 일정

앞 절에서 설명한 내용들을 개발하기 위해서는 기본적인 프로그래밍은 간단히 할 수 있는 수준의 대학 3~4학년생 4~6인 정도가 참여하여 8개월 정도 작업을 한 것으로 스마트폰, 스마트 TV와 PC 등의 연동과 상위 서비스 개발 일정은 [그림 1-10]과 같다. 여기서 실선으로 된 화살표는 실제 걸린 기간을 나타낸다. 각 모듈에 대한 기술개발 일정을 보면 각각 기술문서를 작성하였고 이 기술문서가 이 책 작성에 기초가 되었다.

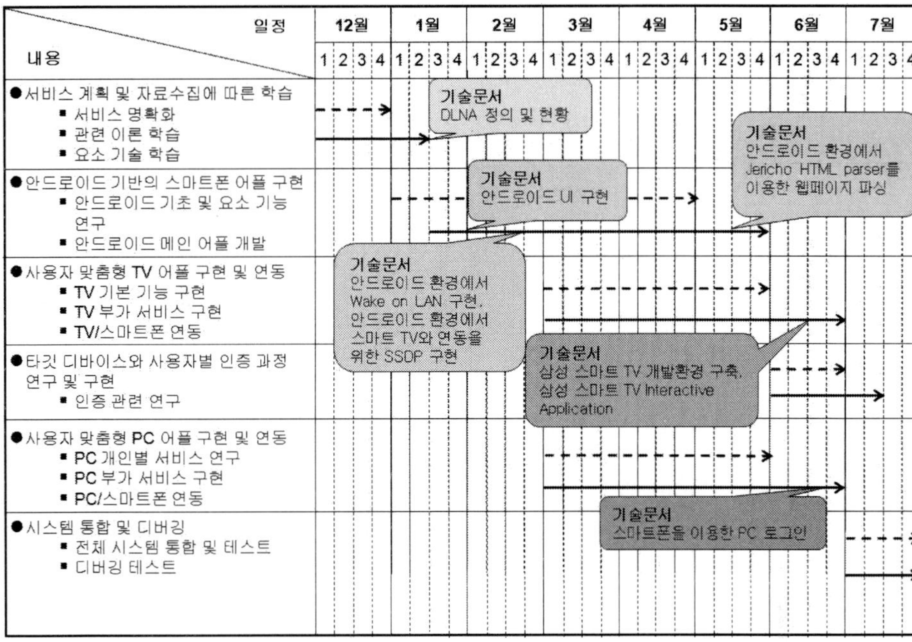

[그림 1-10] 각 개발 범위와 개발일정

제 2 장

Android OS 소개 및 개발환경 구축

2.1 Android 소개

Android는 구글에서 개발한 운영체제로 일반적으로 알려진 것과 같이 스마트폰 등의 모바일 기기를 위한 운영체제이다. 원래의 의미를 살펴보면 운영체제만을 이야기하는 것은 아니며 미들웨어 그리고 핵심 어플리케이션을 포함하고 있는 모바일 기기를 위한 소프트웨어 스택이다. 개방형 모바일 플랫폼에 속하며 개인 프로그래머나 앱 개발자들이 쉽게 개발할 수 있도록 Android SDK(Software Development Kit)을 제공한다. Android는 [그림 2-1]과 같은 로봇 모양을 로고로 사용하는데, 정식 명칭은 없으나 국내에서는 SKT의 홍보로 인해 안드로보이라고도 불린다. 본 절에서는 Android의 역사, 기본 특징, 시스템 구조, 애플리케이션 프레임워크에 대해서 살펴본다.

[그림 2-1] Android 로고

2.1.1 Android 버전

세계 각국의 이동통신 관련 회사 연합체인 OHA(Open Handset Alliance)가 2007년 11월에 현재 스마트기기의 기본적인 플랫폼을 최초로 발표하였다. 실질적으로는 세계적 검색엔진 업체인 구글이 Android라는 이름의 모바일 플랫폼을 개발하던 작은 회사인 Android사를 인수하여 발전시키면서 '구글 Android' 용어가 사용되기 시작하였다.

Android를 탑재한 휴대폰 단말기를 'Android 폰'이라고 하며, 이 플랫폼에서 응용할 수 있는 애플리케이션을 거래하는 온라인 공간을 'Android 마켓'이라고 한다. 세계 첫 Android 폰은 구글과 HTC가 협력해서 제작한 HTC dream으로 2008년 10월에

(a) (b)

[그림 2-2] 최초의 Android 폰 (a) HTC dream, (b) 모토로이

[표 2-1] Android 버전별 애칭 및 특징

버전	버전 코드(애칭)	API level	특징
1.0	Android	1	최초의 Android
1.1	Base_1_1	2	마키 지원, 뷰의 패딩 개선, 새로운 권한 추가
1.5	Cupcake	3	AVD 지원, 홈 스크린 위젯 추가, 비디오 레코딩 등
1.6	Donut	4	TTS, 제스처 등
2.0	Ecliar	5	Exchange 지원, 다중 계정, E-mail 통합, 블루투스
2.0.1	Ecliar_0_1	6	카메라 등 디바이스 지원
2.1	Ecliar_MR1	7	애니메이션 월 페이퍼
2.2	Froyo	8	JIT 시스템, WI-FI 테더링, 클라우드 기반 메시징 등
2.3 2.3.1 2.3.2	Gingerbread	9	VoIP 지원, NFC 지원, 전원 관리 강화 등
2.3.3 2.3.4	Gingerbread_MR1	10	코덱 지원 등 멀티미디어 지원
3.0.x	Honeycomb	11	태블릿을 위한 UI 구조, 오피스 업무 지원 강화
3.1.x	Honeycomb_MR1	12	USB 지원, MIC/joystick/game pad 지원, RTP API 강화
3.2.x	Honeycomb_MR2	13	다양한 해상도 지원, SD card로부터 미디어 싱크 지원

처음으로 공개 되었으며 G1이라고도 불린다. 국내에서 처음 선보인 Android 폰은 2010년 1월에 출시된 모토로라의 모토로이다. [그림 2-2]는 초창기의 Android 폰들의 사진이다. [그림 2-2](a)는 HTC dream이고, [그림 2-2](b)는 국내 최초의 Android 폰인 모토로이 사진이다.

Android 버전은 2008년 05월에 처음 1.0 버전이 발표 되었으며 현재 스마트폰을 위한 버전으로 2.3.4까지 출시되었고 태블릿 PC을 위한 버전으로 3.0, 3.1 등이 출시되었다. 1.5 버전부터는 각 버전마다 애칭으로 알파벳순으로 디저트나 빵의 이름이 붙어 있다. 각 버전에 대한 버전, 애칭, API level 특징들은 [표 2-1]과 같다.

2.1.2 Android의 기본 특징

Android는 다양한 서비스를 제공하기 위해 여러 특징들을 제공하고 있으며 본 소절에서는 Android Developer 사이트인 'http://developer.Android.com/'에서 언급한 기본 특징에 대해서 알아본다.

- **애플리케이션 프레임워크** : 컴포넌트에 대한 재사용 및 치환을 가능
- **달빅(Dalvik) 가상머신** : 모바일 디바이스를 위해 최적화
- **통합 브라우저** : 오픈 소스 웹킷(Webkit) 엔진 기반
- **최적화된 그래픽** : 자체 제작된 2D 그래픽 라이브러리와 OpenGL ES 1.0[1] 스펙에 기반의 3D 그래픽에 의해 강화
- **SQLite** : 데이터베이스와 같은 정형화된 데이터 저장 공간을 위해 제동되는 가벼운 DB
- **미디어 지원** : MPEG4(Moving Picture experts group 4), H.264, MP3(MPEG Audio Layer-3), AAC(Advanced Audio Coding), AMR(Adaptive Multi-Rate), JPG(Joint Photographic Experts Group), PNG(Portable Network Graphics), GIF(Graphics Interchange Format)와 같은 일반적인 오디오, 비디오 그리고 정지 화상 포맷들을 지원
- **무선 통신 지원** : GSM(Global System for Mobile Communications), 블루투스, EDGE(Enhanced Data GSM Environment), 3G 모달 통신모듈과 무선랜 등 통신관련 모듈로 하드웨어에 의존적으로 제공
- **센서 지원** : 카메라, GPS(Global Positioning System), 나침반과 가속계 등 센서 모듈로 하드웨어에 의존적으로 제공

1) 3D 연산을 하는 엔진 프리웨어

▶ **풍부한 개발환경** : 디바이스 에뮬레이터, 디버깅 툴, 메모리 및 성능 프로파일링 그리고 eclipse 통합개발환경을 위한 플러그인을 포함

2.1.3 Android 시스템 구조

Android 시스템 구조는 특정 서비스를 위해 특화된 부분으로 크게 다섯 부분으로 나뉘며 [그림 2-3]과 같다. 각각의 계층에서 담당하는 역할은 애플리케이션, 애플리케이션 프레임워크, 라이브러리, Android 런타임, 리눅스 커널로 구성되어 있다.

애플리케이션 계층은 이메일 클라이언트, SMS 문자메세지 프로그램, 캘린더, 맵, 브라우저, 주소록 등과 같은 핵심 어플리케이션을 탑재하고 있으며, 모든 애플리케이션은 Java 프로그래밍 언어로 작성되었다.

애플리케이션 프레임워크는 개발자를 위한 프레임워크로 여기서 제공하는 프레임워크 API를 통해 핵심 어플리케이션을 구현할 수 있으며, 그와 유사한 기능의 다양한 어플들을 개발, 관리할 수 있도록 도와준다. 대부분이 JNI[2)]를 통해 native C, C++로 작성되어있다. 애플리케이션의 Life Cycle을 관리하는 'Activity Manager', Android 패키지파일인 '.apk'를 읽어오는 'Package Manager', 애플리케이션의 윈도우를 관리하는 'Window Manager', 문자열 등의 자원들을 관리하는 'Resource Manager', Data를 제공하는 'Content Manager', Widget, View, Layout 들을 관리하는 'View System'이 핵심 시스템 서비스를 담당하며, 그 외에 'Location Manager', 'Telephony Manager', 'Buetooth Service', 'WiFi Service', 'USB Service', 'Sensor Service' 등이 하드웨어와 인터페이스를 담당한다.

라이브러리는 다양한 Android 시스템 컴포넌트에서 사용되는 C/C++ 라이브러리를 포함하고 있다. 임베디드 리눅스 기반의 시스템 C라이브러리, 다양한 오디오와 비디오 포맷을 지원하는 미디어 라이브러리, 2D 및 3D 그래픽 레이어들의 관리를 위한 서피스 라이브러리, 2D 그래픽 앤젠의 하단을 구성하는 SGL, 경량화된 관계형 데이터베이스 엔진인 SQLite 등이 핵심라이브러리라고 볼 수 있다.

Android 런타임은 코어 라이브러리와 달빅 가상머신으로 이루어져있으며 코어 라이브러리는 Java 프로그래밍 언어의 주요 라이브러리를 포함하고 있다. 달빅 가상머신은 하나의 디바이스에서 다양한 가상머신이 효율적으로 운용될 수 있도록 만들어졌으며 최소 메모리를 사용하도록 최적화된 달빅 실행 파일인 '.dex'를 실행한다.

---

2) Java Native Interface의 약어로 Java로 만들어진 프로그램에서 해당 플랫폼에서만 실행 가능한 네이티브 코드에 접근하기 위해 만들어진 API

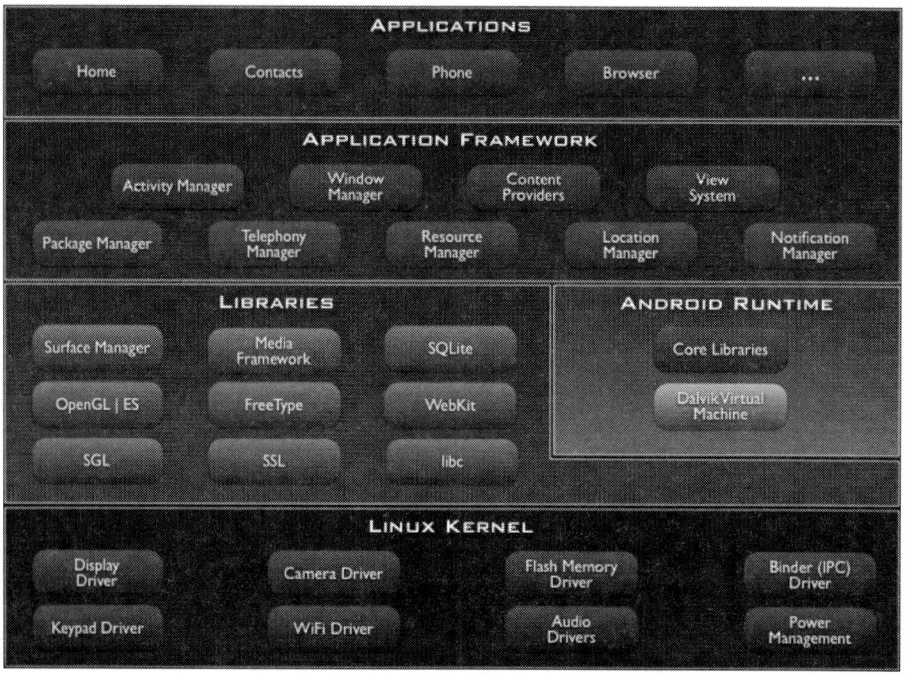

[그림 2-3] Android 시스템 구조

리눅스 커널은 보안, 메모리 관리, 프로세스 관리, 네트워크 스택, 그리고 드라이버 모델과 같은 핵심 시스템 서비스를 담당한다. 리눅스 커널이 있기에 Android 플랫폼 스택이 추상화된 다양한 하드웨어 디바이스를 사용할 수 있게 되었다. 현재 Android는 리눅스 커널 2.6 버전에서 동작하고 있다.

2.2 Android 개발환경 구축

Android를 개발하기 위해서는 기본적으로 개발환경을 구축해야할 필요가 있다. Android 개발환경은 크게 Java JDK, eclipse, Android SDK의 세 가지 프로그램으로 구성되어 있다. Java를 기본으로 동작을 하기 때문에 Java JDK를 설치해야 하며, Java에서의 프로그래밍과 마찬가지로 코딩 및 컴파일을 쉽게 하기 위해서 eclipse를 필요로 한다. 또한 추가적으로 Android 관련 API와 AVD(Android Virtual Device)라는 가상 머신을 위하여 Android SDK의 설치가 필요하다. 본 절에서는 각 프로그램에 대한 설치를 Java JDK, eclipse, Android SDK 등을 순서대로 소개한다.

2.2.1 Java JDK

Java는 미국의 Sun Microsystems사가 1995년에 개발한 객체지향의 프로그래밍 언어로서 현재는 Oracle에 인수되어 업그레이드되었다. Java JDK는 Oracle사 홈페이지(http://www.oracle.com/)에서 다운로드 받을 수 있으며 [그림 2-4]와 같다. 홈페이지에 접속하여 상위에 존재하는 'Downloads' 메뉴의 하위 메뉴인 'Popular Downloads'의 'Java for Developers' 항목을 선택한다.

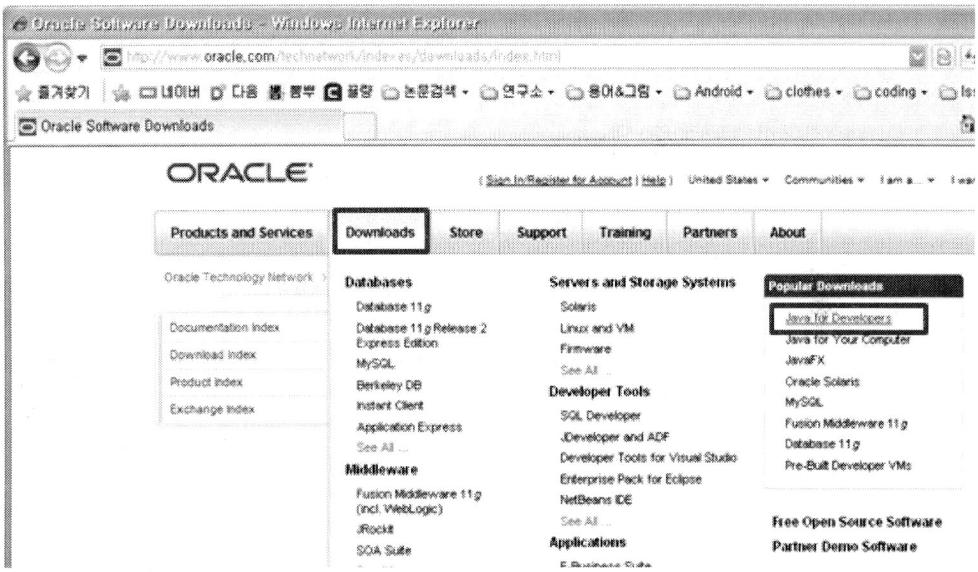

[그림 2-4] Oracle사 홈페이지

'Java for Developers' 항목을 선택하면 [그림 2-5](a)와 같은 화면을 볼 수 있으며 해당화면에서 Java 그림 아래의 'Download' 항목을 선택하여 다운로드 화면으로 넘어간다. 현재 Java JDK의 최신버전은 7로 [그림 2-5](a)에서 표시된 버튼을 누르면 7버전을 다운로드할 수 있고 이전 버전은 아래의 다른 링크를 통해 다운로드가 가능하다. 다운로드 화면은 [그림 2-5](b)와 같으며 라이선스에 동의하고 자신의 PC의 버전에 맞게 선택하여 다운로드를 진행하면 된다. XP는 32bit 버전의 운영체제를 사용하므로 Windows x86을 다운하면 되고, Windows 7은 주로 x64를 사용하지만 x86도 존재하므로 OS 버전에 맞추어 다운로드한다.

(a)

- 자신의 PC의 버전에 맞게 선택. XP는 Windows x86을 다운로드하면 됨.

(b)

[그림 2-5] Java JDK 다운로드 화면 (a) 다운로드 메인화면, (b) 버전 선택 및 다운로드 화면

다운로드 받은 파일을 설치하면 [그림 2-6]과 같은 순서로 설치를 진행할 수 있다. 설치 절차대로 'Next' 버튼을 선택하여 설치를 진행할 수 있으며, 기본 설치폴더인 "C:₩Program Files₩Java₩jdk1.7.0₩"에 설치하는 것을 권장한다.

2.2.2 eclipse

eclipse는 플러그인 가능한 플랫폼(Pluggable Platform)을 만들려는 취지하에 OTI(Object Technologies International)의 멤버들이 처음 시작한 자바 기반의 프로젝트이다. eclipse 프로젝트는 2001년 11월에 IBM으로부터 지원받으면서 오픈소스 프로젝트로 공식 출범되었고 2002년 6월에 eclipse 2.0이 출시된 이후, eclipse는 전 세계 자바 개발자들의 폭발적인 관심을 받았다. eclipse는 일반 개발자들에게는 무료

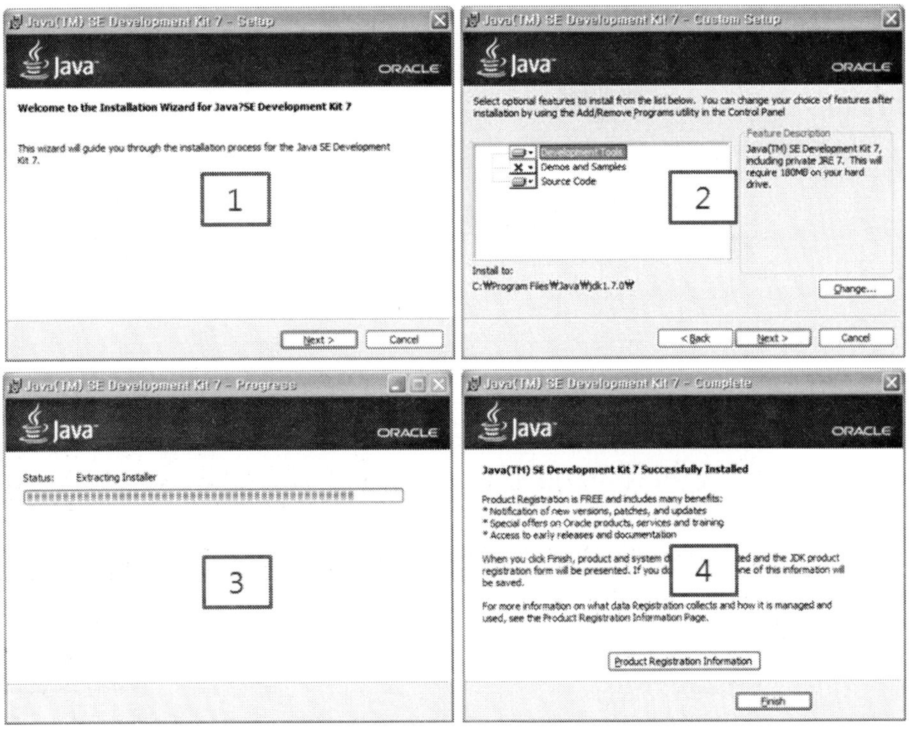

[그림 2-6] Java JDK 설치 화면

로 사용할 수 있으며 확장성 높은 고급 툴이며, 제조업자들에게는 자사의 제품을 플러그인을 통해 통합시켜 제공할 수 있는 중요한 기반 플랫폼이다.

eclipse는 공식사이트인 'http://www.eclipse.org/'에서 다운받을 수 있으며 [그림 2-7](a)의 초기화면에서 'Downloads' 항목을 선택하고 [그림 2-7](b)와 같은 화면에서 자신의 PC버전에 맞는 eclipse 버전을 선택하고 [그림 2-7](c)와 같은 화면이 뜨면 다운로드가 가능하다. 여러 가지 방법으로 다운로드가 가능하지만 추천된 '[Korea, Republic of] xxxxx' 항목을 선택하여 다운로드하는 것을 권장한다. 본 화면에서는 '[Korea, Republic of] Daum Communications(http)' 항목이 추천된 화면이며 다른 추천이 나타나도 해당 추천으로 다운받는 것이 빠르게 다운받을 수 있는 방법이다.

다운로드가 완료되었으면 원하는 폴더에 압축을 풀어 실행할 수 있다. 우리는 [그림 2-8]과 같이 "C:₩Android₩eclipse₩"라는 폴더에 저장하였다. 단, 이 폴더를 고를 때 폴더명에 한글이나 띄어쓰기가 들어가면 프로그램 실행할 때 문제가 될 수 있으므로 한글과 띄어쓰기는 가능하면 사용하지 않는 것이 바람직하다.

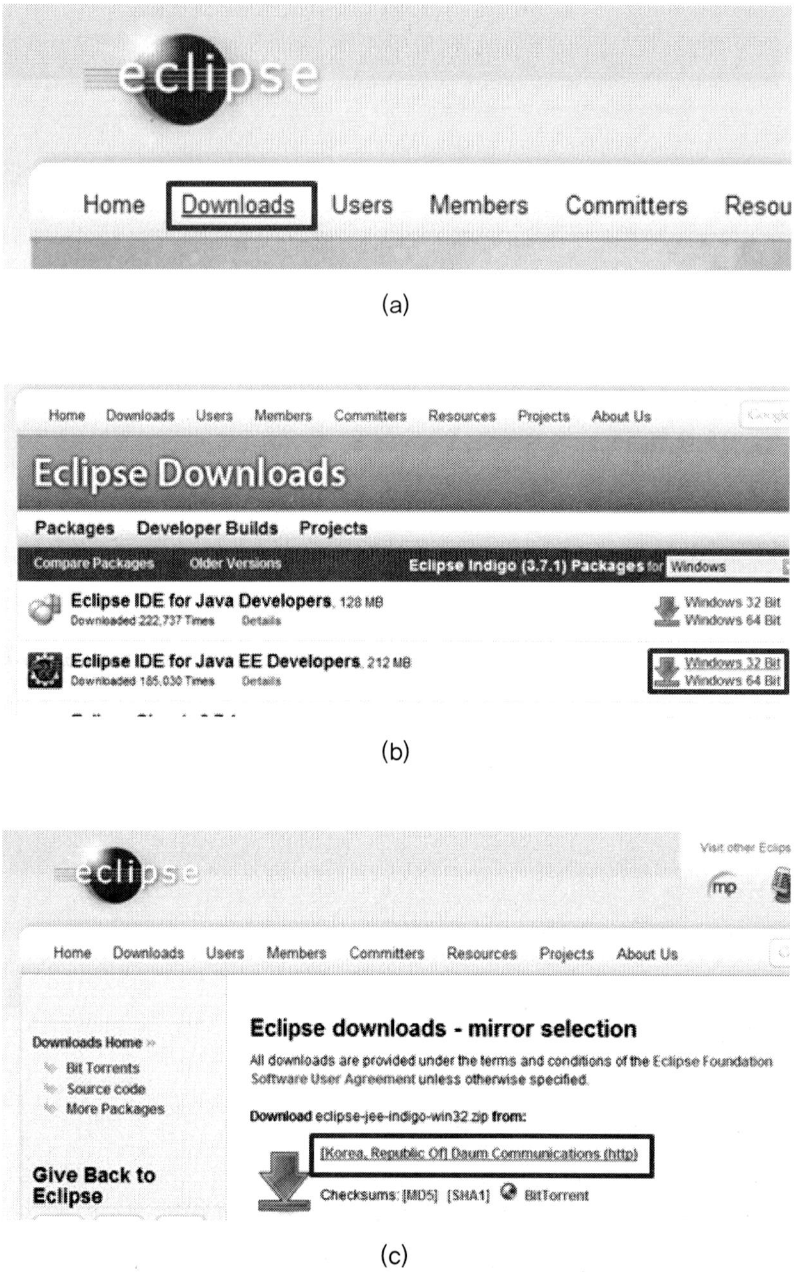

(a) (b) (c)

[그림 2-7] eclipse 다운로드 페이지
(a) eclipse 홈페이지 메인 메뉴, (b) eclipse 선택 메뉴, (c) 다운로드 화면

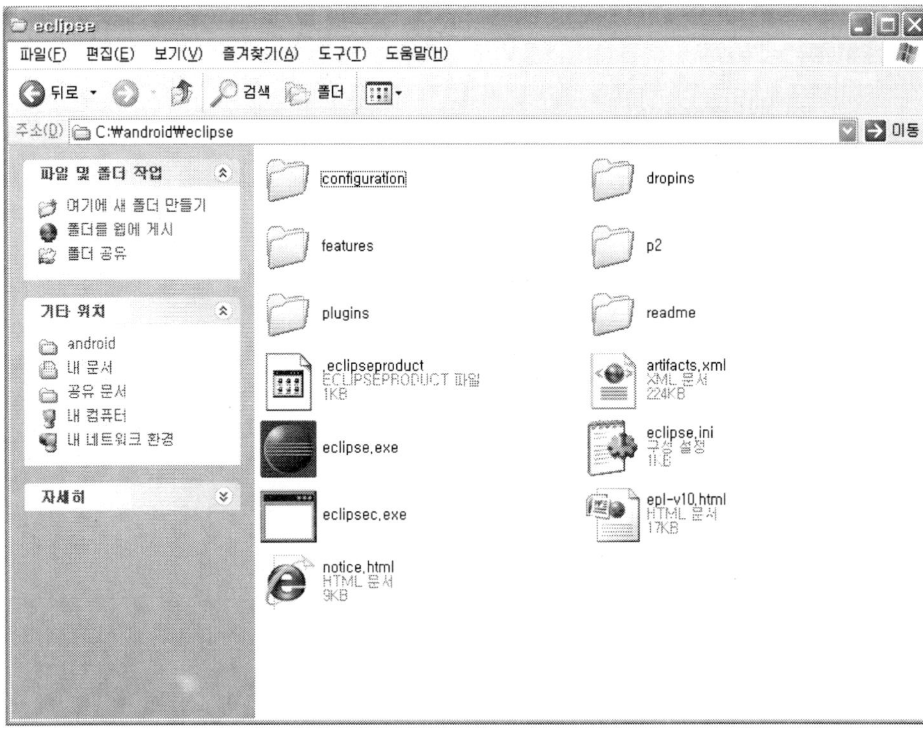

[그림 2-8] eclipse 설치 폴더

설치된 폴더의 "eclipse.exe"를 실행하면 [그림 2-9]와 같은 화면이 나타나는 데 프로그래밍 한 소스코드가 저장될 폴더를 선택할 수 있다. 이때 'Use This as the Default and Do Not Ask Again' 항목을 선택하면 다음 실행 시 해당 화면이 뜨지 않으며 저장된 폴더에 저장된다.

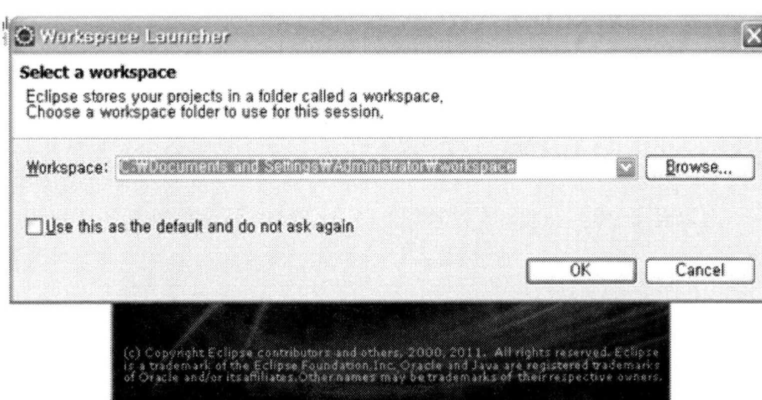

[그림 2-9] eclipse 첫 화면

'Select a Workspace' 과정을 마치고 나면 [그림 2-10](a)와 같은 화면이 나타나게 되고 빨갛게 표시된 'Workbench' 항목을 클릭하면 [그림 2-10](b)와 같은 워크벤치 화면을 볼 수 있다. 여기서 [그림 2-10](b)가 바로 앞으로 프로그래밍을 진행하게 될 화면이다.

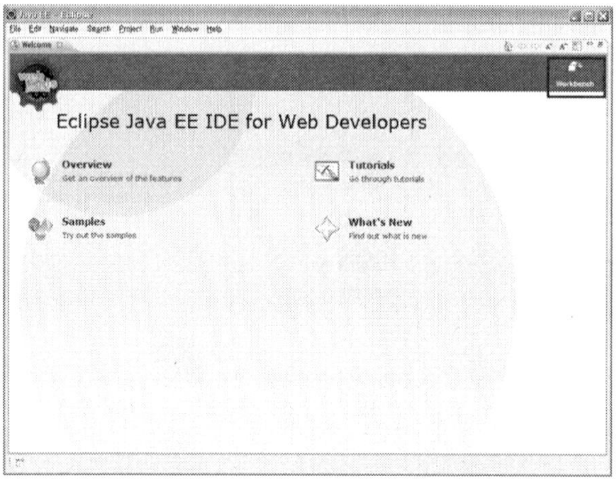

(a)

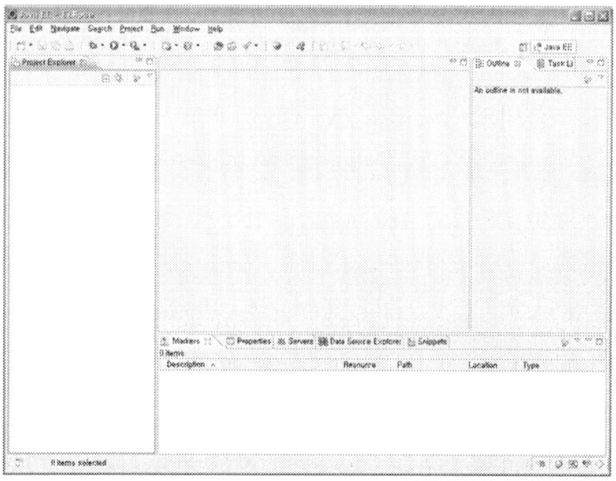

(b)

[그림 2-10] eclipse 실행화면 (a) eclipse 첫 실행화면, (b) eclipse 프로그래밍 화면

- 만약 eclipse 실행 시 에러가 발생하는 경우

eclipse 실행할 때, [그림 2-11]과 같은 에러가 나는 경우가 있다. 이 에러는 eclipse가 Java와의 연동이 실패했다는 에러 메시지이다. 본 과정을 따라오던 중에 에러가

났다면 분명히 eclipse가 Java가 설치되어 있는 경로를 찾지 못하는 것으로 jdk 7버전과의 호환성문제가 생긴 것이다. 해결책은 [그림 2-11]와 같다. [그림 2-12]에서 eclipse가 설치된 폴더의 "eclipse.ini" 파일을 메모장으로 열어 [그림 2-12]에서 블록 표시된 부분 즉, 'C:₩program Files₩Java₩jdk1.7.0_24₩bin₩Javaw.exe-vmargs' 항목을 추가해주면 된다.

[그림 2-11] eclipse 실행 에러

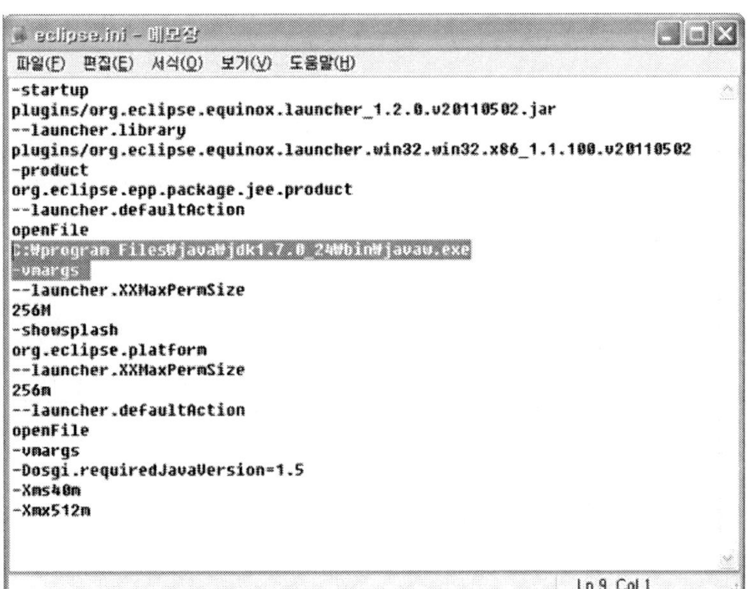

[그림 2-12] 에러 해결을 위한 파일 수정

2.2.3 eclipse-Android SDK 연동

설치가 완료 되었으면 Android 관련 추가사항을 설치해야 한다. [그림 2-13]의 [1]과 같이 'Help' 항목의 'Install New Software...' 항목을 선택하면 [그림 2-13]의 [2]와 같은 화면을 볼 수 있을 것이다. Android 추가항목을 구글 사이트로부터 다운로드 받아오기 위해 'Work with' 항목에 "https://dl-ssl.google.com/Android/eclipse"라고 작성하고 'Add' 버튼을 선택한다. 'Add' 버튼을 선택하면 [그림 2-13]의 [3]과 같이 'Add Repository' 화면이 뜨게 된다. 본 문서에서는 Name으로 'Android ADT'라는 이름을 적어준 뒤, 'OK' 버튼을 선택한다. 이때 설치장소에 따라 접속 프로토콜이 보안이 적용된 https가 네트워크 상황에 따라 방화벽이나 보안 문제로 인해 접속이 안 되는 경우가 종종 있는데 이 경우 https를 http로 바꿔 주면 제대로 동작할 것

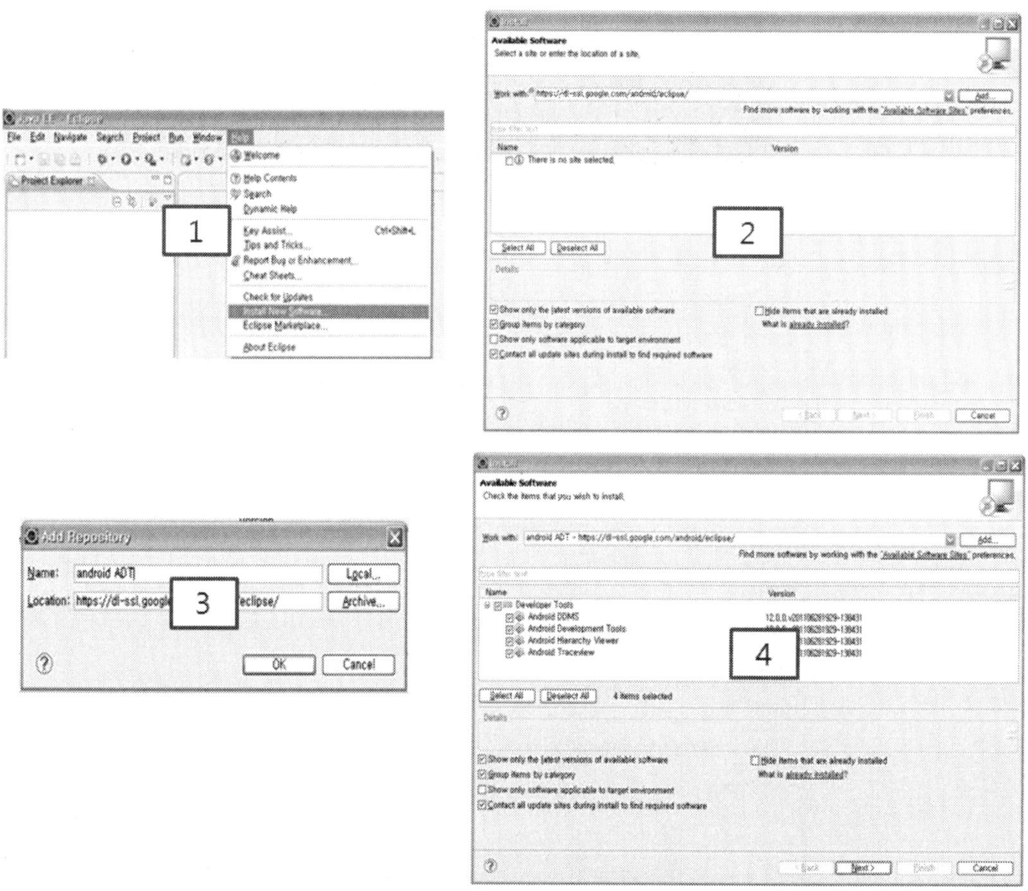

[그림 2-13] Android 추가사항 설치 1단계

이다. 'Add' 작업이 완료되면 [그림 2-13]의 [4]와 같이 가운데 하얀 창에 'Developer Tools' 항목이 추가된 것을 볼 수 있는 데 해당항목을 체크하고 하단의 'Next' 버튼을 선택하여 설치를 진행한다.

다음으로 install 과정이 진행되는데 [그림 2-14]와 같은 순서로 진행되며 [그림 2-14]의 [1]에서는 'Next' 버튼을 선택해주고 [2]에서는 'I agree the terms of the licence agreements' 항목을 선택하고 'Finish' 버튼을 선택해주면 [3]과 같이 인스톨 과정이 진행되고 인스톨이 완료되면 [4]와 같은 안내창이 뜨게 되는데 'Restart Now' 버튼을 클릭하면 eclipse 프로그램에 Android 관련 추가사항들이 적용된 eclipse가 다시 실행되게 된다.

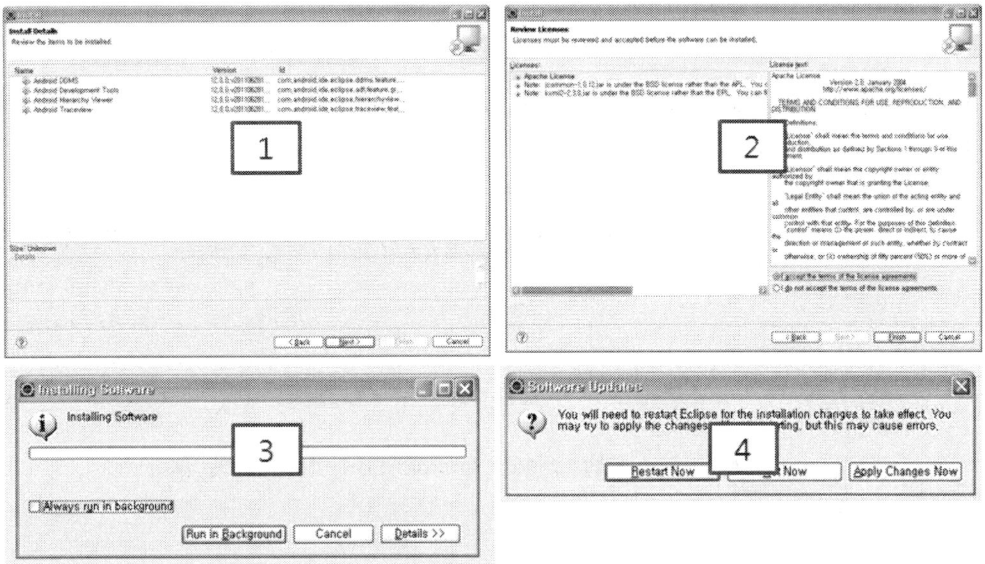

[그림 2-14] Android 추가사항 Install 과정

2.2.4 Android SDK

Android SDK는 Android 공식사이트(http://developer.Android.com)에서 다운로드받을 수 있다. 해당 사이트에 접속하면 [그림 2-15]와 같은 화면을 볼 수 있고 우측 상단의 'Download' 항목을 선택하여 다운로드 페이지로 들어갈 수 있다. 다운로드 페이지는 [그림 2-16]과 같으며 자신의 OS에 맞는 버전을 다운로드한다. 일반적인 Windows PC 사용자는 "installer_r12-windows.exe"를 다운로드 받을 것을 권장

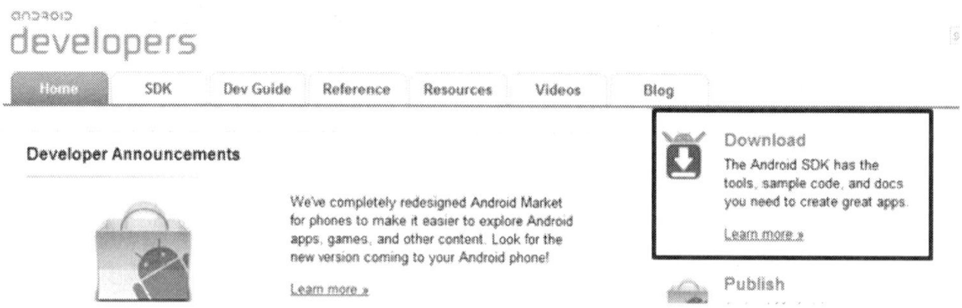

[그림 2-15] Android Developers 사이트

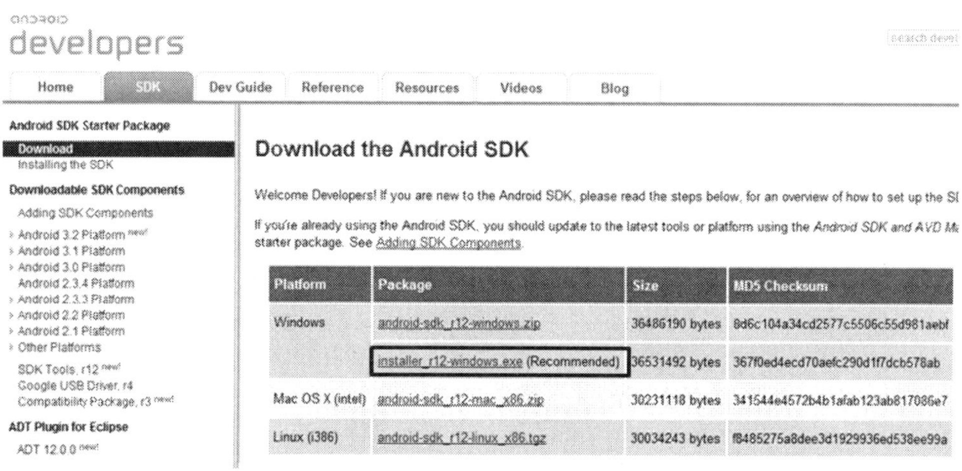

[그림 2-16] Android SDK 다운로드 페이지

한다.

다운로드 받은 SDK를 실행하면 [그림 2-17]과 같은 순서로 설치가 진행되게 된다. 일반적으로 'Next' 버튼을 선택하여 진행하면 되지만 5번째 화면에서 'Destination Folder'를 기본 폴더로 지정하면 나중에 eclipse에서 문제가 생길 수 있다. 그래서 본 문서에서는 "C:₩anroid₩Android_sdk"에 설치를 진행하였다. 설치가 완료되면 'SDK Manager' 항목이 실행되도록 체크가 되어있으므로 [그림 2-18]과 같이 'SDK Manager'가 실행될 것이다.

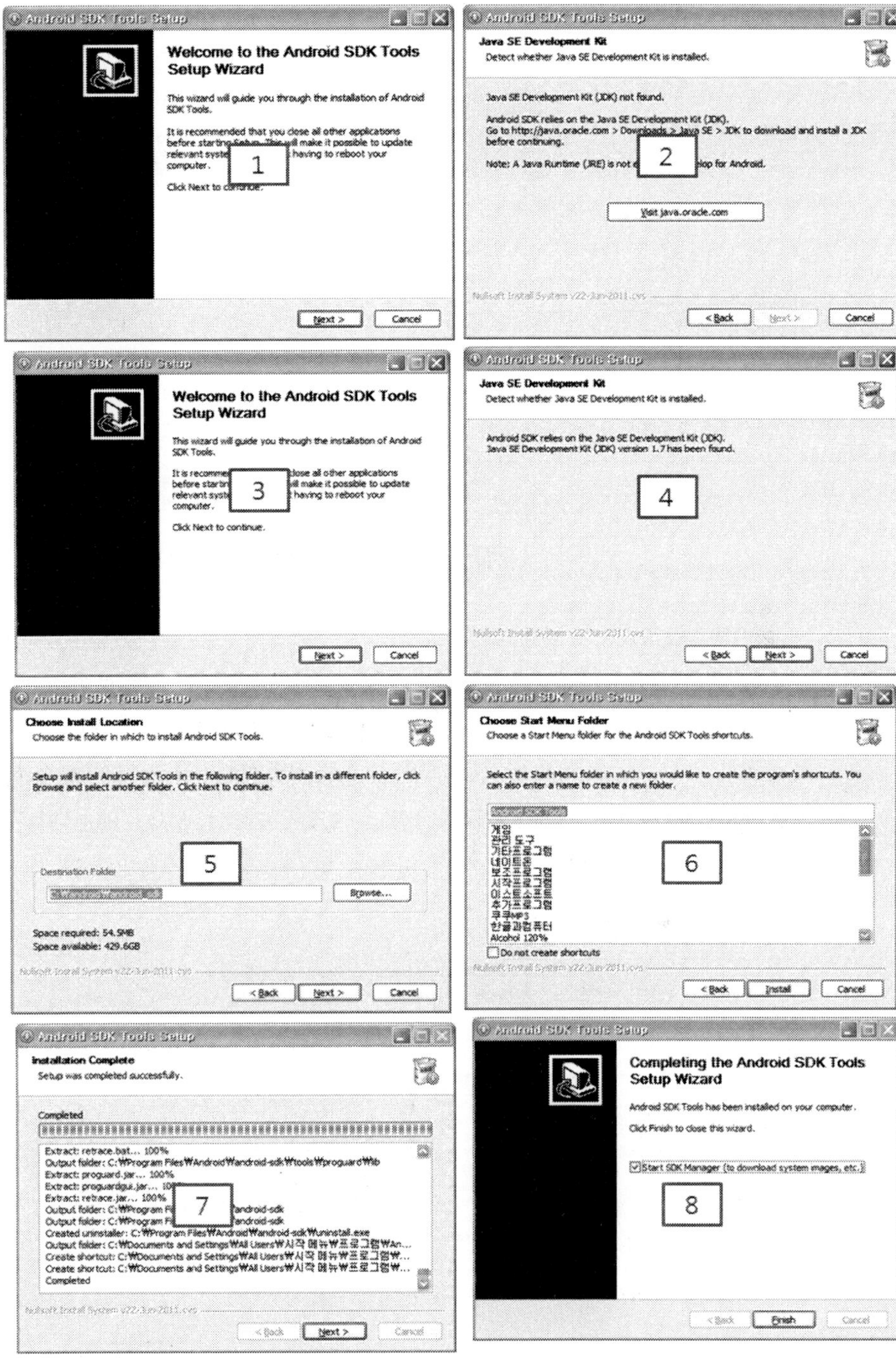

[그림 2-17] Android SDK 설치 과정

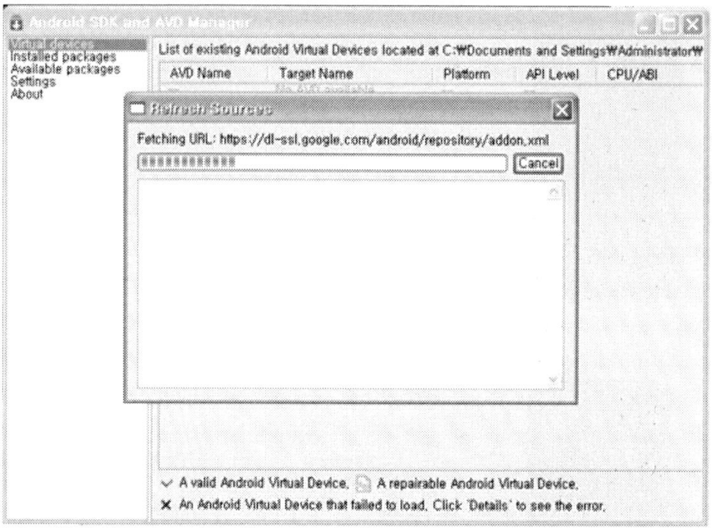

[그림 2-18] SDK Manager 실행화면

SDK Manager가 실행되면 소스코드인 'https://dl-ssl.google.com/Android/'로부터 데이터를 받아 [그림 2-19]와 같은 추가적 설치 요소를 보여준다. 추가적 구성요소로는 각 버전의 SDK의 플랫폼이 있으며 필요한 것을 체크하고 'Accept' 버튼을 선택한 뒤 'Install' 버튼을 눌러주면 설치가 시작된다. 이때 너무 많은 항목을 설치하면 설치 시 상당히 오랜 시간이 걸릴 수 있다. 모두 다운로드해도 되나 시간이 부족한 경우 자신의 디바이스에 맞는 버전만 다운받을 것을 권장한다.

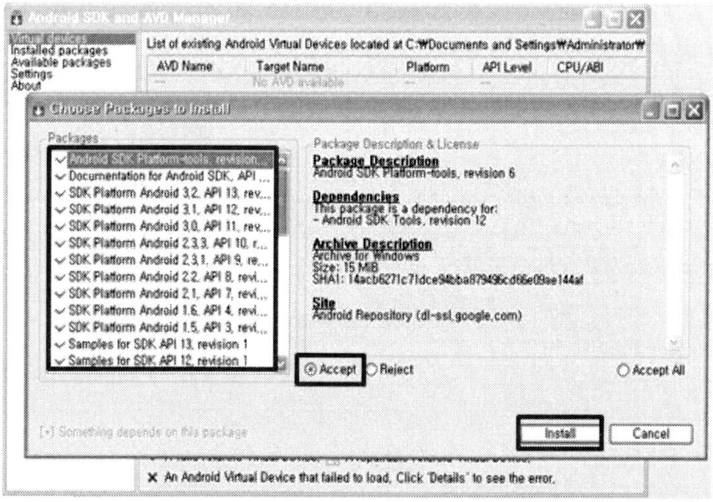

[그림 2-19] Android 추가적 설치 요소

[그림 2-20](a)와 같이 설치과정이 진행되고 설치가 완료되어 'Close' 버튼을 선택해주면 [그림 2-20](b)에서처럼 'Installed packages'에서 설치된 SDK platform을 확인할 수 있다. 이로서 Android SDK의 설치는 완료되었으며, Android 개발을 수행할 수 있게 되었다.

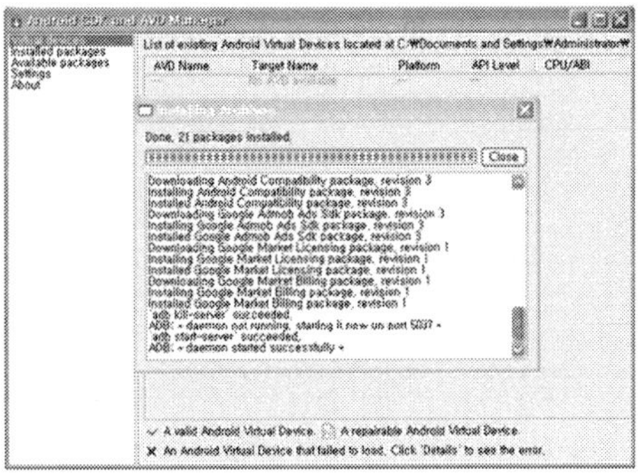

(a)

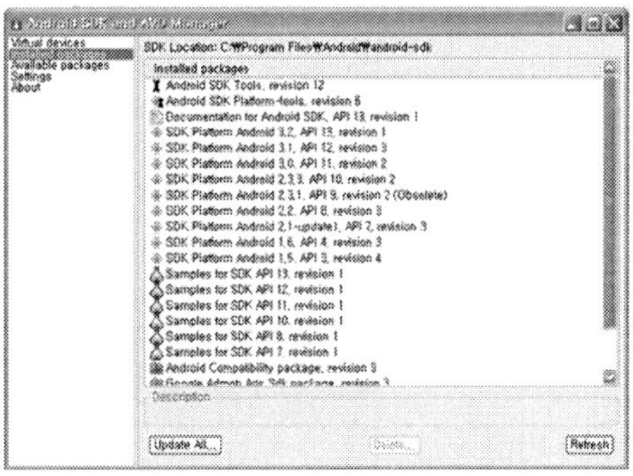

(b)

[그림 2-20] Android SDK 추가 설치 화면 (a) 추가 설치 중인 화면, (b) 설치 완료된 화면

2.2.5 Android AVD

Android AVD는 PC에서 Android와 비슷한 환경을 구현하여 Android 디바이스에 설치하기 전에 실행을 확인할 수 있도록 만들어진 툴이다. AVD를 사용하기 위해서는 AVD를 생성해 주어야 하는데 [그림 2-21]과 같이 eclipse의 'Windows' 메뉴의 'Android SDK and Manager' 항목을 선택하여 'Android SDK and Manager' 메뉴에 들어가면 이전에 살펴보았던 화면을 볼 수 있다. 이중에서 'Virtual Devices' 항목을 선택하면 [그림 2-22]와 같은 화면을 볼 수 있다. 그리고 'New' 버튼을 선택하여 AVD 생성 메뉴를 불러올 수 있다.

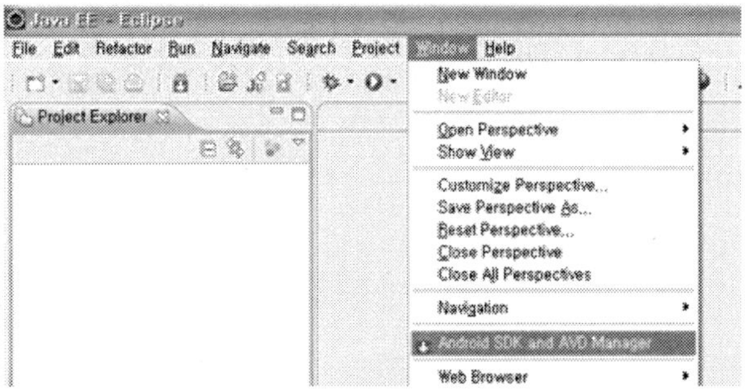

[그림 2-21] AVD 생성의 시작

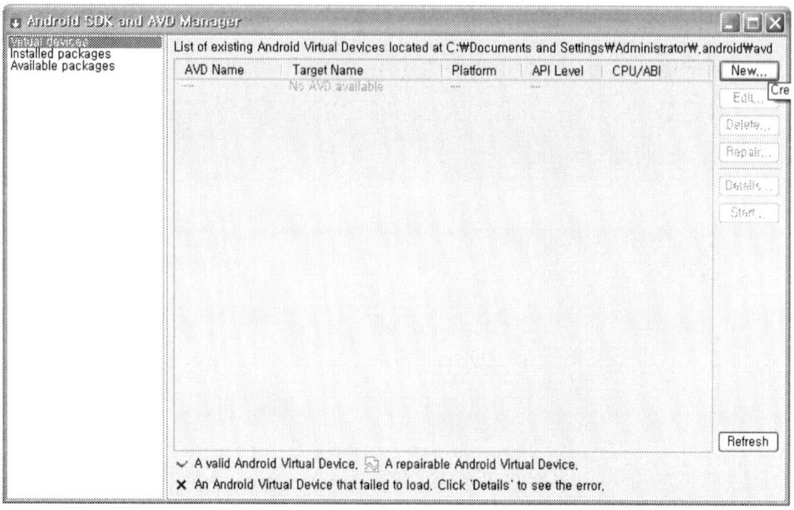

[그림 2-22] Android AVD 목록

AVD를 생성하기 위해서는 AVD의 이름과 Target SDK, SD Card Size 지정 등이 필수적으로 수행되어야 하며 그 외에 snapshot 기능이나 화면크기에 관한 skin 관련, 기타 하드웨어 관련 설정을 할 수 있다. [그림 2-23]은 AVD 생성을 위한 설정화면이다. 본 문서에서는 name으로 'Android'라고 간단히 적었으며 Target SDK로는 Android 2.2 버전을 선택하였고 'SD Card Size'로 1024MB를 입력한 것을 볼 수 있다. 모든 항목의 입력을 마쳤으면 'Create AVD' 버튼을 통해 AVD를 생성할 수 있으며, [그림 2-24]에서 보는 화면과 같이 AVD가 생성된 것을 확인할 수 있다.

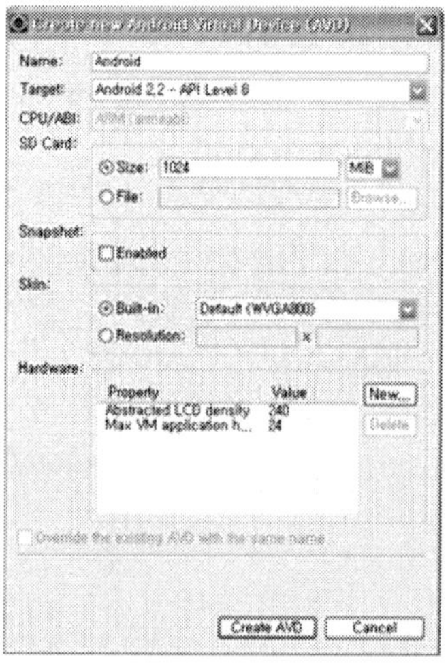

[그림 2-23] AVD 생성 선택

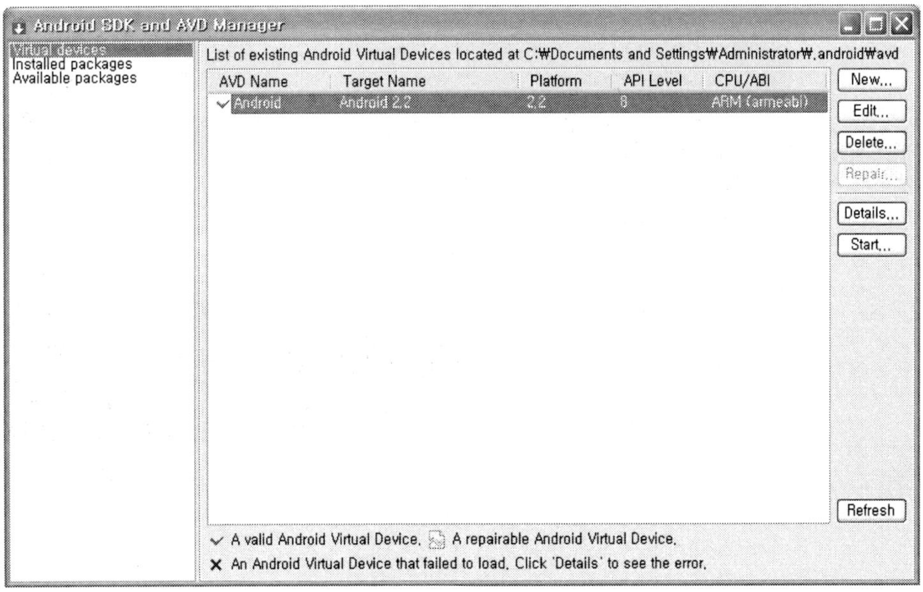

[그림 2-24] 생성된 AVD

생성된 AVD를 선택하고 'Start' 버튼을 누르면 AVD를 실행시킬 수 있는데 [그림 2-25]의 과정을 거치게 된다. [그림 2-25](a)와 같은 화면이 처음 실행되는데, 화면이 어떻게 보이느냐에 대한 내용으로 별다른 선택 없이 'Launch' 버튼을 선택하면 된다. 설정이 완료되게 되면 [그림 2-25](b)와 같이 Android emulator인 AVD가 띄어지는 과정이 수행되면, 해당 과정이 끝나면 [그림 2-26]과 같이 AVD가 뜨게 된다. AVD를 실행하면 Android 폰에서 사용하는 것과 동일한 환경을 PC에서 사용할 수 있게 된다.

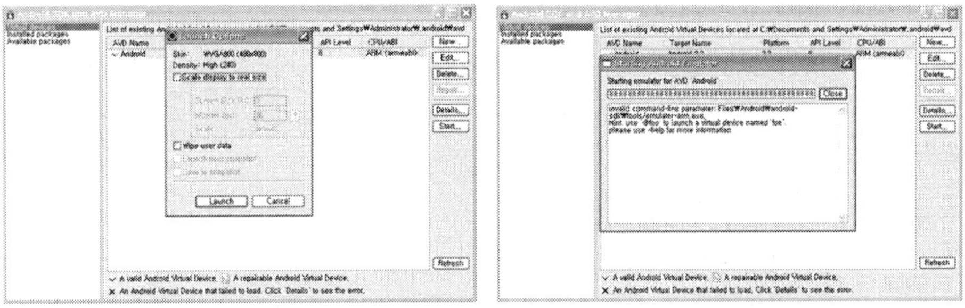

(a) (b)

[그림 2-25] AVD launch 과정 (a) 기본 설정 확인, (b) Launch 로딩

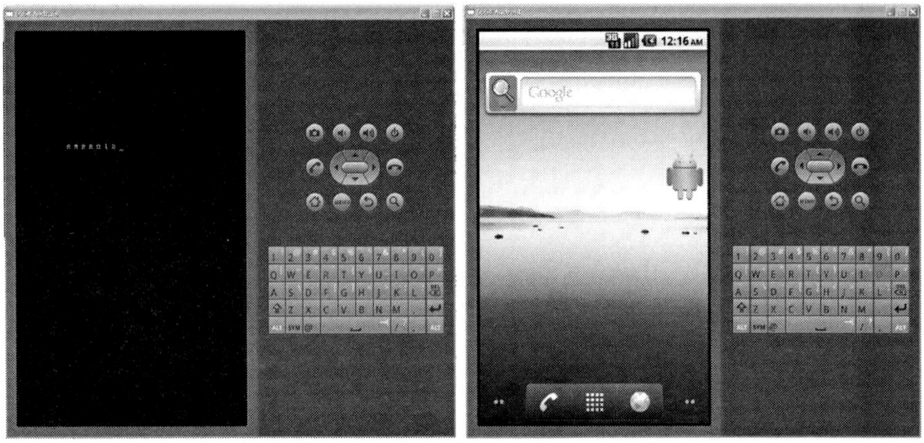

(a) (b)

[그림 2-26] AVD의 실행화면 (a) AVD 부팅화면, (b) AVD 첫화면

2.3 Android 애플리케이션 구조의 이해

2.3.1 애플리케이션 구성요소

Android 애플리케이션의 핵심적인 특징은 각각의 구성요소를 인스턴스화하여 실행할 수 있다는 것이다. 예를 들어 만약 애플리케이션이 이미지 스크롤 리스트를 사용할 필요가 있고, 다른 애플리케이션에서 그에 걸맞은 스크롤러를 개발했으며 다른 애플리케이션이 사용할 수 있도록 만들어 놓았다면, 이미지 스크롤 리스트를 새로 개발할 필요 없이 가져와서 사용할 수 있다. Android 애플리케이션은 크게 네 가지 구성요소로 이루어져 있다. 액티비티(Activity), 서비스(Service), 브로드캐스트 리시버(Broadcast Receiver), 콘텐츠 프로바이더(Contents Provider)가 그 네 가지이며, 상호간의 활성화를 위한 인텐트(Intent)가 존재한다.

(가) 액티비티

액티비티는 사용자가 사용할 수 있는 하나의 비주얼 사용자 인터페이스를 말한다. 즉, 액티비티는 Android에서의 보통 하나의 화면이라고 봐도 무방하며, [그림 2-27]과 같이 다양하게 나타날 수 있다. 액티비티는 사용자들이 선택할 수 있는 메뉴 아이템 리스트를 나타내거나, 사진과 함께 문자열을 나타낼 수도 있다. 각각의 액티비티는 액티비티 매니저(Activity Manager)에 의해 관리되며 Activity 클래스를 상속받아 구성한다. 독립적으로 동작하며 Activity 클래스의 서브클래스로 구현되어 실제 코드에서는 [그림 2-28]과 같이 Activity 클래스로 Extends된 것을 볼 수 있다.

하나의 애플리케이션은 하나의 액티비티만으로 구성될 수도 있으며, 여러 개의 액티비티를 포함할 수도 있다. 당연히 애플리케이션을 구성하는 액티비티가 무엇인지 그리고 얼마나 많은 액티비티가 존재하는지는 그 애플리케이션의 종류에 따라 달라질 수 있다. 하나의 액티비티에서 다른 액티비티로의 이동은 현재 액티비티에서 다음 액티비티를 구동시킴으로써 시작할 수 있다.

액티비티는 한 페이지의 화면 내에서 제공되며 이를 디폴트 윈도우라고 부른다. 이 디폴트 윈도우 안에 직접 버튼, 텍스트 상자, 다이얼로그들을 배치하거나 하위 윈도우를 생성하고 하위 윈도우 하에 버튼, 텍스트 상자, 다이얼로그들을 배치할 수 있다. 일반적으로 윈도우와 버튼, 텍스트 상자, 다이얼로그 등은 Layout에서 View의 형태로 관리된다.

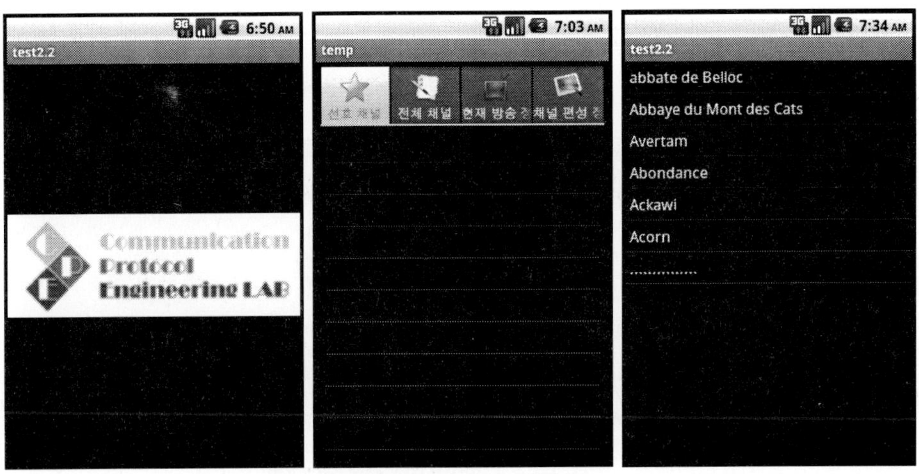

[그림 2-27] 다양한 액티비티들

```
public class ExampleActivity extends Activity {
    /** Called when the activity is first created. */
    @Override
    public void onCreate(Bundle savedInstanceState) {
        super.onCreate(savedInstanceState);
        setContentView(R.layout.main);
    }
}
```

[그림 2-28] 실제 코드에서의 Activity

액티비티는 액티비티 생명주기에 따라 동작을 수행하는 데, 이에 해당하는 그림은 [그림 2-29]와 같다. 처음 액티비티가 호출되어서 시작되면 onCreate() 함수를 수행하고 onStart() 함수, onResume() 함수를 수행하는 식으로 초기화 동작이 수행된다. 다른 액티비티를 호출하게 되면, 즉 다른 액티비티 화면이 가장 앞에 놓여서 화면에 보이게 되면 onPause() 함수를 호출하여 해당 액티비티를 중지시키며 다시 해당 액티비티가 화면에 보이게 되면, onResume() 함수를 호출하여 동작을 재개한다. 액티비티가 아예 화면에 띄어있지 않으면 onStop() 함수를 호출하며 정지 상태로 들어가게 되

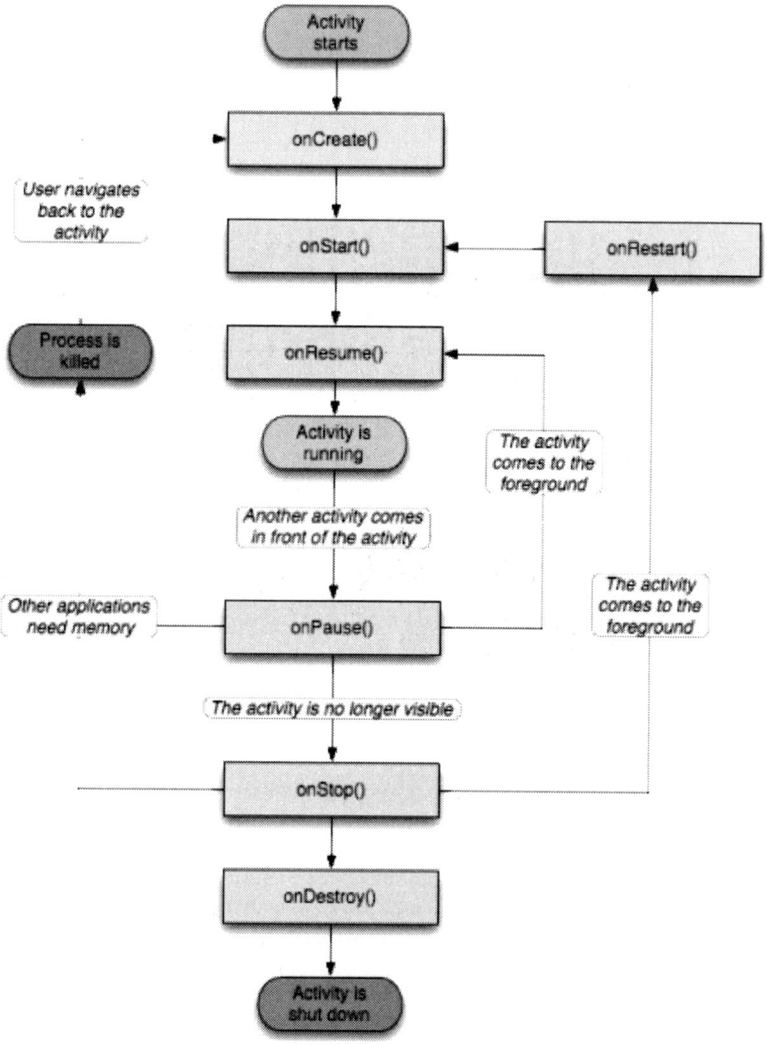

[그림 2-29] 액티비티 생명주기

[표 2-2] 액티비티 생명주기의 함수들

메서드	동작
onCreate()	액티비티를 초기화한다. 중지했다가 재시작하는 경우라면 액티비티의 이전 상태 정보인 Bundle이 저장되며 이 정보대로 재초기화 된다.
onRestart()	재 시작될 때 호출된다. 특별한 할 일이 없다.
onStart()	액티비티가 사용자에게 보이기 직전에 호출된다.
onResume()	사용자와 상호작용을 하기 직전에 호출된다. 이 단계에서 스택의 제일 위로 올라온다.
onPause()	다른 액티비티가 실행될 때 호출된다. 이 단계에서 저장되지 않은 데이터가 있으면 저장하고 애니메이션은 중지해야 한다. 이 메서드가 리턴 돼야 새 액티비티가 활성화되므로 시간을 너무 많이 끌어서는 안 된다.
onStop()	액티비티가 사용자에게 보이지 않게 될 때 호출 한다.
onDestroy()	액티비티가 종료될 때 호출한다. 시스템에 의해 강제로 종료되는 것인지 아니면 finish 메서드호출에 의해 스스로 종료하는 것인지는 isFinishing 메서드로 조사할 수 있다.

며 다시 액티비티를 실행하게 되면 `onRestart()` 함수를 호출하여 다시 초기화 동작을 수행한다. 마지막으로 액티비티를 종료하게 되면 `onDestroy()` 함수가 호출되며 완전히 종료된 상태를 나타낸다. 각각의 함수의 자세한 설명은 [표 2-2]에 나타내었다. 실제로 간단한 프로그래밍을 수행할 때는 `onCreate()` 함수와 `onDestroy()` 함수만을 사용하여 구현하기도 하는데, 실제 동작은 `onStart()` 함수, `onResume()` 함수, `onPause()` 함수, `onStop()` 함수의 수행도 이루어지고 있는 것이다. 자세한 내용은 실제 프로그래밍을 수행하면서 이해하는 것이 바람직하다.

(나) 서비스

서비스는 액티비티와 달리 비주얼한 사용자 인터페이스를 가지지 않으며 백그라운드에서 동작하는 특성을 가진다. 예를 들어 서비스를 사용하면 사용자가 다른 일을 하고 있는 동안에 음악 화면을 띄우지 않은 상태에서도 백그라운드 음악을 재생할 수 있다. 서비스는 Service 클래스의 서브클래스로 구현되어 실제 코드에서는 Service 클래스로 Extends 된다.

서비스의 생명주기는 [그림 2-30]과 같이 액티비티의 수명주기와 조금 다르다. 호출된 서비스는 자신을 호출한 액티비티나 프로세스와 어떤 관계에 있느냐에 따라 달라지는데, 직접적인 데이터들이 공유되면 `onBind()` 함수를 수행하게 되고 그렇지 않은 경우에는 `onStart()` 함수를 통해 시작된다. 어떤 함수를 통해 시작되느냐에 따라

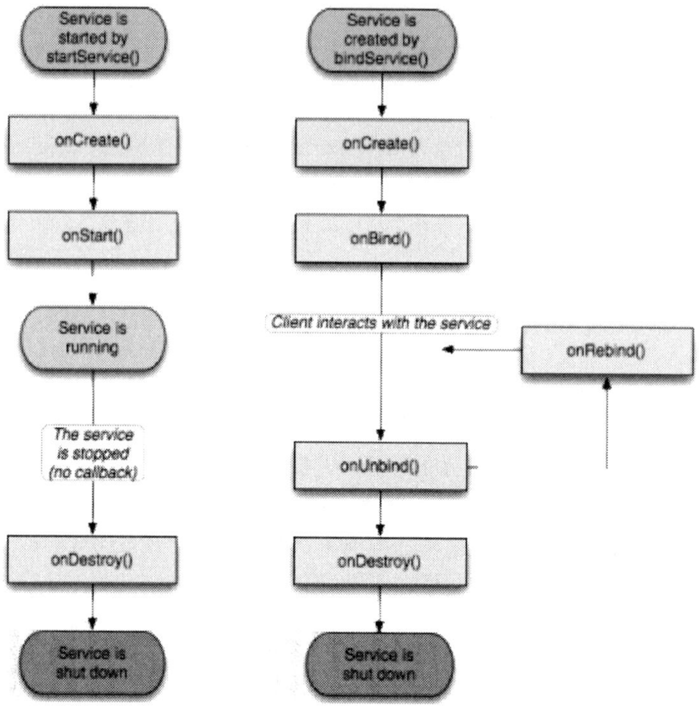

[그림 2-30] 서비스 생명주기

동작의 차이가 생기는데 `Context.startService()` 함수를 통하여 호출되면 시스템은 서비스의 `onCreate()` 함수를 호출하고, 그 직후 `onStart()` 함수를 호출한다. 그러나 서비스가 `Context.bindService()` 함수를 통해서 어떤 프로세스에 묶여 실행되는 경우에는 시스템이 `onCreate()` 함수를 호출한 후에 `onBind()` 함수를 호출한다. 이 경우 `onStart()` 함수는 호출되지 않음을 주의할 필요가 있다. 서비스의 작업이 끝나면, 다시 말해서 서비스가 중단되었으며 어떠한 프로세스에도 사용되지 않으면, 시스템은 `onDestroy()` 함수를 호출한다. 서비스는 이 메서드에서 자신이 사용하던 모든 자원을 해제해야 한다.

(다) 브로드캐스트 리시버

브로드캐스트 리시버는 대기상태의 구성요소로, 브로드캐스트 알림(Broadcast Announcement)을 수신하고 응답한다. 브로드캐스트의 예로는 시간 변경 알림, 배터리상태 알림, 사용자 언어 설정 알림 등이 있는데 이들은 시스템 코드 수준에서 수행된다. 애플리케이션은 중요하다고 여겨지는 임의의 알림에 응답할 수 있는 브로드캐스트 리시버를 가질 수 있으며 브로드캐스트 리시버는 Broadcast Receiver 클래스의 서브클래스로 구현되어 실제 코드에서는 Broadcast Receiver 클래스로 Extends된다. 브로드캐스트 리시버 역시 사용자 인터페이스를 보여주지 않지만 해당 정보에 의해 응답하는 액티비티를 시작하거나, 또는 사용자에게 알려주기 위한 배경조명 발광, 진동, 소리 재생 등을 사용할 수 있다.

(라) 콘텐츠 프로바이더

콘텐츠 프로바이더는 다른 애플리케이션에게 유용한 특정 애플리케이션의 데이터 집합을 만든다. 이 데이터는 파일 시스템의 내부에 혹은 SQLite 데이터베이스 내부에 저장될 수 있다. 콘텐츠 프로바이더는 자신이 제어하는 타입의 데이터를 다른 애플리케이션이 읽고 쓸 수 있도록 하게하는 표준 함수 집합을 구현하기 위해 Content Provider 클래스로 Extends 한다.

(마) 인텐트와 인텐트 필터

인텐트의 사전적 의미는 '의도'이며, Android에서 기능적으로 말하면 메시지라고 할 수 있다. 예를 들어 'Intent.ACTION_VIEW' 값을 갖는 인텐트는 무언가를 '본다'는 의도를 내포한 메시지라고 할 수 있다. 이 메시지는 액티비티, 서비스, 브로드캐스트 리시버와 같은 Android의 어플리케이션 구성요소들 사이의 의사소통 수단 중 하나로 사용된다.

그런데 여기서 중요한 것은 메시지 자체만으로 어떤 일을 할 수 있는 건 아니라는 것이다. 누군가가 그 메시지를 읽고, 해당 메시지의 내용을 직접 수행할 때 비로소 메시지가 힘을 발휘할 수 있다는 것이다. 자장면을 배달시키는 과정을 생각해보면 이해하기 쉬울 것이다. 예를 들어, 혼자 방에 앉아 '자장면 배달해 주세요!'라고 아무리 소리쳐도 결코 자장면이 배달되어 오지는 않는다. 중국집에 전화를 걸어 내 주소를 말하고 자장면을 배달해 달라고 정확한 메시지를 전달하면 중국집 주방장이 자장면을 만들고 그 후에야 자장면이 오토바이에 실려 집까지 배달 오는 것과 같다.

인텐트 필터(Intent Filter)는 '필터'라는 말이 의미하는 대로, 나는 특정 '의도'를 포함하는 메시지를 받고 싶다고 정의하는 방법이라고 할 수 있다. 즉, 본질적으로는 어떤 '의도'를 내포하는 메시지에 불과할 뿐이며 인텐트 필터는 여러 가지 메세지중 특정 '의도'를 갖은 메시지만을 선택적으로 받겠다는 선언일 뿐이다. 예를 들어, 개인의 휴대폰 번호는 나와 관계된 메시지만을 수신하는 인텐트 필터로 생각할 수 있겠고, 피자의 주문 센터는 전국 어느 매장이든 관계없이 피자를 주문하고자 하는 메시지를 수신하기 위해 큰 범위의 인텐트 필터를 갖고 있다고 생각할 수 있다.

제 3 장

Android 프로그래밍 기초

3.1 Android 어플리케이션 개발

Android SDK(Software Development Kit)는 강력한 모바일 어플리케이션을 제작하는 데 필요한 Android API(Application Programming Interface), eclipse에서 작성한 소스 코드를 Android에서 실행할 수 있게 컴파일과 디버깅 해주는 다양한 개발 도구, 개발한 어플리케이션을 가상으로 실행시켜 확인할 수 있는 에뮬레이터, 다양한 샘플 코드 등을 제공하고 있다. Android SDK에서는 개발자를 위해 다양한 개발 도구들을 제공함으로써 Android 어플리케이션 개발을 손쉽게 만들고 있다. 본 절에서는 Android 어플리케이션을 개발하기 위해 필요한 프로젝트 생성 방법, Android Manifest와 간단한 XML(eXtensible Markup Language) 프로그래밍에 대해서 설명한다.

3.1.1 프로젝트 생성 방법

Android 새 프로젝트 마법사를 이용해 새로운 Android 프로젝트를 만들려면 [그림 3-1](a)와 같이 eclipse에서 [File]->[New]->[Project]를 선택한다. [그림 3-1](b)와 같이 Andorid 폴더에서 어플리케이션 타입을 'Android Project'로 선택하고 'next'를 선택해서 다음으로 넘어 간다.

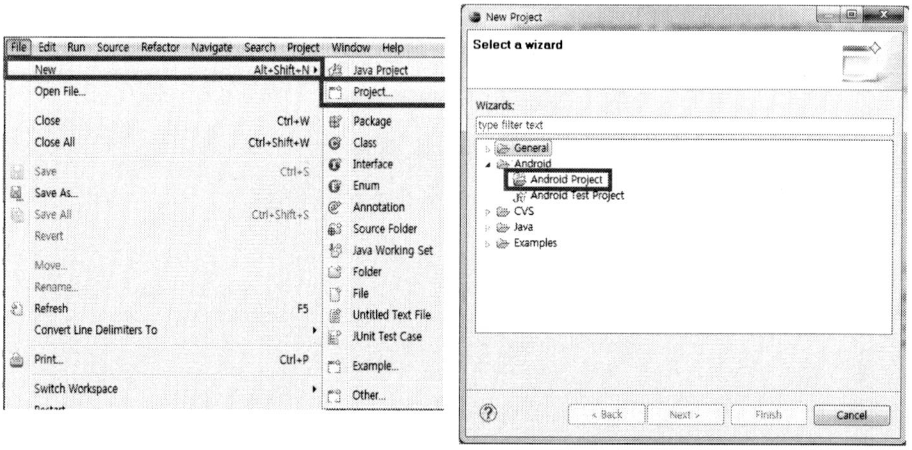

(a) (b)

[그림 3-1] Android이드 프로젝트 생성
(a) 프로젝트 생성 항목 선택, (b) Android 프로젝트 선택 화면

[그림 3-2](a)처럼 다이얼로그가 화면에 나타나면, 새롭게 만드는 프로젝트에 대한 세부사항을 입력한다. 'Project name'에는 프로젝트 파일의 이름을, 'Package Name'에는 프로젝트의 자바 패키지 이름을, 'Create Activity'에는 기본 Activity가 될 클래스의 이름을, 'Application Name'에는 애플리케이션의 이름을, 'Min SDK Version'에는 해당 어플리케이션의 최소 버전에 대한 내용을 적는다. [그림 3-2](b)는 내용을 세부사항을 작성한 예를 나타내고 있다. [그림 3-2](b)처럼 모든 사항을 작성했으면 'Finish' Button을 선택해서 프로젝트 생성 과정을 마무리 한다.

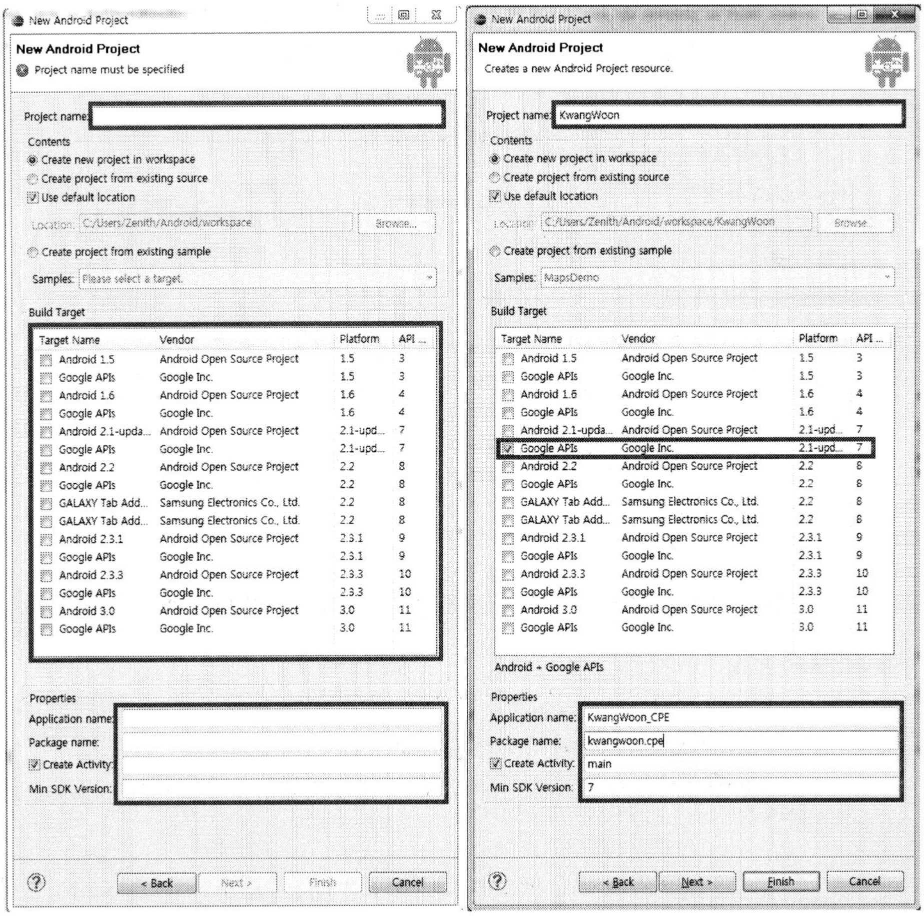

(a) (b)

[그림 3-2] Android 프로젝트 생성 다이얼로그
(a) 다이얼로그 입력 작성 전, (b) 다이얼로그 작성 예

참고로 'Min SDK Version' 항목을 선택할 때 최신 SDK 릴리즈에서 제공하는 기능을 포함할 것인지 아니면 어플리케이션을 좀 더 많은 Android 기기에서 사용할 수 있게 할 것인지를 놓고 고민해야 한다. 독자가 선택한 'Min SDK Version'에 따라 같은 Android OS를 사용하는 기기라도 Android 버전에 따라 해당 어플리케이션을 사용할 수 없을 수도 있기 때문에 신중히 작성해야 한다.

또한, 'Create Activity'가 체크된 경우에는, ADT(Android Development Tool) 플러그인이 Activity를 확장하는 클래스가 포함된 새로운 프로젝트를 만든다. 이때 만들어지는 Activity는 아무것도 없는 텅 비어 있는 것이 아니라 'Hello World'가 TextView로 구현된 Activity가 생성된다. 이렇게 만들어진 프로젝트는 Android와 XML 소스코드를 생성한다.

```
001 package kwangwoon.cpe;
002
003 import Android.app.Activity;
004 import Android.os.Bundle;
005
006 public class main extends Activity {
007     /** Called when the activity is first created. */
008     @Override
009     public void onCreate(Bundle savedInstanceState) {
010         super.onCreate(savedInstanceState);
011         setContentView(R.layout.main);
012     }
013 }
```

- ► 001번째 줄은 [그림 3-2]에서 작성한 어플리케이션의 Package Name을 의미한다.
- ► 003~004번째 줄은 작성한 어플리케이션에서 TextView나 ImageView를 이용하기 위해 필요한 패키지를 Import한다.
- ► 011번째 줄은 본 Activity의 Layout을 'main'에서 선언한 형태로 구성한다.

[그림 3-2]처럼 프로젝트를 생성하면 기본 Activity의 Layout을 설정할 수 있는 main.xml 파일이 생성된다. Android 어플리케이션을 개발할 때에는 생성된 main.xml 파일에 소스코드를 추가하여 개발한다.

```
001 <?xml version="1.0" encoding="utf-8"?>
002 <LinearLayout xmlns:Android="http://schemas.Android.com/apk/res/Android"
003     Android:orientation="vertical"
004     Android:layout_width="fill_parent"
005     Android:layout_height="fill_parent"
006     >
007 <TextView
008     Android:layout_width="fill_parent"
009     Android:layout_height="wrap_content"
010     Android:text="@string/hello"
011     />
012 </LinearLayout>
```

- 002~006번째 줄은 LinearLayout을 선언하고, 선언한 LinearLayout의 크기를 설정한다.
- 007~009번째 줄은 Activity에서 사용할 TextView를 선언하고, 선언한 TextView의 크기를 설정한다.
- 010번째 줄은 TextView에 표시할 텍스트를 'res/value/string.xml' 파일로 선언하고 있다. string.xml 파일에는 'Hello World, main!'이라는 텍스트가 저장되어 있다.

기본적으로 프로젝트를 만들어서 생성된 소스코드를 실행시키면 위에서 설명한 Android와 XML 소스코드가 생성된다. 이렇게 생성된 소스코드를 그냥 실행시키면 [그림 3-5]와 같이 'Hello World, main!'이라는 텍스트가 출력된 화면이 나타난다. eclipse에서 안드로이드 소스코드의 컴파일은 [그림 3-3]과 같이 eclipse에서 [Run]->[Run]을 선택하거나 단축키 'Ctrl + F11'을 선택하여 수행할 수 있다.

'Run' 또는 단축키 'Ctrl + F11'을 눌러 안드로이드 소스코드를 실행시키면 우선 안드로이드 에뮬레이터가 실행된다. 에뮬레이터가 실행이 완료되면 안드로이드 소스코드를 컴파일 하여 확장자가 'apk'인 안드로이드 어플리케이션 설치 파일을 만든다. 'Run' 또는 단축키 'Ctrl + F11'을 눌러 실행으로 만들어진 설치파일은 자동으로 에뮬레이터에서 실행된다. [그림 3-4]는 'Run' 또는 단축키 'Ctrl + F11'을 눌렀을 때 안드로이드 에뮬레이터가 실행되고 안드로이드 소스코드를 apk 파일로 컴파일 하여 에뮬레이터에 인스톨되는 과정을 'Console' 부분에 나타난 화면이다.

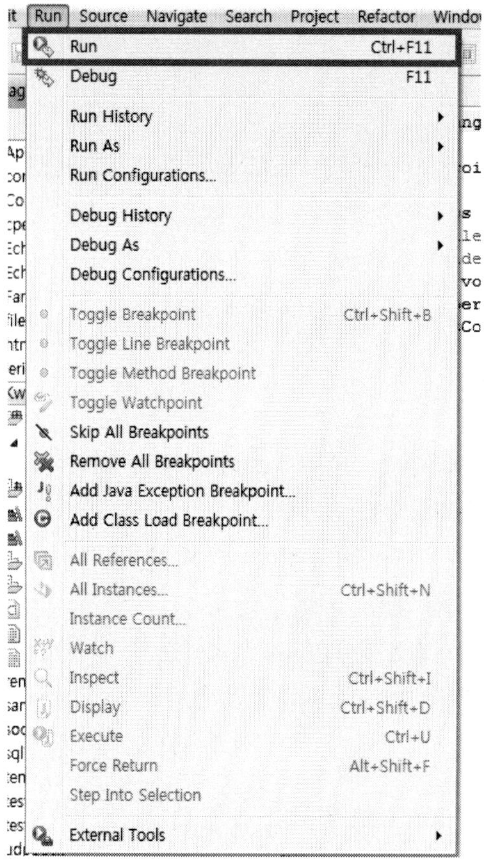

[그림 3-3] 안드로이드 컴파일 화면

```
[2011-12-05 20:20:23 - KwangWoon] ------------------------------
[2011-12-05 20:20:23 - KwangWoon] Android Launch!
[2011-12-05 20:20:23 - KwangWoon] adb is running normally.
[2011-12-05 20:20:23 - KwangWoon] Performing kwangwoon.cpe.main activity launch
[2011-12-05 20:20:23 - KwangWoon] Automatic Target Mode: launching new emulator with compatible AVD '
[2011-12-05 20:20:23 - KwangWoon] Launching a new emulator with Virtual Device 'Zenith_2.1'
[2011-12-05 20:20:26 - KwangWoon] New emulator found: emulator-5554
[2011-12-05 20:20:26 - KwangWoon] Waiting for HOME ('android.process.acore') to be launched...
[2011-12-05 20:21:10 - KwangWoon] HOME is up on device 'emulator-5554'
[2011-12-05 20:21:10 - KwangWoon] Uploading KwangWoon.apk onto device 'emulator-5554'
[2011-12-05 20:21:15 - KwangWoon] Installing KwangWoon.apk...
[2011-12-05 20:21:50 - KwangWoon] Success!
[2011-12-05 20:21:51 - KwangWoon] Starting activity kwangwoon.cpe.main on device emulator-5554
[2011-12-05 20:21:55 - KwangWoon] ActivityManager: Starting: Intent { act=android.intent.action.MAIN
```

[그림 3-4] eclipse 'Console'에 나타난 안드로이드 컴파일 과정

컴파일하는 안드로이드 소스코드의 버전이 2.1로 설정되어 있어 이에 맞는 버전을 갖는 에뮬레이터를 찾고 해당 에뮬레이터를 실행시킨다. 본 절에서 버전 2.1로 설정되어 있는 에뮬레이터의 이름이 'Zenith_2.1'이기 때문에 'Zenith_2.1' 에뮬레이터가

실행된다. 그리고 본 절에서 컴파일한 어플리케이션 이름이 'KwangWoon'이기 때문에 [그림 3-4]에서 인스톨되는 파일이 'KwangWoon.apk'인 것을 확인할 수 있다. 이렇게 'KwangWoon.apk' 파일의 인스톨이 성공적으로 마치면 'Success!'라고 표시된다. 이러한 과정을 마치면 곧 에뮬레이터에서 설치한 어플리케이션이 실행된다.

[그림 3-4]의 에뮬레이터 실행과 안드로이드 소스코드 컴파일 과정을 마치면 [그림 3-5]와 같이 'Hello World. main!'이 에뮬레이터에 출력된다. 'Hello World. main!' 위에 'KwangWoon_CPE'는 [그림 3-2](b)에서 설정한 'Application Name'을 의미한다.

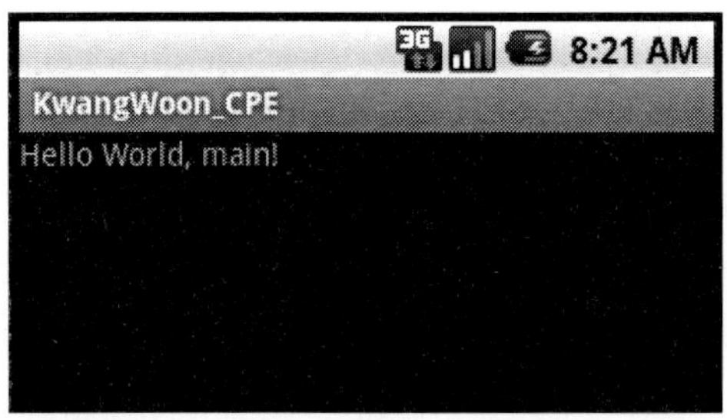

[그림 3-5] 처음 생성된 프로젝트 실행 화면

3.1.2 Android Manifest 에디터

Android에서 Manifest는 단순한 패키지 정보에 소프트웨어 배포의 특성이 추가되고 발전하여 "패키지 버전", "배포자", "설치 위치", "패키지 아이콘" 등의 정보를 추가할 수 있는 기능을 한다. 일반적으로 Manifest란 간단히 "패키지 정보"라고 할 수 있다. 원래 manifest라는 말은 물건을 운송할 때 사용되는 "화물의 목록"이란 의미를 갖고 있다. 소프트웨어 배포 역시 CD나 인터넷을 통해 소프트웨어 패키지를 물건처럼 운송하는 개념이기 때문에 소프트웨어 패키지에 대한 정보를 명시해야할 필요가 있다.

Android에서 Manifest를 수정하는 방법은 XML 소스코드를 직접 수정하는 방법과 eclipse에서 제공하는 GUI(Graphic User Interface)를 이용하는 두 가지의 방법이 있다. XML 소스코드를 직접 수정하려면 매뉴얼을 일일이 찾아서 매뉴얼에 맞게 코딩해야 하기 때문에 오류가 발생할 확률이 높다. 그렇기 때문에 XML 소스코드를 직접 수정하는 것보다 eclipse에서 제공하는 GUI를 이용하는 것이 에러없이 손쉽게 수정이 가능하여 직접 수정하는 것보다 효과적이다.

AndroidManifest 에디터는 'Android Manifest'와 'Android Manifest Application', 'Android Manifest Permission', 'Android Manifest Instrumentation'으로 구성되어 있다. 'Android Manifest'는 패키지에 대한 이름, 버전, 설치 위치, SDK 버전 등의 기본적인 배포 정보를 나타내고 있다.

'Android Manifest Application'은 어플리케이션에 대한 여러 가지 속성 정보와 응용 프로그램에 포함되다. 또한 Android 어플리케이션 컴포넌트에 대한 정보를 포함하고 있다.

'Android Manifest Permission'은 어플리케이션이 실행될 때 각종 실행 권한을 정의하는 부분이다, Android 어플리케이션을 설치할 때, 사용자의 동의가 필요한 경우가 있다. 예를 들면 SMS(Short Message Service), 송·수신, 카메라 사용, 통화 관련 기능, 인터넷 사용 등의 권한을 정의하는 부분을 나타내고 있다.

'Android Manifest Instrumentation'은 프로젝트를 테스트할 때 사용한다. 테스트할 때 사용할 Instrumentation Component의 코드를 정의한다. Instrumentation Component는 테스트를 목적으로 하기 때문에 꼭 현재 프로젝트에서만 사용하는 것이 아니라 다른 프로젝트에 대한 설정도 가능하다.

(가) Android Manifest

Androidmanifest.xml 파일을 더블 선택하여 열면 [그림 3-6]과 같은 화면이 나타난다. [그림 3-6]에서 각각의 빈칸에 알맞은 내용을 입력한다. 'Package'는 배포할 패키지 명을 의미하고, 'Version Code'는 배포할 어플리케이션의 버전 코드를 의미한다.

'Shared User ID'는 다른 어플리케이션과 공유할 사용자 ID를 의미한다, 'Android'는 각각의 어플리케이션에 고유한 사용자 ID를 할당하여 동작한다. 필요에 따라 서로 다른 어플리케이션과 데이터를 공유하는 등의 개발이 필요한데, 이때 두 어플리케이션의 'Shared User ID'를 동일하게 할당하여 개발한다. 'Shared User Label'은 'Shared User ID'에 대한 라벨을 정의한다.

'Install Location'은 API Level 8부터 지원하며, 응용 프로그램을 SD Card와 같은 확장 저장장치에 설치할 수 있도록 해주는 옵션이다. 이 옵션을 선택하지 않으면, 내장 저장장치에 설치되고, 내장에 설치된 응용 프로그램을 확장 저장장치에 이동해서 사용할 수 없다. 'Intall Location'은 'Auto', 'InternalOnly', 'PreferExternal' 이렇게 3가지 옵션 중 하나를 선택할 수 있다.

- **Auto** : 확장 저장장치에도 설치할 수 있게 하는 옵션으로 시스템이 해당 어플리케이션의 설치 위치에 대한 속성을 별도로 가지고 있지 않아 사용자의 필요에 따라 어플리케이션의 위치를 자유롭게 선택
- **InternalOnly** : 기본 설정으로, 내부 저장장치에만 설치 가능
- **PreferExternal** : 어플리케이션을 먼저 확장 저장장치에 설치하려 시도하고, 확장 저장장치에 여유 공간이 없으면, 내장 저장장치에 설치

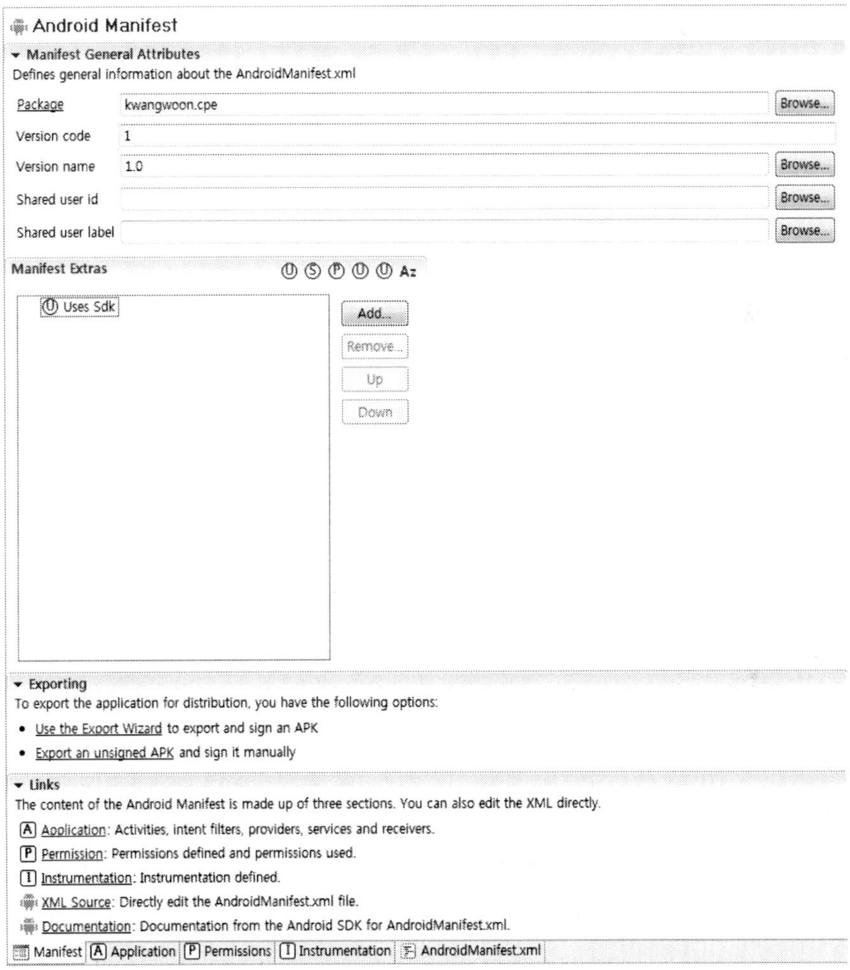

[그림 3-6] Android Manifest 메인 화면

(나) Android Manifest Application

Android Manifest Application은 어플리케이션에 있는 컴포넌트들에 대한 속성을 정의 하고 새로운 컴포넌트들을 추가할 수 있는 부분이다. Android의 컴포넌트들은 Activity, Services, Broadcast Receivers, Contents Provider 이렇게 4가지로 구성되어 있다.

'Android Manifest Application'에서 정의하는 속성들은 [그림 3-7]과 같이 'Name', 'Theme', 'Label', 'Icon', 'Description', 'Permission', 'Process', 'Task Affinity' 등이 있다.

- ► **Name** : 어플리케이션의 하위 클래스에 대한 대표 이름을 의미
- ► **Theme** : 필요에 따라 스타일을 정의
- ► **Label** : 어플리케이션의 표시 이름을 정의
- ► **Icon** : 어플리케이션의 아이콘 그림을 정의

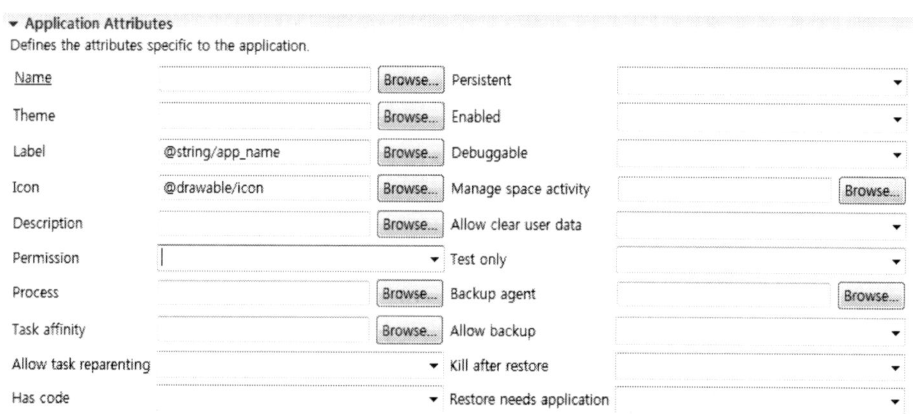

[그림 3-7] Android Manifest Application 속성

- ► **Description** : 어플리케이션에 대한 설명을 정의
- ► **Permission** : 사용자가 어플리케이션을 접근하는데 필요한 권한을 정의하는 부분으로 [그림 3-8]처럼 선택 상자를 통해 원하는 permission을 찾아 권한을 설정
- ► **Process** : 어플리케이션에 속한 모든 컴포넌트가 작동할 때 사용할 프로세스를 정의하는 부분으로 개발자가 따로 값을 정의하지 않아도 기본 설정으로 첫 번째 구동하는 컴포넌트로 정의

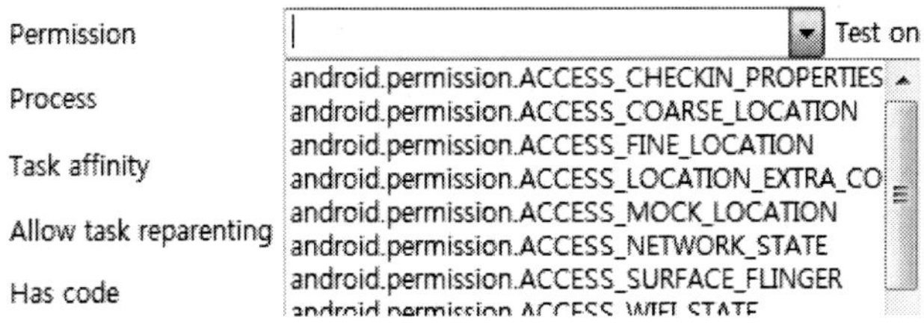

[그림 3-8] Android Manifest Permission 설정

- **Task Affinity** : Activity들의 묶음인 Task에 대한 Affinity 이름을 정의하는 부분으로 기본 설정은 하나의 어플리케이션 안에 있는 Activity들이 같은 관련성을 Affinity를 사용하며, Package명으로 Affinity 이름으로 사용
- **Allow Task Reparenting** : Task 속에 있는 Activity가 다른 어플리케이션을 호출했다 다시 돌아왔을 때, 호출했던 다른 어플리케이션의 Activity를 Task에 유지할 것인지를 정의하는 부분으로 True 또는 False 선택
- **Hash Code** : 컴포넌트를 실행할 때 시스템이 어플리케이션 코드를 호출할 것인지를 True 또는 False 선택
- **Persistent** : 어플리케이션이 항상 실행 상태를 유지할 것인지를 정의하는 부분으로 True 또는 False 선택
- **Enabled** : Android 시스템이 어플리케이션의 컴포넌트들을 인스턴스화 할 것인지를 True 또는 False 선택
- **Debuggable** : 사용자 모드의 단말기에서 실행 중인 어플리케이션을 디버깅할 수 있게 할 것인지를 True 또는 False 선택
- **Allow Clear User Data** : 사용자가 사용자 데이터를 삭제할 수 있는 옵션을 제공할 것인지를 True 또는 False 선택
- **Kill After Restore** : 전체 시스템을 복원할 때 해당 어플리케이션도 같이 복원할 것인지를 True 또는 False 선택

(다) Application Node 추가

Android에서 Application Node를 추가하기 위해서 단순히 클래스 파일을 추가하여 Android Manifest 파일에 해당 클래스가 포함되었다는 것을 정의해야 한다. 따로 Manifest 파일에 정의하지 않을 경우 해당 클래스는 같은 패키지 안에 존재하지만 Android에서는 해당 클래스를 인식하지 못한다. 그러므로 본 절에서는 eclipse에서 제공하는 GUI를 이용하여 Application Node를 추가하는 방법을 사용한다.

[그림 3-9]는 Application Node를 추가하는 방법을 나타내고 있다. [그림 3-9](a)는 해당 어플리케이션에 어떤 Application Node들이 정의되어 있는지 나타내고 있다. [그림 3-9](a)화면에서는 Application Node를 간단한 버튼을 선택함으로써 추가하거나 삭제할 수 있다. [그림 3-9](b)는 'Add' 버튼을 선택한 이후의 화면으로 새롭게 선언할 Application Node의 종류를 선택하는 화면이다. 다양한 Application Node들 중에 하나를 선택해서 'OK' 버튼을 선택한다. [그림 3-9](c)는 [그림 3-9](b)의 다음 화면으로 새롭게 추가한 Application Node의 속성 값을 넣어 주는 부분이다. [그림 3-9](c) 화면에서 다른 부분의 값은 안 넣어도 되지만 'Name'에는 꼭 값을 넣어야 Application Node를 추가하는 과정을 마칠 수 있다.

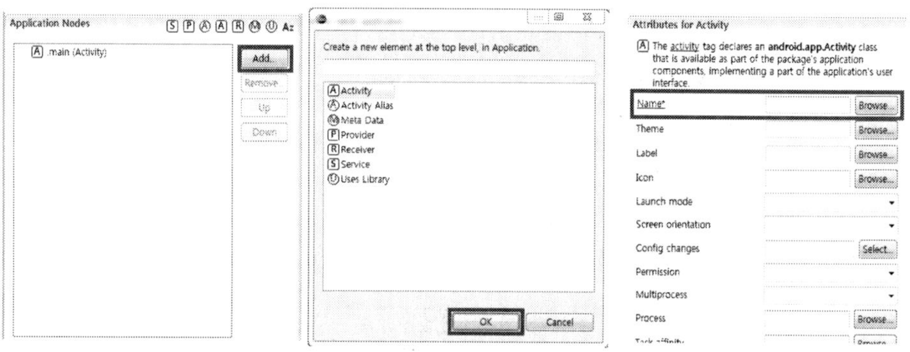

(a) (b) (c)

[그림 3-9] Application Node 추가하기 (a) Application Node 추가 항목, (b) 새로 추가할 클래스를 선정, (c) 추가할 클래스의 속성 값 넣기

(라) Android Manifest Permission

Android는 Manifest를 이용하여 접근 권한을 관리하고 있다. AndroidManifest.xml에서 제공하는 접근 권한은 크게 Permission, Permission Group, Permission Tree, Uses Permission 이렇게 4가지가 있다.

- **Permission** : 각종 접근 권한을 접근 권한 객체로 만들어 응용 프로그램에 있는 컴포넌트들이나 기능들이 손쉽게 호출하여 사용할 수 있고, 필요에 따라 접근 제어 그룹이나 보안 등급을 제어
- **Permission Group** : 접근 권한 객체를 그룹으로 묶을 수 있도록 접근 권한 그룹에 이름과 라벨, 아이콘, 설명을 정의
- 어플리케이션에서 Permission Tree을 이용하여 `PackageManager.addPermission()`

함수를 통해 새로운 접근 권한을 추가

► **Uses Permission** : 어플리케이션을 설치할 때 정해지는 어플리케이션의 접근 권한을 정의

3.1.3 XML 프로그래밍

Android에서 XML을 사용하면 UI Layout과 스크린 엘리먼트들을 쉽게 디자인할 수 있다. 각각의 레이아웃 파일은 정확하게 하나의 루트 엘리먼트를 포함해야 하며 그것은 View또는 View Group의 오브젝트이어야 한다. 일단 레이아웃을 정의하는 View 계층구조를 순차적으로 만들어내는 자식 엘리먼트로 추가적인 레이아웃 오브젝트 또는 위젯을 추가할 수 있다. [그림 3-9]는 XML을 이용하여 Android 화면을 구성한 그림이다. [그림 3-9]는 Androi의 TextView와 Button을 이용하여 구현하였다.

[그림 3-10]은 화면을 구성하는 기본적인 예제로 Button을 선택하여도 아무런 변화가 일어나지 않는다. 이러한 터치 이벤트를 처리하는 부분은 '3.3절 Event Listener 활용'에서 자세히 설명한다.

[그림 3-10] XML layout 캡처 화면

```
001 <?xml version="1.0"encoding="utf-8"?>
002 <LinearLayout xmlns:Android="http://schemas.Android.com/apk/res/Android"
003     Android:orientation="vertical"
004     Android:layout_width="fill_parent"
005     Android:layout_height="fill_parent"
006     >
007 <TextView
008     Android:id = "@+id/text"
009     Android:layout_width="wrap_content"
010     Android:layout_height="wrap_content"
011     Android:text="I am TextView"
012     />
013 <Button
014        Android:id="@+id/button"
015        Android:layout_width="wrap_content"
016        Android:layout_height="wrap_content"
017        Android:text="I am Button"
018        />
019 </LinearLayout>
```

- 003번째 줄은 Android 화면 구성이 세로 혹은 가로인지 설정한다.
- 008번째 줄은 007번째 줄에서 선언한 TextView의 id 값을 설정한다.
- 011번째 줄은 007번째 줄에서 선언한 TextView에 나타나낼 텍스트 값을 설정한다.
- 014번째 줄은 013번째 줄에서 선언한 Button의 id 값을 설정한다.
- 017번째 줄은 013번째 줄에서 선언한 Button에 나타낼 텍스트 값을 설정한다.

3.2 Android View

Android에서 제공하는 View는 여러 가지가 있다. 하지만 이 View는 모두 사용하는 것이 아니라 자주 사용하는 것을 조금씩 변형하여 사용하고 있다. 그래서 본 절에서는 가장 많이 사용하는 TextView, ImageView, Button, editText, TabLayout, ListView에 대해서 설명한다.

3.2.1 View의 속성

View 클래스에 정의된 속성은 매우 많아 본 절에서 모두 다루기가 힘들다. 또한 잘 사용하지 않는 속성이 많기 때문에 본 절에서는 자주 사용하여 중요한 View의 속성에 대한 설명을 다룬다. 자주 사용하는 속성은 id, layout_width, layout_height, background, padding, visibility, clickable, longClickable, focusable 등이 있다.

(가) View의 id 속성

속성 id는 View를 지칭하는 이름을 의미한다. Android 소스코드나 XML 소스코드에서 View를 참조하는데 이때 View를 구분하기 위해 id를 사용한다. 그러므로 의미를 잘 알 수 있는 직관적인 id 값을 정하여 다른 id 값과의 혼동을 방지할 수 있다. XML 소스코드에서 View에 id 값을 붙이는 형식은 다음과 같다.

```
Android:id="@+id/name"
```

'@' 기호는 id를 R.Java에 정의하거나 참조 한다는 의미로 무조건 붙어야한다. '+' 기호는 id를 새로 정의한다는 의미인데 처음 정의할 때만 붙이고 참조할 때는 붙이지 않는다. 소문자 'id'는 예약어이므로 그대로 쓰면 되고 '/'뒤에 'name'부분에 원하는 id 값을 넣어준다.

XML 소스코드에서 id 값을 지정해 놓으면 그 값이 R.Java에 정수형 상수로 정의되고 코드에서 이 View를 참조할 때는 `findViewById()` 함수를 사용하여 인수로 참조할 View의 id 값을 전달한다. id는 View의 이름을 정의하는 중요한 속성이지만 모든 View에 id 값을 넣어줄 필요는 없다. 다른 소스코드에서 참조할 필요가 없는 위젯은 id 값을 생략할 수 있다.

(나) View의 layout_width, layout_height 속성

layout_width와 layout_height는 [표 2-1]과 같이 View의 폭과 높이를 지정한다. View는 Parent View 또는 Activity 안에 배치되는데 이 속성이 지정하는 만큼의 크기로 배치된다. 수평, 수직 각 방향에 대해 크기를 지정할 수 있으며 각 View는 fill_parent, wrap_contents, 정수 크기 중 하나의 값을 가져야 한다.

[표 2-1] layout_width와 layout_height에서의 속성 설명

속성	설명
fill_parent	부모로부터 주어진 크기를 다 채운다.
wrap_contents	내용물의 양 만큼만 채운다.
정수 크기	지정한 크기에 맞추어 채운다.

사용자가 일정한 값을 지정하는 경우가 있는데 이 경우 사용할 수 있는 속성 값이 px(pixel), in(inch), mm(millimeter), pt(point), dip(density-independent pixels), sp(scale-independent pixels)가 있다. 이중에서 dip는 1dip는 해상도가 160dpi일 때 1픽셀에 해당한다. 장비의 해상도가 높아지면 픽셀의 물리적인 크기가 줄어들지만 dip 단위로 지정하면 해상도가 높아진 만큼 길이가 같이 늘어나 해상도에 상관없이 비슷한 크기로 보인다. 예를 들어 160dip 장비에서 10dip는 10픽셀 길이이지만 320dip에서는 20픽셀로 늘어나 160dip 장비와 320dip 장비에서 모두 비슷한 크기를 갖도록 만들 수 있다.

(다) View의 background 속성

View의 배경을 어떻게 채울 것인가를 지정한다. 따로 background를 지정하지 않는다면 기본으로 저장되어 있는 색으로 그려진다. Android에서 색을 지정하는 방식으로 '#RGB, #ARGB, #RRGGBB, #AARRGGBB'의 4가지의 방식이 사용된다. '#' 다음에 16진수로 각 색상요소의 강도를 지정하는 방식으로 웹에서 흔히 사용되는 표준화된 방식이다. R은 빨강 G는 녹색 B는 검정색을 의미하며 A는 알파 값으로 이 값을 조절하여 반투명한 색상도 사용할 수 있다.

(라) View의 padding 속성

padding은 View와 내용물간의 간격을 지정한다. 즉 안쪽 여백을 의미한다. 예를 들어 Button의 경우 Button 자체와 중앙의 텍스트 사이에 패딩만큼의 여백이 삽입된다. padding 속성에 값을 지정하면 4방향에 대해 동일한 여백이 적용된다. 만약 따로따로 padding을 주고 싶다면 paddingLeft, paddingTop, paddingRigth, paddingBottom 속성에 개별적으로 값을 지정하여 각 변에 서로 다른 padding을 줄 수 있다.

3.2.2 TextView

TextView는 화면에 텍스트를 출력하는 위젯으로 단순히 문자열을 보여주기만 할 뿐이며 사용자의 입력은 받아들이지 않는다. 고정된 텍스트를 출력한다거나 다른 위젯의 제목을 표시할 때 사용된다. TextView는 단순해 보여도 text, textColor, textSize, textStyle, width, height 등 굉장히 많은 속성 값이 존재한다.

(가) TextView의 text 속성

TextView의 가장 중요한 속성으로 출력한 문자열 지정이다. TextView의 text는 기본으로 빈 문자열을 갖고 있으므로 사용자가 넣고 싶은 문자열을 입력해야 한다. 문자열을 입력하는 방법에는 3가지가 있는데 이는 [표 2-2]와 같다.

[표 2-2] 문자열 입력 방법

형식	설명
"문자열"	겹 따옴표로 문자열을 싸서 바로 대입한다.
@[패키지:]type:name	리소스에 대한 레퍼런스로 지정한다. 보통 string.xml에 문자열을 정의해 놓고 @string/id 식으로 지정한다.
?[패키지:][type:]name	테마 속성으로 지정한다.

text="CPE : Communication Protocol Engineering"식으로 문자열을 바로 지정하는 것이 직관적이어서 간단하다고 할 수 있다. 하지만 일관된 메시지 관리를 위해서는 문자열을 직접 지정하는 것보다 strings.xml에 문자열을 정의해 놓고 id를 값을 정의하여 사용하는 것이 유리하다.

(나) TextView의 textColor 속성

문자열의 색상을 지정하는 속성이다. '#RRGGBB'나 '#AARRGGBB' 형식으로 각색상 요소들의 강도를 지정한다. 별다른 지정이 없을 때는 기본적으로 불투명한 밝은 회색으로 설정되어 있다.

(다) TextView의 textSize 속성

텍스트의 폰트 크기를 지정하는 속성이다. 실수 타입으로 크기를 지정할 수 있으며 뒤에 sp, dp, px, in, mm 등의 당위를 지정할 수 있다. 텍스트는 폰트 크기에 따라 가변적인 sp단위를 쓰는 것이 가장 좋다.

(라) TextView의 width, height 속성

TextView의 폭과 높이를 의미하며 크기 값과 단위를 같이 지정한다. 크기는 위젯의 가장 기본적인 속성이지만 실무에서 이 두 속성은 거의 사용되지 않는다. 왜냐하면 TextView가 단독적으로 존재하는 경우는 거의 없고 대부분 레이아웃 안에 자식으로 존재하기 때문에 TextView의 절대적인 크기보다는 레이아웃 안에서의 상대적인 크기가 중요하다. 위젯의 크기를 지정할 때는 TextView의 width와 height 속성 대신 view 그룹의 'layout_width', 'layout_height' 속성이 주로 사용되며 크기를 지정하는 효과는 동일하다.

(마) 기본적인 TextView 예제

[그림 3-11]는 4개의 TextView를 이용하여 'CPE, Communication, Protocol, Engineering'을 나타낸 화면이다. CPE, Communication, Protocol, Engineering을 각각의 TextView로 만들어 각각 글자색, 글자크기, 글자 위치 값을 달리하여 나타낸 화면이다.

[그림 3-11] TextView 예

4개의 TextView를 이용하여 [그림 3-11]처럼 구현하기 위해서 XML 소스코드에서 4개의 TextView를 선언하고 각각의 TextView에 텍스트 위치, 글자 크기, 글자 색깔을 다르게 설정하였다. 그리고 Android 소스코드에서는 4개의 각각 다른 TextView를 선언하고 있는 XML 파일을 Layout 파일로 선언하고 다른 내용은 추가하지 않는다. 즉, Android 소스코드에서는 '`setContentView(R.layout.main)`' 부분에서 'mian' 부분을 4개의 TextView를 선언한 XML 파일명으로 바꿔준다.

```
<?xml version="1.0"encoding="utf-8"?>
<LinearLayout xmlns:Android="http://schemas.Android.com/apk/res/Android"
Android:layout_width="fill_parent"
Android:layout_height="fill_parent"
Android:orientation="vertical">
<TextView
Android:id="@+id/cpe"
Android:layout_width="fill_parent"
Android:layout_height="60px"
```

```
009 Android:layout_height="60px"
010 Android:text="CPE"
011 Android:textSize="60sp"
012 Android:textColor="#990000"
013 Android:gravity="center"
014 Android:layout_x="0px"
015 Android:layout_y="10px">
016 </TextView>
                         ......
039 <TextView
040 Android:id="@+id/engineering"
041 Android:layout_width="fill_parent"
042 Android:layout_height="55px"
043 Android:text="Engineering"
044 Android:textSize="40sp"
045 Android:textColor="#990045"
046 Android:gravity="right"
047 Android:layout_x="0px"
048 Android:layout_y="185px">
049 </TextView>
```

- 007번째 줄은 006번째 줄에서 선언한 TextView의 id 값을 'cpe'로 설정한다.
- 008~009번째 줄은 TextView의 크기를 설정한다.
- 010번째 줄은 006번째 줄에서 선언한 TextView의 텍스트를 'CPE'로 설정한다.
- 011~012번째 줄은 TextView에 나타나는 텍스트의 크기와 색깔을 설정한다.
- 013번째 줄은 TextView에 나타나는 텍스트의 위치를 'center'로 설정한다.
- 014~015번째 줄은 TextView가 Android 화면에 나타나는 위치를 설정한다.

3.2.3 ImageView

ImageView는 사진이나 아이콘을 출력하는 위젯이다. 텍스트만으로 화면을 꾸미는 것을 어렵기 때문에 모바일 장비에서 특히 장식을 위한 목적으로 광범위하게 사용되고 있다. imageView의 속성 중에서 가장 많이 사용되는 것이 'src', 'maxheight', 'maxWidth'이다.

(가) ImageView의 src 속성

일단 이미지를 Android 폰에서 출력하기 위해서는 eclipse의 Package Explore에서 해당 프로젝트의 'res/drawable-hdpi' 폴더에 출력하고 싶은 이미지를 복사하여 넣어야 한다. 'res/drawable-hdpi' 폴더에 이미지를 저장하면 'R.Java' 파일에 정수로 저장되어 XML 프로그래밍할 때 저장된 그림을 참조하여 사용할 수 있다.

속성 src는 출력할 이미지를 지정하는 가장 중요한 속성이다. 이 속성에 값을 대입하지 않으면 아무것도 보이지 않으므로 반드시 지정해야 하는 속성이다. 'src' 속성에 이미지를 지정하는 방법은 리소스에 이미지를 복사해 두고 '@drawable/id' 형식으로 이미지의 id를 설정하면 해당 이미지가 화면에 출력된다.

(나) ImageView의 maxHeight, maxWidth 속성

maxHeigh와 maxWidth는 이미지가 출력될 최대 크기를 지정한다. 별다른 지정이 없으면 이미지의 원래 크기대로 출력되지만 모바일 장비의 해상도가 충분하지 않으므로 최대 크기를 적당히 제한할 필요가 있다. 이 두 속성으로 지정한 크기가 강제적으로 적용되는 것은 아니며 지정한 크기에 최대한 맞추지만 가로 세로 비율을 유지하도록 설정되어 있다.

(다) 기본적인 ImageView 예제

[그림 3-12]는 하나의 ImageView를 이용한 매우 간단한 예를 나타내고 있다. [그림 3-12](a)는 원본 그림이고 [그림 3-12](b)는 [그림 3-12](a) 그림을 Android 화면에 출력한 화면이다.

(a) (b)

[그림 3-12] 기본적인 ImageView 예 (a) 원본 그림, (b) (a)를 Android 화면에 출력한 화면

Android 소스코드는 TextView의 소스코드와 동일하게 'setContentView(R.layout.main)' 부분만 수정한다. 'setContentView(R.layout.main)'에서 'main' 부분을 ImageView를 선언한 XML 파일명으로 바꿔준다.

```
001 <?xml version="1.0"encoding="utf-8"?>
002 <LinearLayout xmlns:Android="http://schemas.Android.com/apk/res/Android"
003 Android:layout_width="fill_parent"
004 Android:layout_height="fill_parent"
005 Android:orientation="vertical">
006 <ImageView
007    Android:src="@drawable/cpe"
008    Android:id="@+id/imageView1"
009    Android:layout_width="match_parent"
010    Android:layout_height="match_parent">
011 </ImageView>
012 </LinearLayout>
```

- ► 007번째 줄은 006번째 줄에서 선언한 ImageView에 나타낼 그림 파일을 'cpe'라는 이름을 갖는 파일로 설정한다.
- ► 008번째 줄은 006번째 줄에서 선언한 ImageView의 id 값을 'imagView1'로 설정한다.
- ► 009~010번째 줄은 ImageView의 크기를 설정한다.

3.2.4 Button과 editText

어플리케이션에서 사용자가 어떤 이벤트를 발생 시키는 트리거 역할을 하는 무언가가 필요하다. Android에서 이벤트 트리거 역할은 보통 Button을 이용한다. 그리고 사용자로부터 텍스트를 입력 받기위해서는 editText를 이용한다.

(가) Button

Button은 사용자가 선택해 명령을 내릴 수 있는 위젯이며 대부분의 운영체제나 장비에서 아주 흔하게 사용된다. 사각형 모양을 하고 있으며 표면에 명령의 의미를 설명하는 문자열이 표시되어 있다. 클래스명이 Button이므로 XML 엘리먼트 이름도 당연히 Button이다. 속성들은 대부분 View나 TextView로부터 상속받은 것이며 고유의 속성은 따로 갖지 않는다.

(나) EditText

EditText는 사용자로부터 문자열을 입력받을 수 있는 위젯이다. TextView의 서브클래스이므로 TextView의 모든 속성을 사용할 수 있으며 추가로 문자열 편집과 관련된 함수들을 사용할 수 있다.

3.2.5 TabLayout

Android에서는 Tabhost 컨테이너를 통해 탭 기능을 구현할 수 있다. 즉 화면의 일부에 여러 개의 탭을 표시하고, 탭을 선택하면 해당 탭에 속한 화면이 나타나는 구조이다. 예를 들어 Activity 하나에 네 개의 탭을 만들어두고, 첫 번째 탭에서는 선호하는 채널, 두 번째 탭에는 전체 채널, 세 번째 탭에는 현재 방송 정보를 볼 수 있는 탭, 네 번째 탭에는 채널 편성 정보를 볼 수 있는 탭을 만들어 비슷한 서비스를 제공하는 Activity를 보기 쉽게 만들 수 있다. 이렇게 네 개의 탭을 갖는 TabLayout을 구현하면 [그림 3-13]과 같다.

[그림 3-13]과 같이 탭이 4개가 있는 탭 View를 구현하기 위해서는 1개의 메인 Activity와 각각의 탭에 해당하는 4개의 Activity가 있어야 한다. 각각의 탭에 해당하는 Activity는 각 탭이 선택되었을 때 나타나는 화면을 나타낸다. TabActivity에서 메인 Activity는 4개의 탭이 구성됨을 선언하고 각 탭에 맞는 Activity를 지정해 주어야 한다.

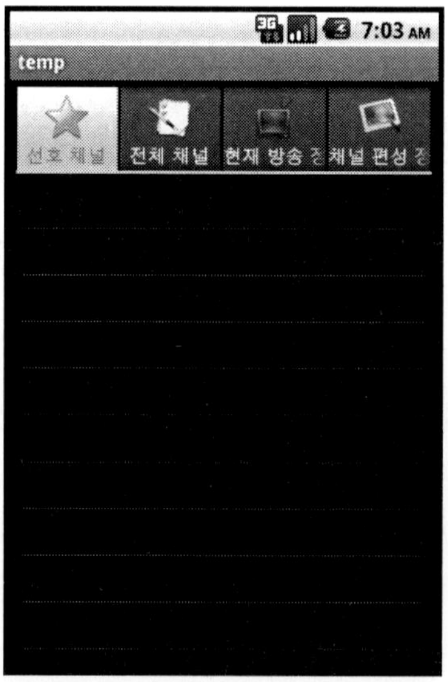

[그림 3-13] 탭 레이아웃의 예

```
001 public class mainTV extends TabActivity {
002       @Override
003       public void onCreate(Bundle savedInstanceState) {
004           super.onCreate(savedInstanceState);
005           setContentView(R.layout.main);
006
007        Resources res = getResources();
008        TabHost tabHost = getTabHost();
009        TabHost.TabSpec spec;
010        Intent intent;
011
012        intent = new Intent().setClass(this, preferCH.class);
013       // Initialize a TabSpec for each tab and add it to the TabHost
014        spec = tabHost.newTabSpec("선호 채널").setIndicator("선호 채널"
,getResources().getDrawable(R.drawable.star)).setContent(intent.addFlags(In
tent.FLAG_ACTIVITY_CLEAR_TOP));
015        tabHost.addTab(spec);
......
037        intent = new Intent().setClass(this, ChannelList.class);
038       spec = tabHost.newTabSpec("채널 편성 정보").setIndicator("채널 편성 정보",
res.getDrawable(R.drawable.epg)).setContent(intent);
039        tabHost.addTab(spec);
040        tabHost.setCurrentTab(0);
041    }
042 }
```

► 001번째 줄은 본 Android Activity는 일반 Activity가 아니라 TabActivity임을 선언한다.

► 007~009번째 줄은 사용하는 함수를 초기화한다.

► 012번째 줄은 사용자가 첫 번째 탭을 터치했을 경우 Intent를 이용하여 불러올 'preferCH' Activity를 선언한다.

► 014번째 줄은 새로운 탭을 초기화하고, 새로운 탭의 이름과 아이콘 등을 설정한다.

► 015번째 줄은 새로운 탭 추가를 설정한다.

► 037번째 줄은 사용자가 첫 번째 탭을 터치했을 경우 Intent를 이용하여 불러올 'ChannleList' Activity를 선언한다.

► 038번째 줄은 새로운 탭을 초기화하고, 마지막인 네 번째 탭의 이름과 아이콘들을 설정한다.

► 039번째 줄은 Tabactivity가 처음 나타낼 화면을 가장 처음 설정한 Activity로 설정한다.

3.2.6 ListView

Android에서 텍스트를 순서대로 나열할 때 많이 사용하는 것이 Listview이다. ListView는 자동으로 scrollview가 적용되어 있기 때문에 list 항목이 많더라도 개발자가 따로 scrollview를 적용시킬 필요가 없다. 이러한 기능을 갖는 ListView를 구현하면 [그림 3-14]와 같다.

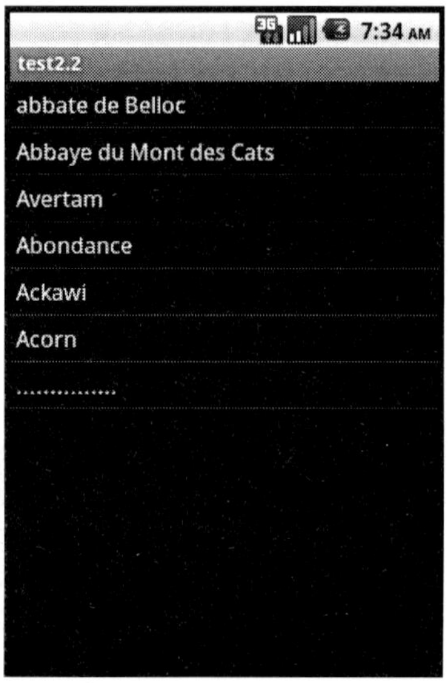

[그림 3-14] 리스트view의 예

[그림 3-14]와 같은 ListView를 구현하기 위해서는 리스트가 있어야 한다. 그리고 ListView는 `OnItemClickListener()` 함수를 지원해서 사용자가 어떤 리스트를 터치했는지 알 수 있다. 이런 `OnItemClickListener()` 함수를 이용하면 ListView를 보다 효과적으로 이용할 수 있다. `OnItemClickListener()` 함수 이용방법은 다음 절에서 자세히 설명한다.

```
public class main1 extends ListActivity {
        public void onCreate(Bundle savedInstanceState) {
                super.onCreate(savedInstanceState);
               setListAdapter(new ArrayAdapter<String>(this, R.layout.list, word));
                ListView lv = getListView();
                lv.setTextFilterEnabled(true);
                lv.setOnItemClickListener(new OnItemClickListener() {
```

```
008             public void onItemClick(AdapterView<?> parent, View view,
                    int position, long id) {
009
010             }
011           });
012         }
013         static final String[] word = new String[]{
            "abbate de Belloc", "Abbaye du Mont des Cats", "Avertam",
            "Abondance", "Ackawi", "Acorn",
            "..............."
014         };
015 }
```

- 001번째 줄은 본 Android activity는 일반 Activity가 아니라 ListActivity임을 선언한다.
- 004번째 줄은 ListView의 텍스트 배열을 'word[]'라고 설정한다.
- 005번째 줄은 새로운 ListView를 선언한다.
- 007번째 줄은 ListView에 `OnItemClicklistener()` 함수를 등록한다.
- 008번째 줄은 사용자가 listView의 리스트를 터치했을 때 터치된 리스트의 위치를 int 'position' 값에 텍스트를 Long 'id' 값으로 설정한다.
- 009번째 줄은 리스트가 터치 되었을 때 이벤트를 처리하는 내용을 적는다. 이번 소스코드에서는 비워두었다.
- 013번째 줄은 004번째 줄에서 설정한 word[] 배열을 나타낸다.

3.3 Event Listener 활용

Android에서 사용하는 이벤트 처리 방법은 다양하다. 만약 이벤트를 처리하는 함수가 하나로 통일되면 편리하겠지만 이벤트마다 특성이 조금씩 다르기 때문에 하나로 통일 하는 것은 좋지 못한 방법이다. 그러므로 개발자는 그때그때 적절한 함수를 선택해서 사용하여야 한다.

레이아웃을 구성하는 다양한 View 클래스 안에 사용자 인터페이스 이벤트를 처리하는 함수가 있다. 이러한 함수들은 그 오브젝트에 각각의 액션이 발생할 때 Android 프레임워크에 의해 호출된다. 예를 들어 Button과 같은 View가 터치되었을 때 `onTouchEvent()` 함수와 같은 함수가 그 오브젝트에서 호출된다.

3.3.1 Callback Method

이벤트를 받는 가장 쉬운 방법은 해당 클래스를 재정의해 Callback Method를 작성하는 것이다. Callback Method는 특정 이벤트가 발생했을 때 시스템에 의해 자동으로 호출되는 Method이며 이 Method에 코드를 작성해 놓으면 이벤트가 발생했을 때 동작을 정의할 수 있다. 사용자와 상호 작용하는 주체가 View이므로 이벤트의 Callback은 주로 View가 제공한다. 즉, Callback Method는 특정 이벤트가 발생했을 때 시스템에 의해 자동으로 호출되는 Method를 말하며, 대표적인 Callback 함수는 `onTouchEvent()`, `onKeyDown()`, `onKeyUp()`, `onTrackballEvent()` 함수 등이 있다.

사용자가 화면을 터치할 때, 키를 누르거나 뗄 때, 트랙볼을 굴릴 때 이 메서드들이 호출된다. 예를 들어 `onKeyDown()` 함수는 눌러진 키에 대한 정보를, `onTouchEvent()` 함수는 화면에 터치된 좌표 등이 전달된다. [그림 3-15]은 `onTouchEvent()` 함수를 실행시켰을 때의 화면으로 터치 이벤트의 종류에 따라 TextView가 변하는 것을 확인할 수 있다. [그림 3-15](a)는 터치 이벤트 발생 전이고, [그림 3-15](b)는 화면을 터치했을 때이다. [그림 3-15](c)는 화면을 터치한 상태로 이동했을 때 화면이다.

[그림 3-15]와 같이 Callback Method를 확인해 보기 위해 하나의 TextView를 이용하였다. 처음 TextView에 'Not Touch Event'라는 텍스트가 나타나고, 사용자가 화면을 터치하면 TextView의 텍스트가 'Touch Event Received' 또는 'Move Event Received'로 변하도록 하여 터치 이벤트 발생을 확인할 수 있다.

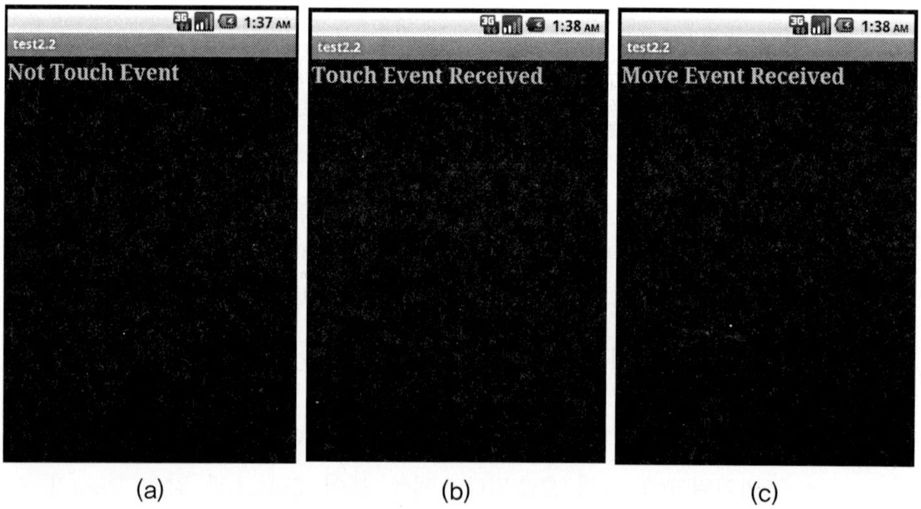

[그림 3-15] Callback Method 실행화면 (a) 초기 실행화면, (b) 화면을 터치했을 때 화면, (c) 화면을 터치한 상태로 이동했을 때의 화면

```
001 public class main1 extends Activity {
002     public void onCreate(Bundle savedInstanceState) {
003     super.onCreate(savedInstanceState);
004     setContentView(R.layout.main);
005
006         TextView touchText = (TextView)findViewById(R.id.text);
007         touchText.setText("Not Touch Event");
008     }
009
010         public boolean onTouchEvent(MotionEvent event){
011             super.onTouchEvent(event);
012             TextView touchText = (TextView)findViewById(R.id.text);
013             if(event.getAction()==MotionEvent.ACTION_DOWN){
014                     touchText.setText("Touch Event Received");
015                     return true;
016             }else if(event.getAction() == MotionEvent.ACTION_MOVE){
017                     touchText.setText("Move Event Received");
018                     return true;
019             }return false;
020         }
021     }
```

- 007번째 줄은 006번째 줄에서 선언한 TextView의 텍스트를 'Not Touch Event'로 설정한다.
- 010~011번째 줄은 `onTouchEvent()` 함수를 등록한다.
- 012번째 줄은 006번째 줄에서 선언한 TextView와 같은 TextView를 선언한다.
- 013~015번째 줄은 터치 이벤트가 단순한 터치 이벤트일 때 012번째 줄에서 선언한 TextView의 텍스트를 'Touch Event Received'로 바꾼다.
- 016~018번째 줄은 터치 이벤트가 단순한 터치 이벤트가 아니라 터치 후 이동하는 이벤트라면 012번째 줄에서 선언한 TextView의 텍스트를 'Move Event Received'로 바꾼다.

일반적으로 자주 발생하는 이벤트에 대해서는 Callback Method를 제공하지만 모든 이벤트에 대한 Callback Method를 다 정의되어 있지 않다. 또한 Callback Method는 사용자가 이벤트를 정의할 수 없는 단점을 가진다. 그래서 Android에서는 좀 더 일반적이고 간편한 이벤트 처리 방법인 Listener를 많이 사용한다.

3.3.2 Event Listener

Listener는 특정 이벤트를 처리하는 함수를 말한다. Listener는 이름 그대로 이벤트 발생 여부에 귀를 기울이고 이를 알리는 객체를 의미한다. Listener에 대응되는 이벤트를 받는 단 하나의 Method가 선언되어 있으며 모두 View 클래스 안에 선언되어 있다. 대표적인 Listener는 `OnTouchListener()`, `OnKeyListener()`, `OnClickListener()`, `OnLongClickListener()`, `onFocusChangeListener()` 함수 등이 있다.

이벤트를 처리하려면 Listener를 구현하는 클래스를 선언하고 그 객체를 생성해야 한다. 클래스가 되려면 Listener의 추상 메서드인 Handler를 구체적으로 구현해야 한다. 이렇게 구현된 객체를 Listener 객체라고 한다. Listener를 선언한 다음 해당 View에 이벤트가 발생했을 때 적절한 Handler가 호출되도록 연결해야 한다.

Event Listener는 특정 View에 대해 정의하는 것이므로 외부에 선언할 필요없이 Activity Class 내부에 선언한다. [그림 3-16]은 TextView에 Listener를 구현한 화면이다. "Not Touch Event"라는 텍스트 View에 `OnClickListener()` 함수를 등록하여 사용자가 터치할 경우 " Times Event Received"라는 텍스트로 변환하도록 하였다. [그림 3-16](a)는 터치 이전 화면이고, [그림 3-16](b)는 터치 이후 화면이다.

[그림 3-16]에서 `OnClickListener()` 함수를 LinearLayout에 등록하고 이를 확인하기 위해 TextView를 이용하였다. TextView는 터치가 일어나지 않았을 때 'Not Touch Event'로 표시된다. 터치가 이벤트가 발생했을 때에는 터치 횟수에 따라 숫자 I가 1씩 증가하며 'i Times Touch Event Received'로 변한다. 이렇게 TextView의 변화를 통해 터치 이벤트의 처리가 잘되고 있음을 확인할 수 있다.

(a)

(b)

[그림 3-16] TextView에 Listener 구현 화면 (a) 터치 이전 화면, (b) 터치 이후 몇 번 터치되었는지 나타내는 화면

```
001 public class main1 extends Activity {
002     int i = 1;
003     TextView touchText;
004     public void onCreate(Bundle savedInstanceState) {
005             super.onCreate(savedInstanceState);
006             setContentView(R.layout.main);
007
008     touchText = (TextView)findViewById(R.id.text);
009     LinearLayout linear = (LinearLayout)findViewById(R.id.back);
010     touchText.setText("Not Touch Event");
011     linear.setOnTouchListener(
012    new View.OnTouchListener(){
013     public boolean onTouch(View v, MotionEvent event){
014             if (event.getAction()==MotionEvent.ACTION_DOWN){
015             touchText.setText(i+" Times Touch Event Received");
016             i++;
017             return true;
018     }
019             return false;
020     }
021    });
022 }
```

- ► 009번째 줄은 xml 소스코드에서 선언한 LinearLayout을 'linear' 변수로 선언한다.
- ► 010번째 줄은 008번째 줄에서 선언한 TextView의 텍스트를 'Not Touch Event'로 설정한다.
- ► 011~013번째 줄은 `OnTouchListener()` 함수를 등록한다.
- ► 014~016번째 줄은 터치 이벤트가 발생 했을 때 TextView를 'i Times Touch Event Received'로 바꾸고 I를 1 증가시킨다.

3.3.3 이벤트의 종류

(가) 터치 이벤트

터치 이벤트는 세 가지 종류의 액션이 있다. 하나는 터치스크린은 터치하는 것과 터치한 상태로 움직이는 것, 화면에서 터치를 해지 하는 것이다. 이러한 이벤트 정보는 `MotionEvent.getAction` method를 이용하여 사용자가 수행한 터치 이벤트 액션의 종류를 알 수 있다.

화면을 눌렀을 때의 동작은 ACTION_DOWN, 화면을 누른 채 움직일 때의 동작은 ACTION_MOVE, 화면에서 터치를 떼었을 때 ACTION_UP 메서드를 이용하여 사용자가 터치하는 동작을 Android에서 알 수 있다. 이러한 내용을 [표 3-1]에 간략히 정리하였다.

[표 3-1] 터치 이벤트 동작 명령과 설명

동작 명령	설명
ACTION_DOWN	터치스크린을 터치함
ACTION_MOVE	터치스크린을 터치한 상태로 움직임
ACTION_UP	터치스크린에서 터치를 뗐을 때

터치 이벤트는 처음 터치할 때, 터치한 상태로 움직일 때, 터치를 뗐을 때 각각 다른 이벤트가 발생한다. 현재 터치한 화면의 좌표는 MotionEvent의 getX, getY Method를 통해 알아 낼 수 있으며 자료 형은 Float이다.

[그림 3-17]은 MotionEvent의 getX, getY Method를 이용하여 터치한 부분의 X, Y 좌표를 디스플레이 하는 화면이다. [그림 3-17](a)는 왼쪽 윗부분 빨간색 동그라미 쳐진 부분, [그림 3-17](b)는 가운데 부분 빨간색 동그라미 쳐진 부분, [그림 3-17](c)는 오른쪽 아랫부분 빨간색 동그라미 쳐진 부분을 터치하였고 각각의 X, Y 좌표를 나타내고 있다. [그림 3-17]의 터치된 X, Y 좌표는 디바이스마다 다르다. [그림 3-

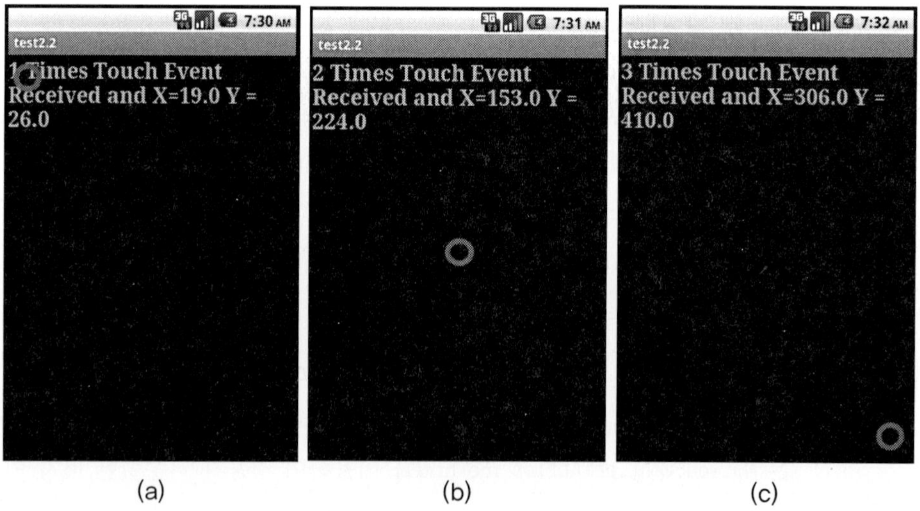

[그림 3-17] 터치한 부분 좌표 표시 (a) 왼쪽 위 부분을 터치한 화면, (b) 가운데 부분을 터치한 화면, (c) 오른쪽 아래 부분을 터치한 화면

17]의 테스트 환경은 Android 버전은 2.2이고, 화면 크기는 HVGA(Half-Size Video Graphics Array)인 에뮬레이터 화면에서 실행하여 캡처한 화면이다.

[그림 3-17]의 구현 방법은 [그림 3-16]과 유사하다. 때문에 [그림 3-16]과 다른 부분인 X축과 Y축의 좌표를 읽어 오는 부분만 설명한다.

```
001 public class main1 extends Activity {
002      float x, y;
                                   .....
012 linear.setOnTouchListener(
013      new View.OnTouchListener(){
014      public boolean onTouch(View v, MotionEvent event){
015              if (event.getAction()==MotionEvent.ACTION_DOWN){
016                      x = event.getX();
017                      y = event.getY();
018  touchText.setText(i+" Times Touch Event Received and X="+x+" Y = "+y);
                                   .....
```

- ► 012번째 줄은 LinearLayout인 Lnear에 `OnTouchListener()` 함수를 등록한다.
- ► 016~017번째 줄은 `event.getX()`, `event.getY()` 함수를 이용하여 터치된 X 축과 Y축의 값을 Float 변수인 x, y에 저장한다.

(나) 위젯의 이벤트 처리

위젯의 이벤트 처리는 `OnClickListener()` 함수를 구현하고 다음 Method에 이후 처리할 소스코드를 작성하면 된다. 위젯도 View이므로 이벤트 입력을 받고 처리하는 방법은 터치 이벤트 처리와 같다. 그러나 터치나 키보드 입력에 비해 클릭이라는 단순한 동작만 수행하기 때문에 선택된 View를 전달하는 것 이외에는 별도의 인수가 없다.

[그림 3-18]은 Button에 `OnClickListener()` 함수를 등록한 실행화면으로 [그림 3-18](a)는 처음 실행화면으로 아무것도 선택되지 않은 상태로 TextView에 'Not Click'을 나타낸다. [그림 3-18](b)는 'Kwang' Button을 선택한 화면으로 TextView가 'Not Click'에서 'Kwang'으로 바뀐 것을 확인할 수 있다. [그림 3-18](c)는 'Woon' Button을 선택한 화면으로 TextView가 'Woon'으로 바뀐 것을 확인할 수 있다.

[그림 3-18]을 구현한 소스코드는 Layout과 TextView, Button을 생성하는 XML 소스코드와 `OnClickListener()` 함수를 구현한 자바 소스코드 모두를 설명한다. 다음은 XML 소스코드로 하나의 TextView와 두 개의 Button을 선언하였다.

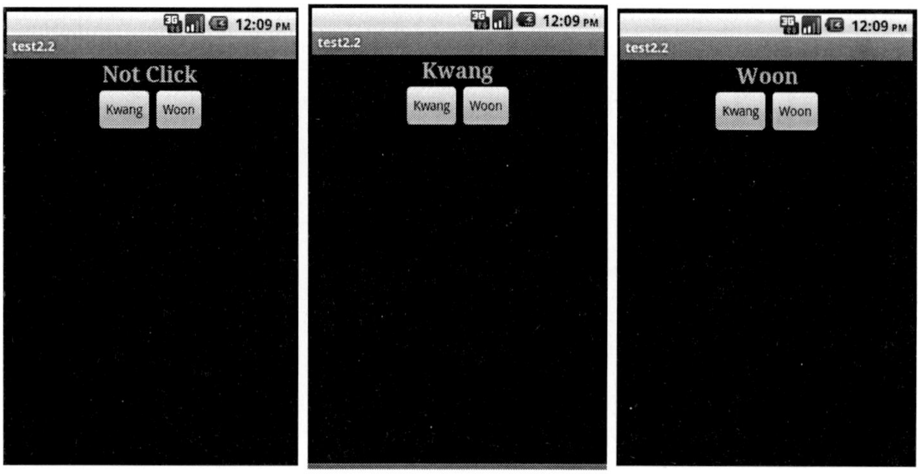

(a) (b) (c)

[그림 3-18] OnClickListener 실행화면, (a) 초기 화면, (b) Kwang Button을 선택한 화면, Woon Button을 선택한 화면

```
<?xml version="1.0" encoding="utf-8"?>
<LinearLayout
xmlns:Android="http://schemas.Android.com/apk/res/Android"
Android:layout_width="fill_parent"
Android:layout_height="fill_parent"
Android:orientation="vertical"
Android:gravity="center_horizontal">
<TextView
Android:id="@+id/text"
Android:layout_width="wrap_content"
Android:layout_height="wrap_content"
Android:text="User ID"
Android:textSize="23sp"
Android:typeface="serif"
Android:textStyle="bold"/>
<LinearLayout
    Android:layout_width="wrap_content"
    Android:layout_height="wrap_content">
        <Button
        Android:id="@+id/Kwang"
        Android:layout_width="wrap_content"
        Android:layout_height="wrap_content"
        Android:text="Kwang"/>
        <Button
        Android:id="@+id/Woon"
        Android:layout_width="wrap_content"
```

```
027             Android:layout_height="wrap_content"
028             Android:text="Woon"/>
029     </LinearLayout>
030 </LinearLayout
```

- 009번째 줄에서 008번째 줄에서 선언한 TextView의 id값을 설정한다.
- 010~011번째 줄에서는 TextViw의 크기를 설정한다.
- 012번째 줄에서는 TextView의 텍스트를 'User ID'로 설정한다.
- 020번째 줄은 019번째 줄에서 선언한 Button의 id 값을 'Kwang'으로 설정한다.
- 021~022번째 줄은 Button의 크기를 설정한다.
- 023번째 줄은 Button의 텍스트를 'Kwang'으로 설정한다.

[그림 3-18]을 구현한 Android 소스코드는 간단하다. 각각 Button의 id 값을 참조하여 변수에 저장하고, 해당 변수에 **OnClickListener()** 함수를 등록한다. 터치 이벤트가 발생하였을 때 해당 Button에 맞게 TextView의 텍스트를 바꾸도록 한다.

```
public class main1 extends Activity {
    TextView Text;
    Button btnKwang, btnWoon;
    public void onCreate(Bundle savedInstanceState) {
            super.onCreate(savedInstanceState);
        setContentView(R.layout.main);
        Text = (TextView)findViewById(R.id.text);
        Text.setText("Not Click");
        btnKwang = (Button)findViewById(R.id.Kwang);
        btnWoon = (Button)findViewById(R.id.Woon);
        btnKwang.setOnClickListener(
                new Button.OnClickListener(){
                    public void onClick(View v){
                        Text.setText("Kwang");
                    }
        });
        btnWoon.setOnClickListener(
                new Button.OnClickListener(){
                    public void onClick(View v){
                        Text.setText("Woon");
                    }
        });
    }
}
```

- 008번째 줄은 007번째 줄에서 선언한 TextView의 텍스트를 'Not Click'으로 설정한다.
- 011번째 줄은 009번째 줄에서 선언한 'Kwang' Button에 `OnClickListener()` 함수를 등록한다.
- 014번째 줄은 'Kwang' Button이 터치되면 007번째 줄에서 선언한 TextView의 텍스트를 'Kwang'으로 바꾼다.
- 017번째 줄은 010번째 줄에서 선언한 'Woon' Button에 `OnClickListener()` 함수를 등록한다.
- 020번째 줄은 'Woon' Button이 터치되면 007번째 줄에서 선언한 TextView의 텍스트를 'Woon'으로 바꾼다.

[그림 3-18]과 같이 Button이 `OnClickListener()` 함수가 두 개만 있을 경우 복잡하지 않지만 여러 개의 `OnClickListener()` 함수를 등록해야 하는 경우 위와 같이 객체마다 `OnClickListener()` 함수를 등록할 경우 코딩을 할 경우 복잡해지고 소스코드가 산만하게 작성되어질 수 있다. 때문에 `switch`문을 이용하여 보다 보기 좋게 코딩하는 방법을 설명한다. switch문을 이용하면 보다 간단하게 소스코드를 작성할 수 있다.

```
001 public class main1 extends Activity {
......
013     findViewById(R.id.Kwang).setOnClickListener(MultiListener);
014     findViewById(R.id.Woon).setOnClickListener(MultiListener);
015   }
016   Button.OnClickListener MultiListener = new View.OnClickListener(){
017             public void onClick(View v){
018                     switch(v.getId()){
019                     case R.id.Kwang:
020                             Text.setText("Kwang");
021                             break;
022                     case R.id.Woon:
023                             Text.setText("Woon");
024                             break;
025                     }
026             }
027   };
```

- 013~014번째 줄은 'Kwang' Button과 'Woon' Button에 MultiListener로

OnClickListener() 함수를 등록한다.

- ► 016번째 줄은 MultiListener에 새로운 OnClickListener() 함수를 등록한다.
- ► 018번째 줄은 터치 이벤트가 발생했을 때 해당 터치 이벤트가 발생한 Button의 id값으로 switch문을 돌린다.
- ► 019~021번째 줄은 018번째 줄에서 발생한 Button 이벤트의 id 값이 'Kwang'이면 TextView를 'Kwang'으로 설정한다.
- ► 022~024번째 줄은 018번째 줄에서 발생한 Button 이벤트의 id 값이 'Woon'이면 TextView를 'Woon'으로 설정한다.

3.4 Android 샘플 소스코드 활용

Android SDK에서는 개발자를 위해 다양한 샘플 소스코드를 제공하고 있다. 이 샘플 소스코드는 Android 에뮬레이터에서 구동해 보면서 사용자가 원하는 View나 프로그램을 찾아 해당 샘플 소스코드를 수정하여 사용할 수 있다. Android SDK에서 제공하는 샘플 소스코드 'APIDemos', 'BackupRestore', 'BluetoothChat', 'ContackManager' 등이 있다.

이런 샘플코드를 추가 하는 방법은 eclipse의 Package Explorer에서 마우스 우 클릭을 하면 [그림 3-19](a)와 같은 화면이 나타난다. 이 화면에서 [File]->[New]->[Others]를 선택한다. 'Others'를 선택하면 [그림 3-19](b)와 같은 화면이 나오는데 여기서 'Android Project'를 선택하고 'Next' Button을 선택한다. 그러면 [그림 3-19](c)와 같은 화면이 나오는데 여기서 'Create Project from Existing Sample'을 선택하고 여기서 응용 예를 선택하면 해당 샘플 소스코드를 볼 수 있다.

[그림 3-19](c)에서 보듯이 Android SDK에서 제공하는 샘플 예제 소스코드가 많다. 그 중에서 'APIDemo'는 Android에서 사용하는 다양한 view나 센서, 미디어, 자원 관리, 텍스트와 관련된 다양한 기능들에 대한 샘플 소스코드가 있어 다양한 Android 응용을 개발할 때 유용하게 사용될 것이다.

본 절에서는 이렇게 다양한 기능들을 제공하는 'AIPDemo' 중에서 가장 많이 사용되고 있는 View에 대해서 알아 볼 것이다. [그림 3-20](a)는 APIDemo 메인 화면으로 다양한 부분의 예제가 존재함을 확인할 수 있다. [그림 3-20](b)는 View 메뉴를 선택했을 때의 실행화면이다. [그림 3-20](b)를 보면 APIDemo에서 제공하는 예제가 3.2.4절에서 알아본 Button과 사용자가 글을 작성할 때 도와주는 자동완성 기능인

[그림 3-19] 샘플 소스코드 추가하기 (a) 마우스 우 클릭 시 나타나는 화면, (b) Android 프로젝트 선택 화면, (c) Android 샘플 소스코드 추가 화면

Auto Complete 등 다양한 예제 소스코드가 있다.

[그림 3-21]는 APIDemo에 포함되어 있는 다양한 예제 중에서 가장 많이 사용되고 있는 ImageView의 예를 나타내고 있다. [그림 3-21](a)는 APIDemo의 Package Explorer에 나타난 Package와 소스코드 파일들과 그림 파일, 글자 크기 및 색깔에 대한 자원들을 나타내고 있다. [그림 3-21](b)는 APIDemo Package 파일에서 View와 관련된 Package 파일에 있는 소스코드를 보여주고 있다. [그림 3-21](c)는 여기서 소개하는 ImageView 사용 예에 대한 실행화면을 캡처한 화면이다.

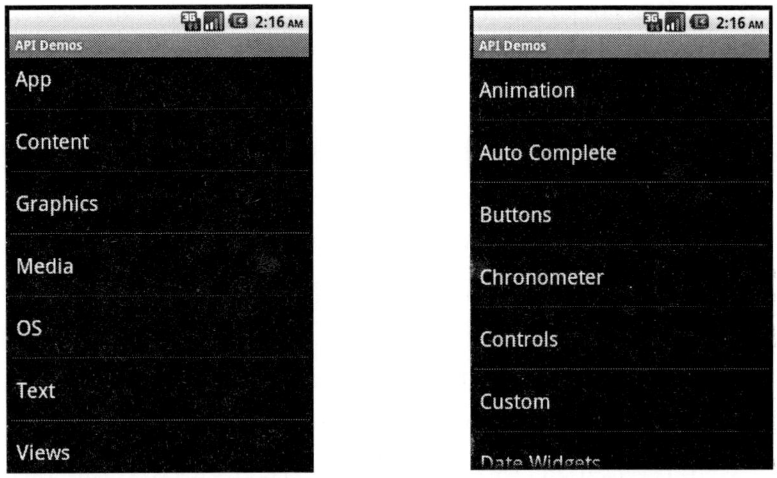

(a) (b)

[그림 3-20] APIDemo 실행화면, (a) APIDemo 메인 화면, (b) View메뉴 실행화면

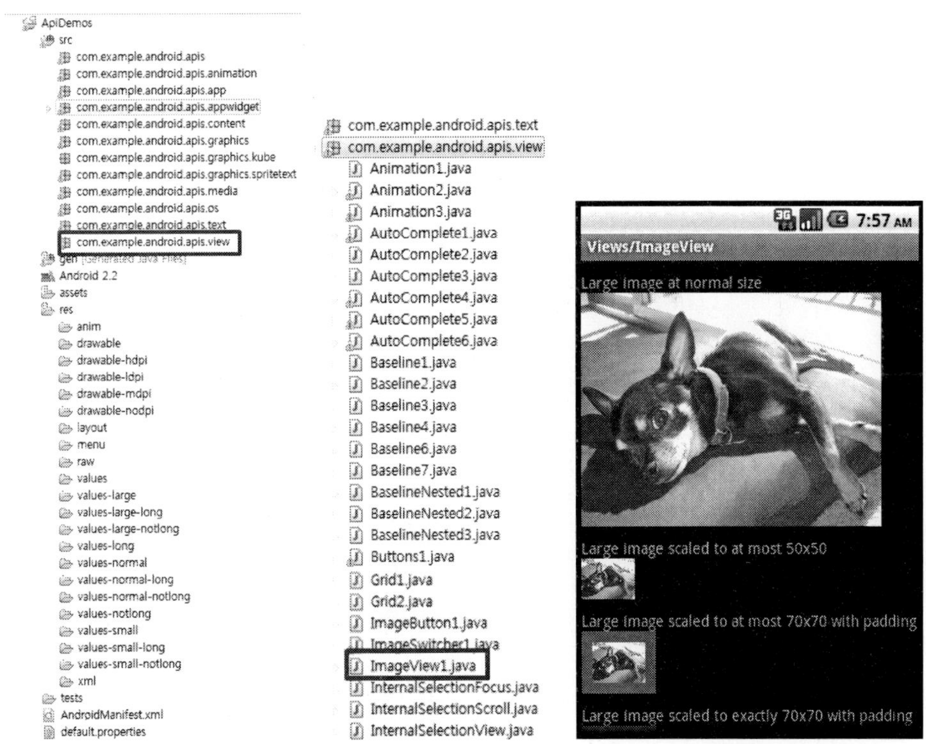

(a) (b) (c)

[그림 3-21] API ImageView 예 (a) APIDemo의 Package Explorer, (b) View의 Package 파일에 포함되어 있는 소스코드 중 ImageView, (c) ImageView 실행화면

APIDemo는 Android에서 사용하는 다양한 함수들과 View, Layout 등을 활용한 예제 소스코드가 제공된다. 각각의 예제 소스코드는 사용자가 임의대로 수정하여 사용할 수 있게 오픈되어 있기 때문에 Android 개발의 기본만 알고 있다면, APIDemo를 Android 어플리케이션을 개발할 때 적극 활용할 수 있을 것이다.

또한, Android의 샘플 소스코드 파일은 APIDemo 외에 Bluetooth 채팅을 하는 샘플, 노트패드 샘플, 메뉴를 만드는 샘플 등 다양한 샘플 소스코드 파일을 제공하고 있어 개발자가 어플리케이션을 개발할 때 적극 활용할 수 있을 것이다. 그리고 초보 개발자가 함수 사용법이나 Android 소스코드의 형식을 보고 익힐 때 큰 도움이 될 것이다. 이렇게 Android SDK는 다양한 샘플 소스코드를 제공함으로써 개발자들에게 쉽게 어플리케이션을 개발할 수 있도록 돕고 있다.

[그림 3-21]을 구현한 Android 소스코드는 앞에서 소개한 TextView의 소스코드와 동일하게 'setContentView(R.layout.main)' 부분만 수정하였으며 'setContentView(R.layout.main)'에서 'main'부분을 ImageView를 선언한 XML 파일명만 변경한 것이다.

```
<ScrollView xmlns:Android="http://schemas.Android.com/apk/res/Android"
    Android:layout_width="match_parent"
    Android:layout_height="match_parent">
    <LinearLayout
        Android:layout_width="match_parent"
        Android:layout_height="match_parent"
        Android:orientation="vertical">
<TextView
            Android:layout_width="match_parent"
            Android:layout_height="wrap_content"
            Android:paddingTop="10dip"
            Android:text="@string/image_view_large_normal"/>
<ImageView
            Android:src="@drawable/sample_1"
            Android:adjustViewBounds="true"
            Android:layout_width="wrap_content"
            Android:layout_height="wrap_content" />
......
<TextView
            Android:layout_width="match_parent"
            Android:layout_height="wrap_content"
            Android:paddingTop="10dip"
            Android:text="@string/image_view_small_exactly_padded"/>
<ImageView
            Android:src="@drawable/stat_happy"
            Android:background="#FFFFFFFF"
```

```
102           Android:scaleType="centerInside"
103           Android:padding="10dip"
104           Android:layout_width="70dip"
105           Android:layout_height="70dip" />
106     </LinearLayout>
107 </ScrollView>
```

- 004번째 줄은 LinearLayout을 선언한다.
- 008~011번째 줄은 TextView를 선언하고, TextView의 크기를 설정한다.
- 012번째 줄은 TextView의 텍스트를 나타내는 파일을 설정한다.
- 014번째 줄은 013번째 줄에서 선언한 ImageView의 그림 파일을 설정한다.
- 016~017번째 줄은 ImageView의 크기를 설정한다.
- 100번째 줄은 99번째 줄에서 선언한 ImageView의 그림 파일을 설정한다.
- 101번째 줄은 그림의 배경색을 설정한다.
- 102번째 줄은 그림의 위치를 설정한다.
- 103~105번째 줄은 그림의 크기와 Layout과 그림사이의 간격을 설정한다.

제 4 장

Android 어플리케이션 UI

4.1 초기화면 UI

본 절에서는 스마트폰과 PC, 스마트 TV 간에 통신을 스마트폰을 이용하여 PC와 스마트 TV를 효율적으로 제어할 수 있는 어플리케이션의 UI 개발에 관하여 설명한다. 세부 기능은 스마트폰-PC와 스마트폰-스마트 TV 제어서비스로 나눌 수 있으며 이를 두 가지 기능 중 하나를 선택할 수 있는 메뉴 화면이 필요하다. 그래서 본 절에서는 두 가지 제어서비스 중 하나를 선택할 수 있는 화면과 각각의 제어서비스 화면으로 나누어 설명한다.

[그림 4-1]은 개발한 어플리케이션의 초기화면을 나타내고 있다. 초기화면은 하나의 TextView와 두 개의 ImageView를 이용하여 화면을 구성하였다. 하나의 TextView는 개발한 어플리케이션의 이름인 'Smart Service'를 나타내고 있다. 그리고 두 개의 ImageView는 PC와 스마트 TV 서비스를 선택하는 서비스를 선택하는 메뉴를 보여주고 있다. 각각의 선택 메뉴는 ImageView에 `OnClickListener()` 함수로 각각 등록하여 사용자가 선택한 메뉴로 화면이 전환된다. 예를 들어 사용자가 PC를 나타내는 그림을 선택하면, 새로운 Intent를 만들고 `Intent.()setClass()` 함수를 이용하여 PC 제어서비스를 제공할 수 있는 Activity를 호출한다. 사용자가 TV 그림을 선택하면, 새로운 Intent를 만들어 스마트 TV 제어서비스를 제공할 수 있는 Activity를 호출한다.

[그림 4-1] 개발한 어플리케이션의 메인 화면

[그림 4-1]은 Android 소스코드와 XML 소스코드를 이용하여 구현하였다. Android 소스코드는 XML 소스코드에서 선언한 그림 파일의 id 값을 변수에 저장한다. 해당 ImageView에 **OnClickListener()** 함수를 등록하고 터치 이벤트가 발생했을 때 새로운 Intent를 만들어, PC나 스마트 TV서비스를 제공할 수 있는 Activity를 호출하도록 하였다.

```
001 public class main extends Activity {
002     /** Called when the activity is first created. */
003     @Override
004     public void onCreate(Bundle savedInstanceState) {
005         super.onCreate(savedInstanceState);
006         setContentView(R.layout.main);
007
008            ImageView mypc = (ImageView)findViewById(R.id.pc);
009            mypc.setOnClickListener(
010                  new OnClickListener(){
011                          public void onClick(View view){
012                               Intent intent = new Intent(main.this,
                                    mainPC.class);
013                                    startActivity(intent);
014                          }
015                 });
016            ImageView mytv = (ImageView)findViewById(R.id.tv);
017            mytv.setOnClickListener(
018                      new OnClickListener(){
019                             public void onClick(View view){
020                                   Intent intent = new Intent(main.this,
                                    TvLogin.class);
021                                    startActivity(intent);
022                             }
023                      });
024          }
```

- 009번째 줄은 008번째 줄에서 선언한 ImageView에 **OnClickLister()** 함수를 등록한다.
- 012번째 줄은 008번째 줄에서 선언한 이미지에 터치 이벤트가 발생했을 경우 새로운 Intent를 만들어 'mainPC'이라는 이름을 갖는 Activity를 호출한다.
- 017번째 줄은 016번째 줄에서 선언한 ImageView에 **OnClickLister()** 함수를 등록한다.
- 020번째 줄은 016번째 줄에서 선언한 이미지에 터치 이벤트가 발생했을 경우 새로운 Intent를 만들어 'TvLogin'이라는 이름을 갖는 Activity를 호출한다.

XML 소스코드는 [그림 4-1]과 같은 화면을 구성하기 위하여 TextView에 'Smart Service'를 표시하도록 하였다. 그리고 프로젝트의 'drawable-hdpi' 폴더에 PC와 TV 그림 저장하여 해당 그림이 화면에 나타내도록 하였다.

```
<?xml version="1.0" encoding="utf-8"?>
<AbsoluteLayout
Android:id="@+id/widget0"
Android:layout_width="fill_parent"
Android:layout_height="fill_parent"
xmlns:Android="http://schemas.Android.com/apk/res/Android">
<TextView
Android:id="@+id/smart"
Android:layout_width="fill_parent"
Android:layout_height="55px"
Android:text="Smart"
Android:textSize="50sp"
Android:textColor="#ffffffff"
Android:gravity="center"
Android:layout_x="0px"
Android:layout_y="10px"></TextView>
<TextView
Android:id="@+id/service"
Android:layout_width="fill_parent"
Android:layout_height="55px"
Android:text="Service"
Android:textSize="50sp"
Android:textColor="#ffffffff"
Android:gravity="center"
Android:layout_x="0px"
Android:layout_y="55px"></TextView>
<ImageView
Android:id="@+id/pc"
Android:src="@drawable/pc"
Android:layout_width="158px"
Android:layout_height="300px"
Android:layout_x="0px"
Android:layout_y="132px"></ImageView>
<ImageView
Android:id="@+id/tv"
Android:src="@drawable/tv"
Android:layout_width="158px"
Android:layout_height="300px"
Android:layout_x="160px"
Android:layout_y="132px"></ImageView>
</AbsoluteLayout>
```

- 002~006번째 줄은 ImageView와 TextView를 나타내기 위한 틀인 Absolute-Layout을 선언한다.
- 008번째 줄은 007번째 줄에서 선언한 TextView에 id 값을 설정하는 부분으로 우리는 TexView의 id를 'smart'로 입력하였다.
- 009~010번째 줄은 TextView의 가로 세로의 크기를 'fill_parent'와 '55px(picxel)'로 설정한다. 가로는 가득 채우는 설정인 'fill_parent'로 설정하여 다른 View가 오지 않도록 설정하고, 세로는 텍스트 크기에 맞추어 '55px'로 설정한다.
- 011번째 줄은 TextView의 텍스트를 설정하는 부분으로 본 절에서는 어플리케이션의 이름인 'Smart Service' 중 'Smart'로 설정하고, 018번째 줄에서 선언한 TextView에 나머지 부분인 'Service'를 나타내도록 설정한다.
- 012번째 줄은 텍스트의 크기를 설정하는 부분으로 본 절에서는 [그림 4-1]과 같이 나타내기 위한 적당한 크기인 '50sp(Scale- Independent Pixel)'로 설정한다.
- 013번째 줄은 텍스트의 색깔을 설정하는 부분으로 이 부분에 아무것도 설정하지 않으면 회색으로 나타난다. 본 절에서는 흰색을 나타내고 싶었기에 흰색을 나타내는 '#ffffff'로 설정한다.
- 014번째 줄은 TextView에서 텍스트의 위치를 설정하는 부분으로 가운데 표시하기 위해 'Center'로 설정한다.
- 015~016번째 줄은 TextView의 위치를 설정하는 부분으로 'layout_x'는 가로의 위치를 설정하고, 'layout_y'는 세로의 위치를 설정한다.
- 017~027번째 줄은 위에서 설명한 TextView의 설명과 동일하며 나타내는 텍스트만 'Smart'가 아닌 'Service'로 다르다.
- 028번째 줄은 027번째 줄에서 선언한 ImageView에 id값을 설정하는 부분으로 우리는 ImageView의 id를 'pc'로 입력하였다.
- 029번째 줄은 ImageView의 그림 파일을 설정하는 부분으로 본 절에서는 [그림 4-1]의 왼쪽 PC를 나타내는 그림을 'pc.jpg'로 저장시켜 놓았기 때문에 이 부분을 '@drawable/pc'로 설정한다.
- 030~031번째 줄은 그림의 크기를 나타내는 부분으로 본 절에서는 가로의 크기를 '158 px'로 세로의 크기를 '300 px'로 설정한다.
- 032~033번째 줄은 ImageView의 위치를 설정하는 부분으로 가로 세로의 위치를 설정한다.
- 034~044번째 줄은 위에서 설명한 ImageView의 설명과 동일하며 원본 그림 파일이 'pc'가 아닌 [그림 4-1]에서 오른쪽의 그림을 나타내는 'tv'로 설정한 부분과 ImageView의 위치만 다르다.

4.2 PC 제어 화면 UI

[그림 4-2]는 PC를 제어하고 사용자 정보를 스마트폰에 저장할 수 있는 화면으로 PC 제어 서비스는 원격 PC 부팅과 원격 PC 로그인 서비스로 구성하였고 이에 대한 자세한 설명은 9장에서 알아보기로 한다. TextView와 EditText Button을 이용하여 [그림 4-2] 같이 화면을 구성하였다. PC 서비스를 받을 수 있는 화면으로 사용자의 PC에 원격 로그인하기 위한 사용자 'User ID'와 'Password'를 적는 부분과 원격 PC 부팅 서비스를 위하여 'IP Address'와 'MAC Address'를 적을 수 있는 EditText가 있다. 그리고 EditText 아래 부분에 저장되어 있는 사용자의 'User ID', 'Password', 'IP Address', 'MAC Address'를 나타내는 TextView가 있다. 원격 부팅 이벤트의 트리거 역할을 하는 'WoL' Button, 원격으로 PC에 로그인 이벤트의 트리거 역할을 하는 'Login' Button과 사용자가 EditText에 작성한 텍스트를 저장하는 이벤트의 트리거 역할을 하는 'Save' Button으로 구성하였다.

[그림 4-2] PC 제어 화면

PC 서비스를 받기 위해 'User ID', 'Password', 'IP Address', 'MAC Address'를 저장하고, 안드로이드 내의 다른 Activity나 Service로 해당 정보를 공유하여 원격 PC 부팅이나 원격 PC 로그인 서비스 등을 받을 수 있다. Android 환경에서는 Activity 내에서 `Preferences()` 함수를 이용하여 변수를 저장할 수 있다. `Preferences()` 함수는 Activity내에서만 변수들을 저장할 수 있으며 해당 Activity가 아닌 다른 Activity에서는 해당 변수를 불러 올 수 없다. Preferences() 함수는 'SharedPreferences mypc = getSharedPreferences ("mypc",MODE_PRIVATE)'와 같이 선언하여 사용한다. 'mypc'는 Preferences들을 구분하는 구분자이고, 'MODE_PRIVATE'는 호출한 어플리케이션만 접근이 가능한 모드를 설정한다. 'SharedPreferences.Editor editor = mypc.edit()'이라 선언하면 'mypc' preferences() 함수에 저장되어 있는 변수를 변경할 수 있게 선언한다. 그리고 editor.putString() 이용하여 변수를 저장한다.

Activity 간에 변수를 전송하기 위해 Application Class를 사용하였다. 어플리케이션 클래스는 사용하기 쉽고 간편하여 많이 사용되고 있는 방법이다. 어플리케이션 클래스를 사용하기 위해 어플리케이션 클래스를 'MyApplication map = (MyApplication) getApplication();' 선언한다. 그리고 'map.StoredID'로 어플리케이션 클래스에 선언된 변수를 불러온다. 여기서, StoredID는 Application Class에 선언되어 있는 변수이다.

```
public class mainPC extends Activity {

        String id, pw, ip, mac;

        /** Called when the activity is first created. */
        @Override
        public void onCreate(Bundle savedInstanceState) {
            super.onCreate(savedInstanceState);

            // TODO Auto-generated method stub

            setContentView(R.layout.mainpc);

              SharedPreferences mypc =  getSharedPreferences("mypc",0);
              TextView userID_dis = (TextView)findViewById(R.id.savedID);
              TextView userPW_dis = (TextView)findViewById(R.id.savedPW);
              TextView userIP_dis = (TextView)findViewById(R.id.savedIP);
              TextView userMAC_dis = (TextView)findViewById(R.id.savedMAC);

              String dis_text1 = mypc.getString("id_dis", "");
              String dis_text2 = mypc.getString("pw_dis", "");
              String dis_text3 = mypc.getString("ip_dis", "");
              String dis_text4 = mypc.getString("mac_dis", "");

              userID_dis.setText(dis_text1);
              userPW_dis.setText(dis_text2);
              userIP_dis.setText(dis_text3);
```

```
            userMAC_dis.setText(dis_text4);

            MyApplication map = (MyApplication)getApplication();
            map.StoredID = dis_text1;
            map.StoredPW = dis_text2;
            map.StoredIP = dis_text3;
            map.StoredMAC = dis_text4;
                                ......
          Button StaticWoL = (Button)findViewById(R.id.WoL);
          StaticWoL.setOnClickListener(
                  new OnClickListener(){
                          public void onClick(View view){
                         Intent intent = new Intent(mainPC.this, MagicPacket.class);
                                  startService(intent);
                                  stopService(intent);
                          }
            });

          Button Login = (Button)findViewById(R.id.Login);
          Login.setOnClickListener(
                  new OnClickListener(){
                          public void onClick(View view){
                      Intent intent = new Intent(mainPC.this, PCLogin.class);
                                  startService(intent);
                                  stopService(intent);
                          }
            });

          Button Save = (Button)findViewById(R.id.Save);
          Save.setOnClickListener(
                  new OnClickListener(){
                          public void onClick(View view){

          MyApplication map = (MyApplication)getApplication();

          //ID save
            EditText id_input = (EditText)findViewById(R.id.inputID);
            String id_string = id_input.getText().toString();
            TextView id_dis = (TextView)findViewById(R.id.savedID);
            if(id_string.equals("")){
                id_dis.setText(id);
                map.StoredID = id;
            }else{
                id_dis.setText(id_string);
                map.StoredID = id_string;
            }
                                ......
```

```
106             EditText mac_input = (EditText)findViewById(R.id.inputMAC);
107             String mac_string = mac_input.getText().toString();
108             TextView mac_dis = (TextView)findViewById(R.id.savedMAC);
109             if(mac_string.equals("")){
110                 mac_dis.setText(mac);
111                 map.StoredMAC = mac;
112             }else{
113                 mac_dis.setText(mac_string);
114                 map.StoredMAC = mac_string;
115             }
116
117           SharedPreferences mypc =  getSharedPreferences("mypc",MODE_PRIVATE);
118             SharedPreferences.Editor editor = mypc.edit();
119
120             if (id_string.equals("")){
121                 editor.putString("id_dis", id);
122             }else{
123                 editor.putString("id_dis", id_string);
124             }
                                   ......
135             if (mac_string.equals("")){
136                 editor.putString("mac_dis", mac);
137             }else{
138                 editor.putString("mac_dis", mac_string);
139             }
140             editor.commit();
141
142                     }
143                  });
```

► 014번째 줄은 'mypc'라는 이름으로 저장되어 있는 sharedPreferences() 함수 사용을 설정한다.

► 020~023번째 줄은 'mypc'에 저장되어 있는 'id_dis', 'pw_dis', 'ip_dis', 'mac_dis' 변수를 각각 'String_text1', 'String_text2', 'String_text3', 'String_text4'에 저장한다.

► 025~028번째 줄은 'String_text1', 'String_text2', 'String_text3', 'String_text4'에 저장된 텍스트를 TextView를 이용하여 화면에 나타낸다.

► 032~035번째 줄은 'Shared Preferences'에 저장되어 있던 값을 Application Class에 있는 변수에 저장한다.

► 037~040 Application Class에 저장되어 있는 변수를 Activity 내에 선언되어 있는 변수에 저장한다.

► 043~48번째 줄은 042번째 'WoL' Button에 `OnClickListener()` 함수를 등록시켜 'WoL' 버튼의 터치 이벤트 발생을 감지한다. 터치 이벤트가 발생 했을 때 저장되어있던 사용자의 'IP Address', 'MAC Address'를 이용하여 사용자의 PC로 Magic Packet을 전송하여 원격 PC 부팅 서비스를 제공한다.

► 053번째 줄은 'Login' Button에 `OnClickListener()` 함수를 등록시켜 'Login' 버튼의 터치 이벤트 발생을 감지한다. 터치 이벤트가 발생할 때 사전에 설정되어 있던 사용자의 'IP Address', 'User ID', 'Password' 값에 따라 '사용자의 IP 주소'로 'User ID'와 Password'를 전송하여 원격 PC 로그인 서비스를 제공한다.

► 062~079번째 줄은 'Save' 버튼 을 터치하는 이벤트가 발생했을 때 EditText에 적혀 있는 값을 TextView에 나타내고, 이 값을 Application Class의 변수에 저장한다. 만약 EditText가 공백이면 TextView의 텍스트와 Application Class의 변수를 수정하지 않는다.

► 117~118번째 줄은 `SharedPreferences()` 함수에 저장되어 있는 변수들을 수정할 수 있도록 설정한다.

► 120~140번째 줄은 `SharedPreferences()` 함수에 사용자가 EditText를 이용하여 입력한 User ID, Password, IP Address, MAC Address 정보를 `SharedPreferences()` 함수에서 사용하는 변수에 저장한다.

XML 소스코드는 [그림 4-2]와 같은 화면을 구성하기 위하여 여러 개의 TextView를 이용하여 저장해야 하는 사용자 정보와 저장된 사용자 정보의 출력을 구현하였다. 사용자로부터 입력을 받기 위해 EditText를 이용하였고, 원격 PC 부팅과 원격 PC 로그인 서비스와 EditText에 입력한 사용자 정보를 저장하는 이벤트를 발생시키기 위해 Button을 이용하여 화면을 구성하였다.

```
<?xml version="1.0" encoding="utf-8"?>
<ScrollView xmlns:Android="http://schemas.Android.com/apk/res/Android"
Android:orientation="vertical"
Android:layout_width="fill_parent"
Android:layout_height="fill_parent"
Android:scrollbars="none">
<AbsoluteLayout
Android:id="@+id/widget0"
Android:layout_width="fill_parent"
Android:layout_height="fill_parent">
<TextView
```

```
Android:id="@+id/UserIdText"
Android:layout_width="fill_parent"
Android:layout_height="wrap_content"
Android:text="User ID"
Android:textSize="23sp"
Android:typeface="serif"
Android:textStyle="bold"
Android:layout_x="0px"
Android:layout_y="0px"></TextView>
<EditText
Android:id="@+id/inputID"
Android:layout_width="fill_parent"
Android:layout_height="40px"
Android:textSize="20sp"
Android:layout_x="0px"
Android:layout_y="30px"></EditText>
<TextView
Android:id="@+id/SavedIdText"
Android:layout_width="fill_parent"
Android:layout_height="wrap_content"
Android:text="Saved User ID"
Android:textSize="23sp"
Android:typeface="serif"
Android:textStyle="bold"
Android:layout_x="0px"
Android:layout_y="68px"></TextView>
<TextView
Android:id="@+id/savedID"
Android:layout_width="fill_parent"
Android:layout_height="wrap_content"
Android:textSize="20sp"
Android:layout_x="0px"
Android:layout_y="96px"></TextView>
                                   ......
<Button
Android:id="@+id/WoL"
Android:layout_width="wrap_content"
Android:layout_height="wrap_content"
Android:text="W o L"
Android:textStyle="bold"
Android:layout_x="87px"
Android:layout_y="386px"></Button>
                                   ......
</AbsoluteLayout>
</ScrollView>
```

- 002~006번째 줄은 이 화면에서 ScrollView의 사용을 설정한다. ScrollView는 화면을 위 아래로 움직일 수 있는 기능이다. Android 화면을 구성할 때 한 화면을 넘어갈 만큼 많은 내용을 표시할 때 ScrollView를 사용하지 않으면 화면 아래에 숨겨진 내용을 확인할 수 없게 되므로 표시해야 되는 정보가 한 화면을 넘어갈 때는 꼭 ScrollView를 사용해야 한다. 단, ListView는 기본적으로 ScrollView가 적용되어 있다.
- 011~020번째 줄은 [그림 4-2] 화면에서 가장 위에 있는 'User ID'를 나타내기 위해 TextView를 이용하여 나타낸 부분으로 TextView의 크기, 텍스트, 텍스트 크기, 텍스트 모양, 텍스트 스타일, TextView의 위치를 설정한다.
- 022~027번째 줄은 [그림 4-2]화면에서 'User ID' 텍스트 밑에 있는 EditText를 나타내는 부분으로 EditText의 크기, 텍스트 크기, EditText의 위치를 설정한다.
- 039번째 줄은 EditText를 이용하여 사용자의 입력 받아 저장된 정보를 나타내기 위한 TextView로 id 값을 'saveID' 설정한다.
- 040~044번째 줄은 TextView의 크기, 텍스트 사이즈, TextView의 위치를 설정한다.
- 128번째 줄은 127번째 줄에서 WoL 서비스를 트리거하기 위한 Button을 선언한 부분으로 이 Button의 id 값을 'WoL'로 설정하고 있다.
- 129~134번째 줄은 Button의 크기, Button을 표시한 텍스트, 텍스트 스타일, Button의 위치를 설정하고 있다.
- 159번째 줄은 ScrollView의 끝을 선언한 부분으로 002번째 줄에서 설정한 ScrollView의 끝은 설정한다.

4.3 스마트 TV 제어 화면

[그림 4-1]에서 TV 이미지를 터치하면 [그림 4-3]과 같이 로그인 하는 화면으로 넘어 간다. 스마트 TV에 로그인하는 화면은 [그림 4-2]와 같이 사용자의 ID와 Password를 입력할 수 있는 EditText와 사용자의 ID를 입력할 EditText와 Password를 입력할 EditText를 나타내는 TextView와 저장된 사용자 정보를 나타내는 TextView가 있다. 그리고 EditText를 통해 입력받은 사용자의 정보 저장 이벤트를 트리거하는 'Save' Button과 스마트 TV로 사용자의 ID와 Password를 전송하는 이벤트를 트리거하는 'Log In' Button으로 구성되어 있다.

[그림 4-3]과 같은 화면을 구성하기 위해서는 TextView, EditText, Button을 이용해야 한다. 이런 방법을 이미 [그림 4-2] 화면을 설명하는 부분과 중복되므로 본 절에서 [그림 4-3]을 구성하기 위한 설명은 생략한다.

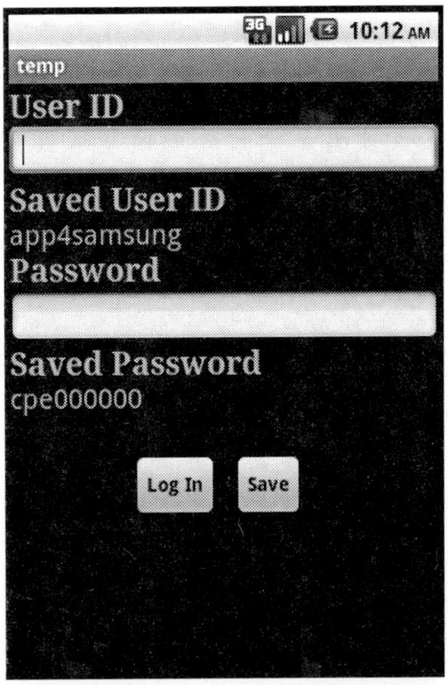

[그림 4-3] TV 로그인 화면

[그림 4-4] 스마트 TV 리모트 컨트롤 화면

[그림 4-3]의 로그인 과정을 마치면 [그림 4-4]와 같이 스마트 TV를 리모트 컨트롤하여 채널과 음량, 숫자 등을 제어할 수 있는 화면으로 바뀐다. [그림 4-4]의 채널, 음량, 숫자 버튼은 모두 ImageView를 이용하여 구현하였고, 각각의 ImageView에 OnClickListener() 함수를 등록하여 이벤트 발생 여부를 확인할 수 있다. [그림 4-4] 리모트 컨트롤 화면에서 이벤트를 처리하는 소스코드는 8장에서 소개하고 있다.

[그림 4-4]처럼 화면을 구성하기 위해서 각각의 버튼이 되는 그림을 'drawable-hdpi' 폴더에 저장하였고 각각의 그림 파일은 파일명만 보면 알 수 있도록 구성하였다. [그림 4-4]의 오른쪽 위에 있는 'Favorite' 버튼의 그림 파일은 'Favorite'이고, 숫자를 나타내는 그림 파일은 'One', 'Two', 'Three'와 같이 만들었다. 채널을 조절하는 버튼의 파일은 'Chup', 'Chdown'이고, 음량을 조절하는 버튼의 파일은 'Volup', 'Voldown'으로 만들었다. XML 소스코드는 각각의 그림의 id 값과 위치, 크기, 그림 파일명을 지정하고 있다.

```
<?xml version="1.0" encoding="utf-8"?>
<AbsoluteLayout
Android:id="@+id/widget0"
Android:layout_width="fill_parent"
Android:layout_height="fill_parent"
xmlns:Android="http://schemas.Android.com/apk/res/Android">
<ImageView
Android:id="@+id/one"
Android:src="@drawable/one"
Android:layout_width="84px"
Android:layout_height="56px"
Android:layout_x="14px"
Android:layout_y="204px"></ImageView>
                                ......
<ImageView
Android:id="@+id/favorite"
Android:src="@drawable/favorite"
Android:layout_width="90px"
Android:layout_height="40px"
Android:layout_x="215px"
Android:layout_y="10px"></ImageView>
                                ......
<ImageView
Android:id="@+id/chdown"
Android:src="@drawable/chdown"
Android:layout_width="60px"
Android:layout_height="70px"
Android:layout_x="196px"
```

```
118 Android:layout_y="130px"></ImageView>
119 <ImageView
120 </AbsoluteLayout>
```

- 008~013번째 줄은 [그림 4-4]의 스마트 TV 리모트 컨트롤 화면에서 숫자 '1' 버튼을 만드는 소스코드이다. 이 부분은 ImageView의 id, 원본 그림 파일, 크기, 위치를 설정한다.
- 나머지 숫자들과 채널, 음량 조절 버튼, 'favorite' 버튼을 만드는 부분에 대한 설명이 위에서 설명한 숫자 '1' 버튼을 만드는 소스코드와 유사하기 때문에 이에 대한 설명은 생략한다.

[그림 4-4]에서 'Favorite' 버튼을 터치하면 [그림 4-5]와 같이 선호 채널을 확인할 수 있는 화면으로 바뀐다. 이 화면은 사용자의 선호 채널을 관리할 수 있는 화면이다. [그림 4-5](a)는 ListView를 이용하여 [그림 4-5](b)에서 설정한 우선순위에 따라 순서대로 나타낸다. [그림 4-5](b)는 사용자에게 제공할 수 있는 전체 채널을 나타내고 있다. 이 화면 또한 ListView를 이용하여 채널의 리스트를 나타내었다. 채널을 터치하면 [그림 4-5](c)와 같은 다이얼로그 화면이 나타나고, 이 다이얼로그에서 해당 채널의 우선순위를 설정한다.

(a) (b) (c)

[그림 4-5] 선호 채널 관리 화면 (a) 선호채널을 순위대로 나타내는 화면, (b) 사용자에게 제공할 수 있는 전체 채널을 나타내는 화면, (c) 다이얼로그를 이용한 우선순위 설정 화면

[그림 4-5]와 같은 화면을 구성하기 위해서는 TabView를 이용하여 4개의 Tab을 구성하였다. 첫 번째 화면은 선호 채널을 우선순위대로 나타내는 화면이고, 두 번째 화면은 사용자에게 제공할 수 있는 전체 채널을 나타내는 화면이다. 세 번째 화면은 현재 채널에서 방송하는 방송 정보를 나타내는 화면이고, 마지막 네 번째 화면은 채널 별로 오늘의 방송 정보를 나타내는 화면이다. TabView에서 각각의 Tab에 맞는 Activity와 아이콘을 사용자가 직접 설정해 주어야 한다. 아이콘은 ImageView에서 그림을 설정할 때와 유사하게 아이콘을 'drawable-hdpi' 폴더에 저장하고 TabView에서 `getDrawable()` 함수를 이용하여 아이콘을 지정한다. 각 탭을 터치할 때 나타나는 `Activity`는 `Intent().setClass()` 함수를 이용하여 설정한다.

```
public class mainTV extends TabActivity {
    @Override
    public void onCreate(Bundle savedInstanceState) {
        super.onCreate(savedInstanceState);
        Resources res = getResources();
        TabHost tabHost = getTabHost();
        TabHost.TabSpec spec;
        Intent intent;
        intent = new Intent().setClass(this, preferCH.class);
        spec = tabHost.newTabSpec("선호 채널").setIndicator("선호 채널",
                    getResources().getDrawable(R.drawable.star))
                 .setContent(intent
                         .addFlags(Intent.FLAG_ACTIVITY_CLEAR_TOP));
        tabHost.addTab(spec);
        intent = new Intent().setClass(this, allCH.class);
        spec = tabHost.newTabSpec("전체 채널").setIndicator("전체 채널",
                    res.getDrawable(R.drawable.document))
                 .setContent(intent
                 .addFlags(Intent.FLAG_ACTIVITY_CLEAR_TOP));
        tabHost.addTab(spec);
        intent = new Intent().setClass(this, nowBroadcating.class);
        spec = tabHost.newTabSpec("현재 방송 정보").setIndicator("현재 방송 정보",
                    res.getDrawable(R.drawable.tv1))
                 .setContent(intent);
        tabHost.addTab(spec);
        intent = new Intent().setClass(this, ChannelList.class);
        spec = tabHost.newTabSpec("채널 편성 정보").setIndicator("채널 편성 정보",
                    res.getDrawable(R.drawable.epg))
                 .setContent(intent);
        tabHost.addTab(spec);
        tabHost.setCurrentTab(0);
    }
}
```

► 001번째 줄은 이 Activity를 일반 Activity가 아닌 TabAtivity로 설정한다.
► 005~008번째 줄은 사용할 함수들을 선언한다.
► 009번째 줄은 새로운 Intent를 만들어 첫 번째 Tab 화면의 Activity인 'allCH.class'를 호출하도록 설정한다.
► 010~011번째 줄은 Tab의 이름과 아이콘을 설정한다.
► 012~013번째 줄은 해당 Tab이 선택되었을 때 화면의 항목들을 최신목록으로 갱신하도록 설정한다.
► 014번째 줄은 015~013번째 줄까지 설정한 새로운 Tab의 추가를 선언한다.
► 031번째 줄은 TabView가 실행되었을 때 처음 나타나는 화면을 가장 처음 화면인 '선호 채널' 화면으로 설정한다.

[그림 4-5](a)는 ListView로 [그림 4-5](b)에서 채널을 선택하고, [그림 4-5](c)에서 우선순위를 선택하면 이에 따라 [그림 4-5](a)에 나타내기 위해 Application Class를 이용하였다. Application Class는 Android에서 Activity간 정보를 공유할 때 사용하는 방법으로 사용법이 간단하고 쉬워 많이 사용되는 방법이다. [그림 4-5](b)에서 선택한 채널과 [그림 4-5](c)에서 선택한 우선순위를 Application Class의 변수에 저장하고, 이 정보들을 이용하여 [그림 4-5](a)화면에 우선선위대로 나타낸다. [그림 4-5](a)는 Application Class의 변수를 List 항목으로 갖는 ListView이다.

```
001 public class preferCH extends ListActivity {
002     @Override
003     public void onCreate(Bundle savedInstanceState) {
004     super.onCreate(savedInstanceState);
005
006     MyApplication map = (MyApplication)getApplication();
007     String[] CHANNEL = new String[] {
008     map.preferCh0,map.preferCh1,map.preferCh2,map.preferCh3,
009     map.preferCh4,map.preferCh5,map.preferCh6,map.preferCh7,
010       map.preferCh8,map.preferCh9};
011     setListAdapter(new ArrayAdapter<String>(this, R.layout.list, CHANNEL));
012    }
013 }
```

► 001번째 줄은 이 Activity를 일반 Activity가 아닌 ListAtivity로 설정한다.
► 006번째 줄은 Application Class 사용을 선언한다. 본 절에서 사용한 Application Class의 파일명은 'MyApplication'이고, Application Class를 나타내는 변수는 map으로 설정한다.

► 007~010번째 줄은 ListView의 List 항목들을 'CHANNEL' String[] 배열에 저장한다. ListView의 항목들은 Application Class에 저장되어 있는 변수들이다. Application Class에 'preferCh0'로 저장되어있는 변수를 사용하려면 008번째 줄과 같이 006번째 줄에서 선언한 'map'을 먼저 작성하고, 뒤에 'preferCh0'를 작성하여 'map.preferCh0'로 작성하면 Application Class에 저장되어 있는 변수를 이 Activity에서 사용할 수 있다.

```
001 public class MyApplication extends Application  {
002       String preferCh0;
003       String preferCh1;
004       String preferCh2;
                                    ......
012       String preferCh10;
013 }
```

► Application Class의 소스코드로 001번째 줄에서 'extends'가 'Activity'가 아닌 'Application'으로 설정한다. 그리고 Application Class는 단순히 변수들만 나열되어 있는 것을 확인할 수 있다.

► 011번째 줄은 ListView의 List 항목을 'CHANNEL' String[] 배열로 설정한다.

[그림 4-5](c)는 [그림 4-5](b)의 채널 List에서 채널을 터치했을 때 나타나는 터치된 채널의 우선순위를 설정할 수 있는 다이얼로그 화면이다. [그림 4-5](b)와 [그림 4-5](c)는 하나의 Activity에 구현된다. [그림 4-5](b)의 채널 List에 OnItemClickListener() 함수를 등록하여 사용자가 채널 List를 터치했을 때 우선순위를 선택할 수 있는 다이얼로그가 나타나도록 하였다. 다이얼로그에는 setChoiceItem() 함수를 등록하여 사용자가 다이얼로그에서 선택된 우선순위를 감지하고, 사용자가 다이얼로그에서 'OK' 버튼을 터치하면 해당 채널 명을 해당 우선순위를 나타내는 Application Class 변수에 저장한다. 사용자가 선택한 우선순위가 1 순위이면, 'preferCh0'에 저장하고, 2 순위이면 'preferCh1'에 선택된 채널 명을 저장한다.

```
001 public class allCH extends ListActivity {
                                    ......
007       @Override
008       public void onCreate(Bundle savedInstanceState) {
```

```
        super.onCreate(savedInstanceState);

        // TODO Auto-generated method stub

        setListAdapter(new ArrayAdapter<String>(this, R.layout.list, CHANNEL));

        ListView lv = getListView();
        lv.setTextFilterEnabled(true);

        lv.setOnItemClickListener(new OnItemClickListener() {
          public void onItemClick(AdapterView<?> parent, View view,
              int position, long id) {
              choiceCh = ((TextView) view).getText() + "";
              this.DialogSelectOption();

        }

          private void DialogSelectOption() {
                // TODO Auto-generated method stub

          final String items[] = {"1순위","2순위", "3순위", "4순위", "5순위",
                              "6순위", "7순위", "8순위", "9순위", "10순위"};
          AlertDialog.Builder ab = new AlertDialog.Builder(allCH.this);
          ab.setTitle("선호채널 편성");
          ab.setSingleChoiceItems(items, 0,
                    new DialogInterface.OnClickListener(){
                        public void onClick(DialogInterface dialog, int pos){
                              //각 리스트를 선택했을 때

                              pos1 = pos;
                                                            }
          }).setPositiveButton("OK",
                    new DialogInterface.OnClickListener(){
          public void onClick(DialogInterface dialog, int whichButton){
                MyApplication map = (MyApplication) getApplication();
                              switch(pos1){
                              case 0:
                                    map.preferCh0 = choiceCh;
                              break;
                            ......
                              case 10:
                                    map.preferCh10 = choiceCh;
                              break;
                              }
                          }
          }).setNegativeButton("Cancel",
                new DialogInterface.OnClickListener(){
```

```
082             ublic void onClick(DialogInterface dialog, int whichButton){
083                                 //cancel 버튼 클릭시
084                             }
                                     ......
092         String[] CHANNEL = new String[] {
093              "SBS", "KBS1", "KBS2", "MBC", "EBS", "KBS Drama",
094               "Channel CGV", "Mnet", "SBS ESPN", "YTN"
095          };
```

- 015번째 줄은 ListView를 선언하고 있다.
- 018번째 줄은 ListView에 `OnItemClickListsetner()` 함수를 등록하여 사용자가 ListView의 어느 부분을 터치하는지 감지한다.
- 021번째 줄은 사용자가 터치한 부분의 텍스트를 텍스트 변수에 저장한다.
- 022~026번째 줄은 우선순위를 선택할 수 있는 다이얼로그를 띄우고, 사용자가 선택하는 선택사항을 저장한다.
- 029번째 줄은 해당 다이얼로그에 나타나는 텍스트를 나타내고 있다.
- 033번째 줄은 다이얼로그의 인터페이스를 `SingleChoiceItem()` 함수로 설정한다.
- 034번째 줄은 사용자가 다이얼로그에서 'OK' Button을 터치 했는지 'No' Button을 터치했는지 확인한다.
- 040~079번째 줄은 'OK' Button을 터치했을 때 사용자가 선택한 우선순위에 맞는 변수에 021번째 줄에서 저장한 'choiceCh' 변수를 저장한다. 이때 저장되는 변수는 Application Class의 변수이다.
- 080~085번째 줄은 'No' Button을 터치했을 때는 아무 일도 수행할 필요가 없기 때문에 본 절에는 비워두었다.
- 092~094번째 줄은 ListView의 리스트 항목들을 설정한다.

TabView의 세 번째와 네 번째 화면은 [그림 4-6]과 같다. [그림 4-6](a)와 [그림 4-6](b)는 [그림 4-5](b)와 같이 ListView를 이용하였다. 각각의 채널의 카테고리와 채널 명을 터치하면, 카테고리별 현재 방송정보와 해당 채널의 방송정보를 나타낸다.

(a) (b)

[그림 4-6] 채널 정보를 나타내는 화면
(a) 카테고리별 현재 방송 정보화면 (b) 채널 편성 정보화면

제 5 장

웹 프로그래밍 기초

5.1 웹과 HTML

HTML(HyperText Markup Language)이란 인터넷 익스플로러, 파이어폭스, 크롬 등과 같은 웹 브라우저에 텍스트나 그림 등을 표현할 수 있도록 해주는 언어이다. HTML은 현재 웹 페이지를 만드는 기본적인 언어로 사용되고 있으며, 많은 웹페이지 이용자들이 단순히 웹에 떠있는 정보를 이용하는데 그치지 않고 직접 정보를 가공하고 가공된 정보를 웹상에 올려 다른 이용자들이 이용할 수 있도록 하는 정보 제공자의 역할도 겸하고 있다.

HTML은 웹 문서의 가장 기본이 되는 언어로, 2절과 3절에서도 다루는 CSS(Cascading Style Sheet)나 자바스크립트 같은 다른 웹 언어나 프로그래밍 언어와 긴밀하게 연결되어 있다. 또한 최근 출시되는 스마트 TV의 어플리케이션들은 이런 웹 언어 기반으로 개발된다. 따라서 본 절에서는 스마트 TV 어플리케이션 개발을 위한 웹 언어에 대해서 간략히 소개하도록 한다.

5.1.1 웹 브라우저

웹 브라우저(Web Browser)란 인터넷에 있는 웹 문서들을 보여주는 프로그램을 말한다. 즉, [그림 5-1]과 같이 HTML로 작성된 웹 문서를 일반 사용자들이 알아보기 쉽게 보여주는 것이다. 현재 사용되고 있는 대표적인 웹 브라우저의 종류는 마이크로소프트(Microsoft)의 인터넷 익스플로러(Internet Explorer), 모질라(Mozillar)의 파이어폭스(Firefox), 구글(Google)의 크롬(Chrome), 애플(Apple)의 사파리(Safari) 등이 있다.

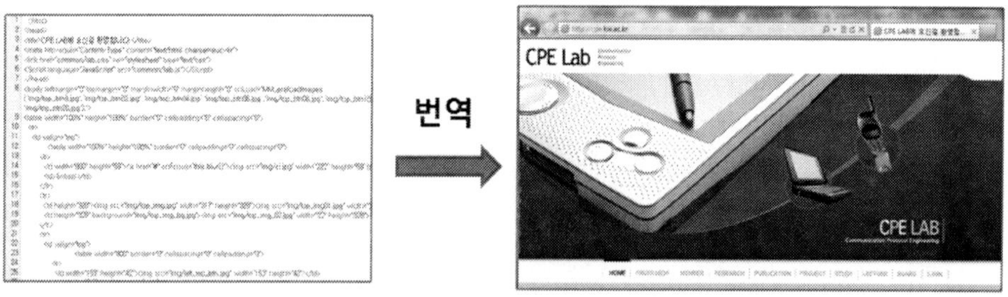

[그림 5-1] 웹 문서와 웹 브라우저

(가) 마이크로소프트 인터넷 익스플로러

마이크로소프트의 인터넷 익스플로러는 윈도우 운영체제의 등장과 함께 오랜 시간

발전을 거듭해왔다. 인터넷 초창기부터 웹 브라우저 시장을 이끌어오면서 해커들의 표적이 되어 보안에 취약한 브라우저로 여겨지기도 하였지만 최근 출시된 버전에는 기존의 단점을 점차 보완하여 완성도를 높여가고 있다.

인터넷 익스플로러는 다수의 사용자가 편리하게 이용하고 있음에도 실질적으로 웹 표준을 준수하지 않고 있어 타 브라우저와의 상호호환성에 대한 문제점을 야기한다. 또한, 타 브라우저에 비해 상대적으로 다소 속도가 느린 편이며, 아직까지 ActiveX를 적극적으로 활용하고 있어 보안에 취약한 상태다. 그럼에도 국내에서는 금융권을 비롯해 많은 웹 사이트에서 ActiveX를 쓰고 있기 때문에 인터넷 익스플로러가 아니면 이용이 어렵다는 점이 있다.

[그림 5-2] 마이크로소프트 인터넷 익스플로러

(나) 모질라 파이어폭스

모질라 파이어폭스는 인터넷 익스플로러와 오랜 시간 경쟁해온 저력이 있는 웹 브라우저이다. 파이어폭스는 웹 표준을 준수하며, 다양한 부가기능을 제공하고 있다. 또한 파이어폭스는 다양한 테마를 적용해 웹 브라우저를 이용하는데 그치는 것이 아니라 자신만의 브라우저로 만들 수 있다는 장점이 있다.

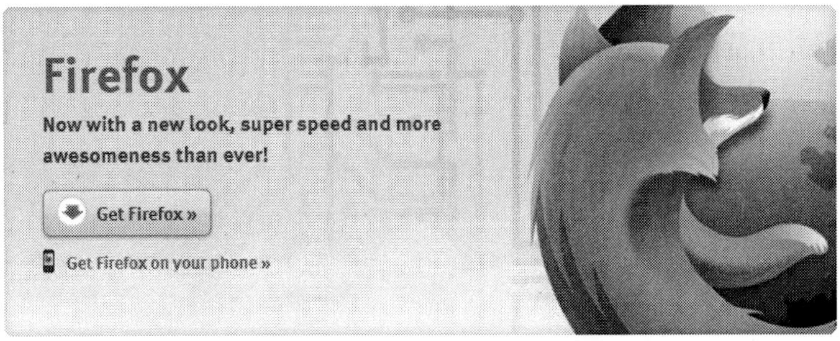

[그림 5-3] 모질라 파이어폭스

(다) 구글 크롬

구글에서 내놓은 크롬은 등장 때부터 웹 브라우징 속도면에서 호평을 받고 있는 웹 브라우저이다. 그뿐만 아니라 프로그램 자원을 적게 차지해 시스템 속도에 관계없이 빠른 웹 브라우징이 가능하다는 장점도 있다. 게다가 각종 기능을 확장 프로그램 개념으로 추가할 수 있도록 만들어 사용자가 스스로 웹 브라우저의 기능을 추가하고 삭제할 수 있다는 특징이 있다. 대표적인 확장 프로그램에는 '크롬 플러스'라는 것이 있으며, 여기에 포함된 'IE탭' 기능은 ActiveX 컨트롤을 사용할 수 없는 크롬의 최대 약점을 보완해주어 ActiveX를 사용한 사이트에 접속하기 위해 반드시 인터넷 익스플로러를 이용할 필요가 없어졌다.

또한, 불필요한 플래시 광고를 차단하는 기능이나 외국 사이트를 자국어로 변환해주는 자동 번역 기능 등 다양한 확장 프로그램을 무료로 이용할 수 있다는 점에서 사용자들에게 인기를 끌고 있다.

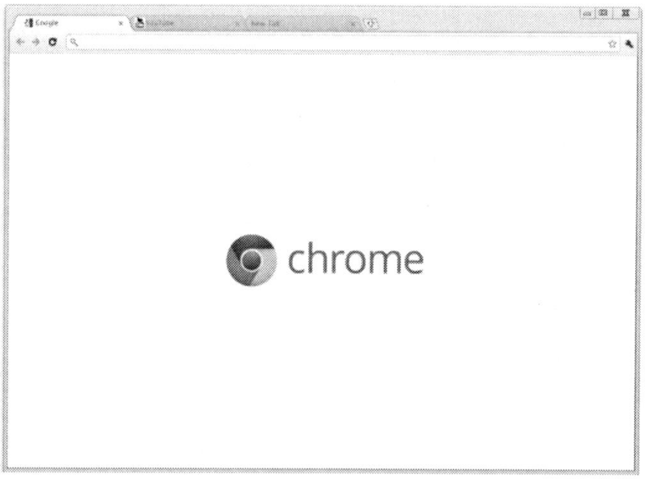

[그림 5-4] 구글 크롬

(라) 애플 사파리

사파리는 애플사가 만들어낸 작품으로 무엇보다 속도를 중시한 웹 브라우저이다. 또한 '커버플로우'라는 것으로 웹 브라우징을 사용한 흔적과 북마크를 화면에 이미지와 함께 입체감 있게 구현해주는 기능이 있다.

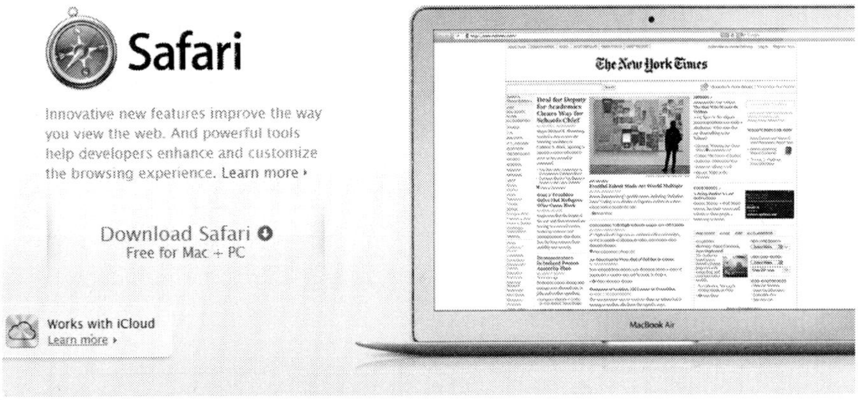

[그림 5-5] 애플 사파리

5.1.2 HTML의 용어

(가) HyperText

하이퍼텍스트란 웹페이지 내에 링크(Link)를 포함시켜 그 링크를 클릭했을 때 다른 웹페이지 또는 문서로 이동할 수 있게 해주는 기능을 의미한다. 이러한 하이퍼텍스트 기능은 이미 운영체제의 도움말이나 워드프로세서 등에서도 사용하고 있었던 기술로 글과 글, 글과 그래픽, 그래픽과 그래픽, 기타 멀티미디어 등과의 링크도 포함한다.

(나) Markup

마크업은 웹페이지가 표시되는 방식을 지시하는 것으로 한 쌍의 태그들을 통해 콘텐츠를 표시한다. 마크업 언어는 사용자가 사용하는 운영체제에 관계없이 브라우저만으로 콘텐츠를 볼 수 있게 해줌으로써 오늘날 인터넷이 운영체제에 구애됨이 없이 광범위하게 사용되게 한 가장 큰 공헌자로 볼 수 있다.

(다) Tag

웹페이지의 외형은 태그에 의해서 결정된다. 즉, 어떠한 태그를 사용하느냐에 따라서 글꼴, 색상, 문단 정렬, 표, 프레임, 링크 등이 다양하게 표현된다. 때문에 태그를 웹페이지의 회형을 지시하는 '지시자'라고도 부른다.

HTML 문서는 전체가 텍스트로 이루어지기 때문에 텍스트와 태그를 구분해 줄 특별한 표시가 필요하며, 그러한 표시로 두 개의 부등호 기호 '〈', '〉'를 사용한다.

• 속성과 속성값

속성(Attribute)이란 해당 태그가 할 일을 구체적으로 지정해주는 부분으로 태그의 기본 기능을 확장시켜주는 역할을 한다. 속성과 속성값은 태그와 함께 사용되며, 하나의 태그에는 다양한 속성들이 존재한다. 다음은 속성과 속성값의 사용 구조와 예이다.

```
• <TAG 속성 = 인자>내용</TAG>
• <FONT SIZE="+3" COLOR="BLUE">
```

Size와 Color는 각각 글자의 크기와 색상을 지정하는 〈FONT〉 태그의 속성으로, 이처럼 속성은 태그 내에 사용되며, 태그의 구체적 기능을 지정한다. 하나의 태그가 가지고 있는 속성은 연속해서 여러 개를 사용할 수 있으며, 반드시 값을 부여해주어야 한다. 속성은 순서에 관계없이 사용할 수 있으며, 속성값은 보통 큰 따옴표나 작은 따옴표를 사용하여 지정하는데, 생략해도 무관하다.

[그림 5-6]은 속성과 속성값을 지정한 HTML 문서를 웹브라우저가 접속하였을 때 화면체 출력된 속성과 속성값의 지정 결과를 보여주는 예이다.

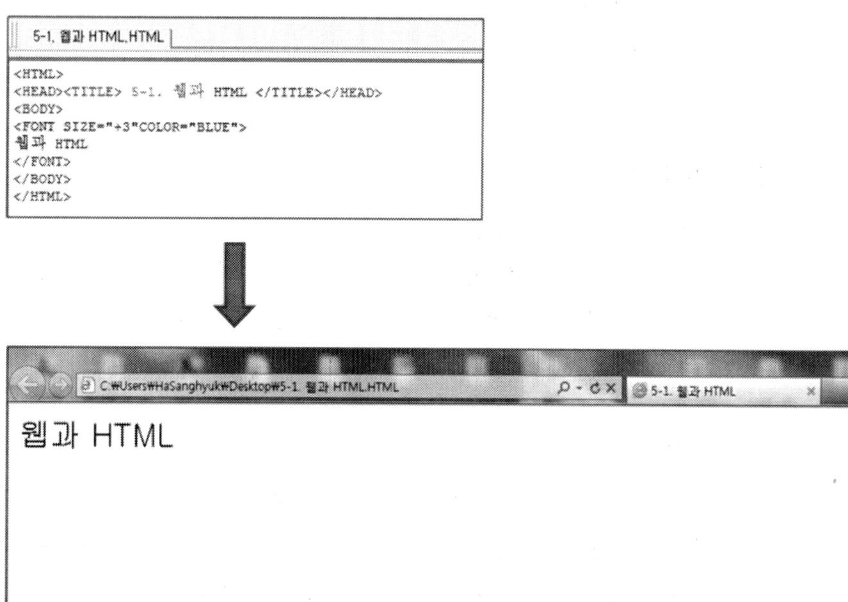

[그림 5-6] 속성과 속성값을 지정 결과

5.1.3 HTML의 기본 구조

HTML 문서에는 기본적으로 갖추어야 할 기본 태그들이 있으며, 여기에는 크게 문서의 시작과 끝을 알리는 〈HTML〉, 문서의 헤더를 표시하는 〈HEAD〉, 문서의 본문을 지정하는 〈BODY〉로 구분된다. HTML의 기본 구조는 다음과 같다.

```
<HTML>
    <HEAD>
        <TITLE>텍스트</TITLE>
    </HEAD>
    <BODY>
        웹브라우저에 나타날 내용
    </BODY>
</HTML>
```

(가) 〈HTML〉 태그

HTML 문서의 시작과 종료를 알리는 역할을 하는 태그로서 생략되어도 무관하지만 표준을 지키는 차원에서 표기해주는 것이 바람직하다.

(나) 〈HEAD〉 태그

HTML 문서의 헤더를 표시하는 태그로서 스크립트의 사용 및 〈META〉 태그의 사용 등 두드러지지는 않지만 중요한 역할을 담당한다.

(다) 〈TITLE〉 태그

페이지의 제목을 표시하는 태그로서 브라우저의 상단 "제목 표시줄" 부분에 표시된다. 또한 페이지를 방문한 방문객이 자신의 브라우저에서 "즐겨찾기"에 등록하는 경우, 즐겨찾기의 제목으로 사용되는 만큼 신중하게 결정할 필요가 있다.

(라) 〈BODY〉 태그

페이지의 가장 중요한 부분인 본문의 내용이 표시되는 부분을 지정하는 태그로서 대부분의 HTML 태그들이 이 태그 사이에 기록되게 된다.

5.2 CSS를 활용한 스타일 관리

웹 응용프로그램이 널리 사용되면서 사용자들은 웹 브라우저에서도 화려한 GUI를 원하게 되었다. 이러한 사용자들의 요구 사항을 만족시켜 주기 위해서 CSS라는 스타일 시트가 개발되었다. 스타일 시트는 HTML이 웹 브라우저에서 어떤 형태로 보여야 할지를 결정하는 규칙들로 구성되어 있다. 따라서 만약 동일한 HTML 페이지를 사용하더라도, 다른 스타일 시트를 사용하면, 웹 브라우저에서는 다른 모습으로 보인다. 효과적인 웹 응용프로그램을 작성하기 위해서는 응용프로그램에 적합한 스타일 시트를 작성하고, 각 HTML 페이지에 작성된 스타일 시트를 적용하도록 해야 한다.

5.2.1 CSS의 정의 방법

CSS는 다음과 같이 4가지 형식으로 정의할 수 있다.

- ▶ Inline Style Sheet 형식
- ▶ Embedded Style Sheet 형식
- ▶ External Style Sheet 형식
- ▶ Imported Style Sheet 형식

(가) Inline Style Sheet 형식

Inline Style Sheet 형식은 화면에 출력하는 새로운 형태를 필요할 때 〈body〉~〈/body〉 내 임의의 태그에 직접 정의하여 적용하는 방식이다. 따라서 이 방식은 문서 전체에 영향을 주지는 않는다. [표 5-1]은 Inline Style Sheet의 형식과 관련된 내용을 설명하고 있다.

[표 5-1] Inline Style Sheet 형식

형식	〈tagname style=p1:v1; p2:v2;…"〉…〈/tagname〉
설명	• tagname은 HTML의 임의의 태그이름이다. • p1:v1은 속성과 속성값의 쌍으로 선언문이다.

(나) Embedded Style Sheet 형식

스타일 시트가 간단하거나 한 문서 안에서만 사용할 경우에는 웹 문서 안에 스타일 시트 소스를 작성한다. Embedded Style Sheet를 표시할 때는 〈style〉 태그를 사용하는데, <style> 태그는 반드시 <head> 태그와 </head> 태그 사이에 위치해야 한다. [표 5-2]는 Embedded Style Sheet의 형식과 관련된 내용을 설명하고 있다.

[표 5-2] Embedded Style Sheet 형식

형식	<style type="text/css">
	  s1 {p1:v1; p2:v2; ....}
	  s2 {p1:v1; p2:v2; ....}
	  s3 {p1:v1; p2:v2; ....}
	</style>

설명	• <style>은 스타일시트 정의를 위한 시작태그이다. • </style>은 스타일시트의 종료태그이다. • type은 정의하고자 하는 스타일의 형식을 지정하는 부분이다. • type이 CSS의 경우에는 "text/css"로 지정한다. • type이 JSS의 경우에는 "text/Javascript"로 지정한다. • { }내에 스타일을 정의하게 된다. • s1, s2, s3...는 선택자라고 부른다. 선택자는 HTML에서 사용하는 모든 임의의 태그가 올 수 있다. • p1:v1;에서 p1은 속성이름이며, v1은 속성 값이다. • 속성과 속성 값은 콜론(:)으로 구분한다. 여기서, 속성이름과 속성값의 쌍으로 구성된 p1:v1을 선언문이라고 부른다. • 즉, 선택자는 { }내에 1개 이상의 선언문을 가질 수 있다. • 선언문들간의 구분은 세미콜론(;)을 사용한다. • <style>~</style>태그는 반드시 <body>태그가 나오기 전에 정의되어 있어야 한다.

(다) External Style Sheet 형식

External Style Sheet 형식은 스타일시트를 정의한 후 이를 하나의 파일로 저장해 놓고 필요시 그 파일을 HTML 문서와 연결시켜 사용하는 방식이다. 그러므로 하나의 스타일시트 파일이 만들어지면 필요시 웹 사이트 전체의 임의의 웹페이지에 적용할 수 있는 것이다. 이 방식은 CSS의 가장 강력한 방법이라고 볼 수 있으며, 저장되는 파일의 확장자는 보통 css(*.css)를 붙인다. 이 External Style Sheet 형식의 가장 큰 장점은 웹페이지에 적용된 스타일시트를 변경할 때에 하나의 파일에서 용이하게 변경·관리할 수 있다는 것이다. External Style Sheet의 형식과 관련된 내용의 설명은 [표 5-3]과 같다.

[표 5-3] External Style Sheet 형식

형식	<link rel="stylesheet" type="text/css" href="filename">
설명	• rel은 relation의 약자로 현재 문서와 연결시킬 문서와의 관계를 말하는 속성이다. • 연결 파일과의 관계가 스타일시트이므로 rel="stylesheet"로 표기하면 된다. • href는 외부에 저장해 놓은 스타일시트 파일명과 파일의 URL을 지정하는 속성이다.

(라) Imported Style Sheet 형식

Imported Style Sheet는 External Style Sheett와 마찬가지로 외부 파일로 저장된 스타일시트 파일을 웹 문서에 연결하여 사용하는 방식이다. 그러나 Imported Style Sheet 형식은 External Style Sheet와 다르게 <style>~</style>태그 내에 위치시켜야 한다는 점이 다르다. Imported Style Sheet 형식과 관련한 내용 설명은 [표 5-4]와 같다.

[표 5-4] Imported Style Sheet 형식

형식	<style type="text/css"> @import url("filename"); 또는 @import "filename" </style>
설명	• filename은 외부에 저장해 놓은 스타일시트 파일명과 그 파일의 URL를 지정하는 속성이다. • @import는 다른 선언들과 함께 사용할 수도 있다. 이 경우 @import는 <style> 태그 바로 아래 위치시켜야 한다. 즉, @import는 다른 선언들보다 위쪽에 나타나야 한다. 그렇지 않으면 제대로 Style Sheet가 적용되지 않는다. • @import 선언은 다른 Style Sheet에서 지정한 것들보다 우선순위가 높다.

5.2.2 스타일시트 속성

CSS는 지원하는 속성들의 이름과 값을 알면 쉽게 사용할 수 있다. 이 절에서는 CSS에서 지원하는 속성들에 대해서 알아보도록 한다.

(가) 폰트 관련 속성

폰트 관련 속성은 글자의 폰트, 크기, 굵기 등을 기술하기 위해서 사용하며, [표 5-5]와 같다.

[표 5-5] 폰트 관련 속성

속성명	의미
font-family	사용되는 폰트를 기술한다. 예 : P {font-family: Helvetica,sans-serif;}
font-style	italics, oblique, normal 중에서 선택한다. 예 : EM {font-style: oblique;}
font-variant	small-caps, normal 중에서 선택한다. 예 : H3 {font-variant: small-caps;}
font-weight	폰트의 굵기를 기술한다. 예 : B {font-weight: 700;}
font-size	폰트 크기를 절대 값, 상대 값, 백분율로 표시한다. 예 : H2 {font-size: 200%;} H3 {font-size: 36pt;}
font	모든 폰트 속성을 한 번에 기술할 때 사용되며, 기술하는 순서는 다음과 같다. font {font-style font-variant font-weight font-size/line-height font-family;} 예 : P {font: bold 12pt/14pt Helvetica, sans-serif;}

(나) 색과 배경색 관련 속성

색과 관련된 속성은 글자 색, 배경색, 배경 그림 등을 지정하기 위해서 사용하며, [표 5-6]과 같은 것들이 사용된다.

[표 5-6] 색 관련 속성

속성명	의미
color	주어진 태그 위 색을 지정한다. 예 : STRONG {color: teal;}
background-color	태그의 배경색을 지정한다. 예 : H4 {background-color: white;}

[표 5-6] 색 관련 속성(계속)

속성명	의미
background-image	배경 이미지를 지정한다. 예 : BODY {background-image: url(bg41.gif);}
background-repeat	배경 이미지를 반복적으로 사용할 것인지 여부를 기술한다. 예 : BODY {background-repaet: no-repeat;}
background-attachment	배경 이미지가 스크롤과 함께 이동할 것인지 여부를 기술한다. 예 : BODY {background-attachment: scroll;}
background-position	배경색이나 배경 이미지의 시작 위치를 기술한다. 예 : BODY {background-position: top center;}
background	배경 속성을 기술할 수 있으며, 순서는 상관없다. 예 : BODY {backgroud: white url(bg41.gif) fixed center;}

(다) 텍스트 속성

텍스트 속성은 글자와 관련된 속성으로서 자간, 정렬 형태, 밑줄 등의 효과를 기술하기 위해서 사용하며, [표 5-7]과 같다.

[표 5-7] 텍스트 관련 속성

속성명	의미
word-spacing	단어 사이의 공백의 정도를 기술한다. 예 : P {word-spacing: 0.5em;}
letter-spacing	글자들 간의 공백의 정도를 기술한다. 예 : P {letter-spacing: 0.5em;}
text-decoration	텍스트 밑줄이나 깜빡임 등의 효과를 줄 수 있다. 예 : U {text-decoration: underline;}
vertical-align	텍스트를 수직 방향으로 정렬(align)한다. 예 : SUP {vertical-align: super;} .fnote {vertical-align: 50%;}
text-transform	글자의 대 · 소문자를 변환한다. 예 : H1 {text-transform: uppercase;} .title {text-transform: capitalize;}

[표 5-7] 텍스트 관련 속성(계속)

속성명	의미
text-align	텍스트의 수평 방향으로 정렬(align)한다. 예 : P {text-align: justify;} H4 {text-align: center;}
text-indent	첫 번째 줄의 들여쓰기를 기술한다. 예 : P {text-indent: 5em;} H2 {text-indent: -25px;}
line-height	기준선 간의 수직 거리를 기술한다. 예 : P {line-height: 18pt;} H2 {line-height: 200%;}

(라) 박스 속성

박스 속성은 마진, 패딩, 보더 등의 스타일을 적용하기 위해서 사용되고, [표 5-8]과 같다.

[표 5-8] 박스 관련 속성

속성명	의미
margin-top	태그의 상단 마진(margin)을 지정한다. 예 : UL {margin-top: 0.5in;}
margin-right	태그의 우측 마진을 지정한다. 예 : IMG {margin-right: 30px;}
margin-bottom	태그의 하단 마진을 지정한다. 예 : UL {margin-bottom: 0.5in;}
margin-left	태그의 좌측 마진을 지정한다. 예 : P {margin-left: 3em;}
margin	태그의 전체적인 마진을 지정한다. 예 : H1 {margin: 2ex;}
padding-top	태그의 상단 패딩(padding)을 지정한다. 예 : UL {padding-top: 0.5in;}
padding-right	태그의 우측 패딩을 지정한다. 예 : IMG {padding-right: 30px;}

[표 5-8] 박스 관련 속성 (계속)

속성명	의미
padding-bottom	태그의 하단 패딩을 지정한다. 예 : UL {padding-bottom: 0.5in;}
padding-left	태그의 좌측 패딩을 지정한다. 예 : P {padding-left: 3em;}
padding	태그의 전체적인 패딩을 지정한다. 예 : H1 {padding: 2ex;}
border-top-width	태그의 상단 보더(border)의 폭을 지정한다. 예 : UL {border-top-width: 0.5in;}
border-right-width	태그의 우측 보드의 폭을 지정한다. 예 : IMG {border-right-width: 30px;}
border-bottom-width	태그의 하단 보더의 폭을 지정한다. 예 : UL {border-bottom-width: 0.5in;}
border-left-width	태그의 좌측 보더의 폭을 지정한다. 예 : P {border-left-width:3em;}
border-width	태그 보더의 전체적인 폭을 지정한다. 예 : H1 {border-width: 2ex;}
border-color	보더의 색을 지정한다. 예 : H1 {border-color: purple; border-style: solid;}
border-style	보더 스타일을 지정한다. 예 : H1 {border-style: solid; border-color: purple;}
border-top	상단 보더의 폭, 색, 스타일을 지정한다. 예 : UL {border-top: 0.5in solid black;}
border-right	우측 보더의 폭, 색, 스타일을 지정한다. 예 : IMG {border-right: 30px dotted blue;}
border-bottom	하단 보더의 폭, 색, 스타일을 지정한다. 예 : UL {border-bottom: 0.5in grooved green;}
border-left	좌측 보더의 폭, 색, 스타일을 지정한다. 예 : P {border-left: 3em solid gray;}
border	보더의 전체적인 폭, 색, 스타일을 지정한다. 예 : H1 {border: 2px dashed tan;}

(마) 위치 속성

위치 속성은 HTML 태그의 위치를 픽셀 단위로 제어할 수 있는 기능을 제공하고, [표 5-9]와 같은 속성들을 가지고 있다.

[표 5-9] 위치 관련 속성

속성명	의미
positon	위치방법을 기술한다. 'relative'는 다른 HTML 태그와 같은 방법으로 위치가 결정되고, 'absolute'는 다른 태그에 관계없이 주어진 좌표에 블록이 존재한다.
left	좌측 위치를 기술한다(단위 : 픽셀).
top	상단 위치를 기술한다(단위 : 픽셀).
width	폭을 기술한다.
height	높이를 기술한다.
visibility	가시성을 기술한다.
background-color	배경색을 기술한다.
background-image	배경 그림을 기술한다.

5.3 자바스크립트 프로그래밍

5.3.1 자바스크립트와 HTML

HTML은 텍스트와 그림, 그리고 이들을 상호 연결하는 링크 구조를 이용하여 쉽게 웹 페이지를 만들 수 있기 하는 정적인 웹 페이지 제작언어이다. HTML이 등장하면서 웹에 있는 정보를 체계적으로 정리해서 보여줄 수 있게 되었고 문서들 간에 이동하기도 수월해졌다. 그러나 HTML로 작성된 웹 문서는 이미지나 텍스트를 통해 내용을 보여주는 기능밖에 없기 때문에 사람들에게 지루할 수 있으며, 웹 페이지 제작자나 웹 페이지 사용자들의 다양한 욕구를 만족시키지 못하였다.

이러한 HTML의 제한점들을 해결하기 위하여 W3C(WWW Consortium)에서는 기존의 HTML을 대폭 확장시킨 DHTML(Dynamic HTML)을 제안하였다. DHTML은 동적인 웹 페이지를 만들 수 있도록 제공하는 웹 페이지 제작언어이다. DHTML에는

JSS(Javascript Style Sheet), Layers, DCSS(Dynamic Cascade Style Sheet), CSS, CSS-P(Positioning), 자바스크립트 등이 포함되어 있다.

자바스크립트는 웹 문서에 동적인 효과를 추가하기 위해 사용하는 프로그래밍 언어이다. 자바스크립트를 사용하면 웹 브라우저의 창뿐만 아니라 웹 문서에 삽입한 이미지나 표, 텍스트 등을 원하는 대로 조절할 수 있다.

5.3.2 자바스크립트의 역사

자바스크립트는 넷스케이프(Netscape)에서 초기에 개발하여 발표한 라이브스크립트(Live Script)와 선마이크로시스템즈(Sun Microsystems)가 만든 자바 언어의 기능을 결합하여 새로이 만들어진 언어이다. 이로 인해 자바스크립트는 자바 언어에서 사용되는 문법체계를 따르고 있다.

넷스케이프 브라우저가 초기의 인터넷 브라우저 시장을 주도하면서 라이브스크립트를 개발하여 HTML로는 할 수 없는 새로운 방법을 통해서 웹 문서의 기능을 더 확장하고자 했다. 라이브스크립트를 사용하여 사용자가 입력한 자료를 웹 문서의 재전송없이 클라이언트에서 자체적으로 처리할 수 있도록 하였다.

1990년대 중반 선마이크로시스템즈가 라이브스크립트 개발권을 넘겨받음으로서 이름을 자바스크립트로 바꾸게 된다. 그리고 1996년에 마이크로소프트에서는 자바스크립트를 사용할 수 있는 브라우저인 인터넷 익스플로러 3.0을 출시하고 곧이어 넷스케이프에서도 자바스크립트를 사용할 수 있는 브라우저를 내놓는다. 그 때 브라우저가 자바스크립트를 완벽하게 지원하지 못했지만, 이때부터 자바스크립트는 모든 브라우저에서 기본으로 지원하는 스크립트 언어가 되었다.

5.3.3 객체와 속성 및 메소드

(가) 객체

객체(Object)는 속성(Attribute)과 행위(Behavior)로 정의할 수 있다. 동물 개를 예를 들면, 객체가 개가 되며 개의 속성은 털색, 품종 등이라 할 수 있고, 행위는 걷는다, 뛴다, 짖는다 등을 예로 들 수 있다. 자바스크립트는 웹 페이지의 구조에 기반을 둔 여러 객체들 윈도우, 프레임, 문서, 폼과 같은 브라우저 내장객체를 가지고 있으며, 사용자가 정의한 객체를 사용할 수 있다.

(나) 속성

속성은 객체와 관계된 값을 의미한다. 자바스크립트 객체는 속성과 동작방식에 해당되는 특성(Property)과 메소드(Method)가 있다. 예를 들어 객체가 마우스라면 마우스 객체의 특성으로는 좌표값, 마우스 종류, 속도 등이 있고 마우스 객체의 메소드는 마우스를 이동시킨다, 버튼을 누른다, 버튼을 두 번 연속 누른다 등 속성에 속하는 값들로서 자바스크립트에서 지원하는 데이터 타입이나 다른 객체를 가질 수 있다.

```
객체이름.속성
```

즉, 마우스.좌표값, 마우스.종류, 마우스.속도 등의 참조형식을 사용해서 속성에 접근할 수 있다. 예를 들어, document.title은 웹 페이지의 제목을 나타내는 속성이고, document.fgColor는 웹 페이지의 전경색을 나타내는 속성이다.

(다) 메소드

메소드는 객체의 동작을 지정하는 함수를 의미한다. 예를 들어, 컴퓨터라는 객체에서 컴퓨터의 종류를 출력하는 함수를 메소드로 정의할 수 도 있는데, 개체의 특성을 출력하기 위해 document.write 함수를 사용한다. 또한, Document의 Open은 데이터를 출력하기 위해 준비시키는 메소드이다.

5.3.4 자바스크립트에서 HTML 객체 접근

자바스크립트는 객체 기반 언어로서 자바와 유사하게 객체를 만들어서 사용할 수 있다. 또한 DOM(Document Object Model)방식을 이용해서 HTML 문서의 내부 구조에 접근하고, 변경할 수 있는 기능을 가지고 있다. 자바스크립트에서 HTML 문서의 내부에 접근하기 위해서는 각 태그의 고유한 이름을 이용하거나 번호를 이용해서 접근한다.

HTML 파일의 내용은 웹 브라우저에 의해 문자와 그림 등이 적절한 모양을 형성하여 화면에 뿌려 진다. 웹 브라우저는 문서를 객체로 관리한다. 다시 말해서 웹 브라우저는 HTML 문서, 그림, 폼(Form) 등의 각 객체를 대표하는 객체 인스턴스(Instance)를 생성해서 관리한다. HTML 문서를 위해서는 Document라는 객체가 생성되고, HTML 문서에 포함된 폼은 Document 객체에 포함된 객들로 표현된다. HTML 문서에는 폼이나 그림, 링크가 많이 있기 때문에 HTML 문서에 따라 웹 브라우저가 관리하는 객체의 종류나 수는 달라진다. 이러한 객체들은 자바스크립트를 통해 속성과 함수에 접근해 사용할 수 있다.

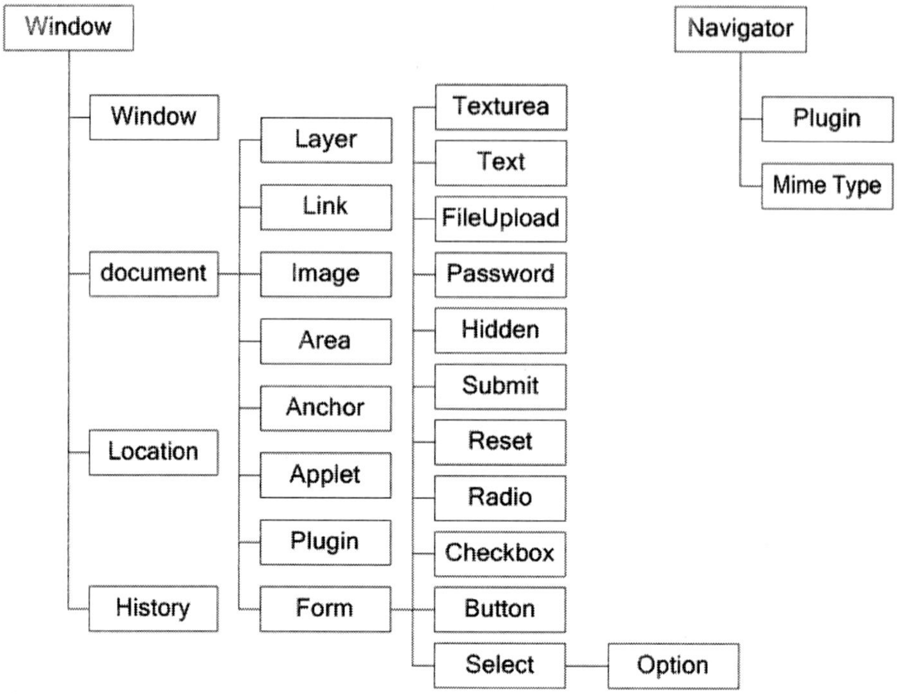

[그림 5-7] HTML 객체 계층도

[그림 5-7]은 웹 브라우저가 관리하는 객체들간의 포함 관계이다. 그림에서 Window는 Frame, Document 등을 포함하고 있으며, 마찬가지로 Document는 Image, Form 등을 포함하고 있다. Form은 다시 Button, Checkbox 등의 객체를 포함하고 있다. 이러한 객체의 포함 관계는 HTML 문서의 태그와 일치한다.

5.3.5 자바스크립트의 기본적인 형태

자바스크립트로 작성된 프로그램은 HTML 문서 내에 포함되어 웹 페이지에 동적인 효과를 주거나 사용자가 입력한 데이터의 유효성을 검사하기 위해서 사용된다.

HTML 파일에 자바 스크립트 소스를 포함시킬 때는 SCRIPT 태그를 사용하고, 이 태그는 LANGUAGE와 SRC 속성을 가진다. LANGUAGE 속성은 스크립트 언어의 이름과 스크립트 언어의 버전을 기술할 수 있다. 특별한 경우를 제외하고는 LANGUAGE 속성은 생략해도 무방하다. SRC 속성은 자바스크립트 소스 파일의 위치를 기술하기 위해서 사용한다. [표 5-10]은 자바스크립트 사용의 예를 나타낸다.

[표 5-10] 자바스크립트 사용

형태	〈SCRIPT language="JavaScript"〉 자바스크립트 프로그램 코드 〈/SCRIPT〉
설명	• 〈SCRIPT〉와 〈/SCRIPT〉는 자바스크립트 프로그램을 HTML에 삽입할 수 있는 태그이다. 이 태그는 자바스크립트의 시작과 끝을 나타낸다. • language="JavaScript" 부분(language 속성 부분)은 자바스크립트 버전 번호를 표시하면 된다. 단, 버전 표시는 특정 버저에만 사용할 수 있는 기능을 사용하여 자바스크립트 프로그램을 작성한 경우에만 주로 사용한다. 그렇지 않는 경우에는 일반적으로 버전표시를 생략한다.
예1	language="JavaScript1.5"; 1.5 버전의 기능을 사용하였음을 표시한다.
예2	language="JavaScript"; 모든 버전에서 지원하는 일반적인 기능을 사용하여 프로그램을 작성하였음을 표시한다. 따라서 버전 번호는 생략하였다.

자바스크립트 소스코드는 보통 HTML 파일에 포함되어 있지만, 자바스크립트 소스 프로그램만 별도의 파일로 저장할 수도 있다. 자바스크립트 소스 프로그램이 저장된 파일의 확장자는 보통 '*.js'이다. 별도의 파일에 저장된 자바스크립트 프로그램을 HTML에서 사용하기 위해서는 〈SCRIPT〉 태그의 SRC 속성을 사용해야 한다. SRC 속성에는 자바스크립트 파일 위치를 URL 형식으로 기술한다.

[표 5-11] 외부 파일에 저장된 자바스크립트 파일을 사용하는 경우

형태	〈SCRIPT language="JavaScript" SRC="scriptfile_name.js"〉 〈/SCRIPT〉
설명	• SRC="scriptfile_name.js"에는 자바스크립트 소스코드가 저장되어 있는 파일의 위치와 파일명을 표시한다.

제 6 장

스마트 TV 환경설정 및 SDK 소개

6.1 스마트 TV 소개

스마트 TV란 기존의 TV에 운영체제 및 인터넷 접속 기능을 탑재하여 실시간 방송뿐만 아니라 VoD(Video on Demand) 서비스, 게임, 인터넷 검색 등 다양한 콘텐츠를 편리한 이용자 환경에서 제공하는 TV를 말한다. 본 절에서는 삼성 스마트 TV와 LG 스마트 TV에 대한 간단한 소개 및 플랫폼 구조 및 어플리케이션에 대해 알아본다.

6.1.1 삼성 스마트 TV 소개

삼성 스마트 TV는 인터넷에 연결과 함께 자체 어플리케이션 엔진이 장착되어 웹기반 어플리케이션을 실행시키고 활용할 수 있는 디지털 TV이다. 따라서 기존 방송국에서 송출되는 전파를 받아 영상만 출력하던 TV와는 달리, 사용자들은 연결된 인터넷을 통해 뉴스, 날씨, 주식 등 본인이 원하는 다양한 정보를 TV를 통해 얻을 수 있게 되었다.

삼성 스마트 TV에서 구동되는 어플리케이션은 자체 제작된 브라우저상에서 실행되고 스크린에 디스플레이된다. [그림 6-1]과 같이 스마트 TV에서 어플리케이션을 디스플레이 하는 것은 PC에서 웹 브라우저를 통해 웹 페이지를 보는 것과 거의 흡사하다. 스마트 TV의 어플리케이션이 PC의 웹 페이지와 다른 점은 TV 스크린의 해상도, 하드웨어 스펙, 그리고 스마트 TV에 설치된 User Interface에 의해서 구현된다는 점이다.

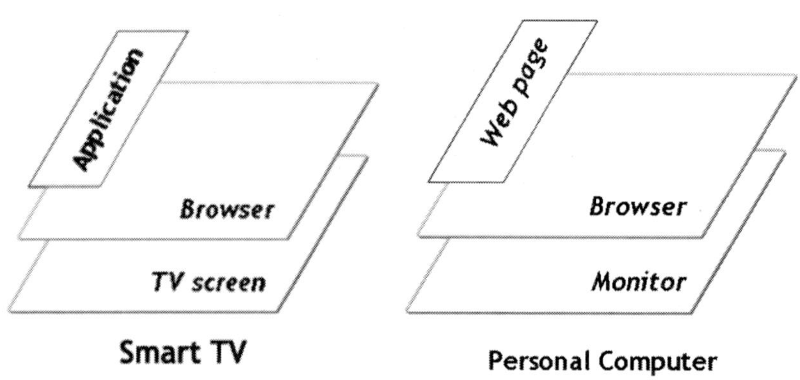

[그림 6-1] 스마트 TV 어플리케이션과 PC 웹 페이지의 운영 원리

삼성 스마트 TV에서 구동되는 자체 브라우저는 MAPLE(Standard for Markup Engine Platform for Embedded Systems)이라는 App Engine이다. 인터넷 익스플로

러나 파이어폭스는 PC 기반의 브라우저인 반면 MAPLE은 삼성 스마트 TV 기반의 브라우저이다. 스마트 TV에서 실행되는 모든 어플리케이션은 MAPLE에 의해서 컨트롤되고 관리된다. MAPLE은 HTML, CSS, JavaScript 등의 웹 언어와 HTTP(Hypertext Transfer Protocol)와 DOM을 지원하며, 이미지 포맷으로는 BMP(Bitmap), JPEG, PNG(Portable Network Graphics), GIF를 지원한다. 해상도는 1280×720, 960×540 pixel을 기본으로 한다.

(가) 삼성 스마트 TV 어플리케이션

스마트 TV의 어플리케이션은 웹 기반으로 되어 있으며 인터넷과 연결된 디지털 TV상에서 실행된다. 어플리케이션은 인터넷을 통해 설치되며 MAPLE App Engine 상에서 실행된다. 또한 Smart Hub라는 Application Manager는 설치, 제거, 또는 수행 등 스마트 TV 어플리케이션에 관한 관리를 한다. [그림 6-1](a)는 어플리케이션이 구동되는 동작환경을 나타낸다.

어플리케이션은 HTML, CSS, 그리고 Javascript로 구성되어 있으며, MAPLE App Engine 상에서 실행된다. 앞 장에서 기술한 바와 같이 HTML은 어플리케이션의 Page 구조를 정의하고, CSS는 페이지의 스타일을 나타내며, Javascript는 어플리케이션의 동적인 동작을 제어한다. [그림 6-2](b)는 스마트 TV 어플리케이션의 구조를 나타낸다.

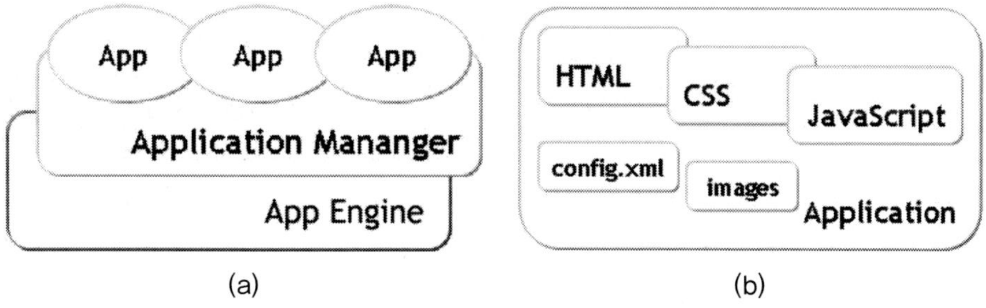

[그림 6-2] 스마트 TV 어플리케이션 (a) 어플리케이션 동작환경, (b) 어플리케이션 구조

스마트 TV 어플리케이션의 디스플레이 타입은 3가지로 구분된다. Full-Screen 어플리케이션은 스크린 전체를 채우고, Single-Wide 어플리케이션은 스크린의 일부분만을 사용한다. Ticker 타입의 어플리케이션은 TV화면의 자막처럼 독자적으로 수행된다. [그림 6-3]은 어플리케이션의 디스플레이 타입을 나타낸다.

(a) (b) (c)

[그림 6-3] 어플리케이션 디스플레이 타입 (a) Full-Screen, (b) Single-Wide, (c) Ticker

(나) 어플리케이션 매니저

어플리케이션 매니저인 Smart Hub는 어플리케이션의 인증, 설치, 제거, 업데이트, 실행, 종료 등의 관리를 수행한다. 사용자는 Smart Hub를 통해 어플리케이션을 설치, 제거, 그리고 등록을 할 수 있으며, Smart Hub는 인터넷을 통해 어플리케이션의 업데이트를 수행한다. [그림 6-4]는 Smart Hub의 실행화면이다.

[그림 6-4] Smart Hub 실행화면

6.1.2 LG 스마트 TV 소개

LG 전자 또한 앞서 설명한 삼성전자와 마찬가지로 다양한 제품군의 스마트 TV를 출시하고 있으며, 외부개발자를 위한 LG 스마트 TV SDK(Software Development Kit)를 제공하고 있다. 본 절에서는 LG 스마트 TV에 대해 간단히 소개하고 자체 플랫폼인 NetCast와 어플리케이션 개발을 위한 LG 스마트 TV SDK에 대해 소개한다. LG 스마트 TV는 [그림 6-5]와 같이 방송 서비스, VoD 서비스뿐만 아니라 LG App

마켓으로부터 어플리케이션을 다운받아 게임, 교육, SNS(Social Network Service) 등 다양한 서비스를 제공한다. 또한 홈 네트워크 구축을 통해 가정 내 PC 혹은 스마트폰과 연동을 통한 콘텐츠 공유를 가능하게 하여 사용자들이 다양한 환경에서 스마트 TV를 즐길 수 있게 한다.

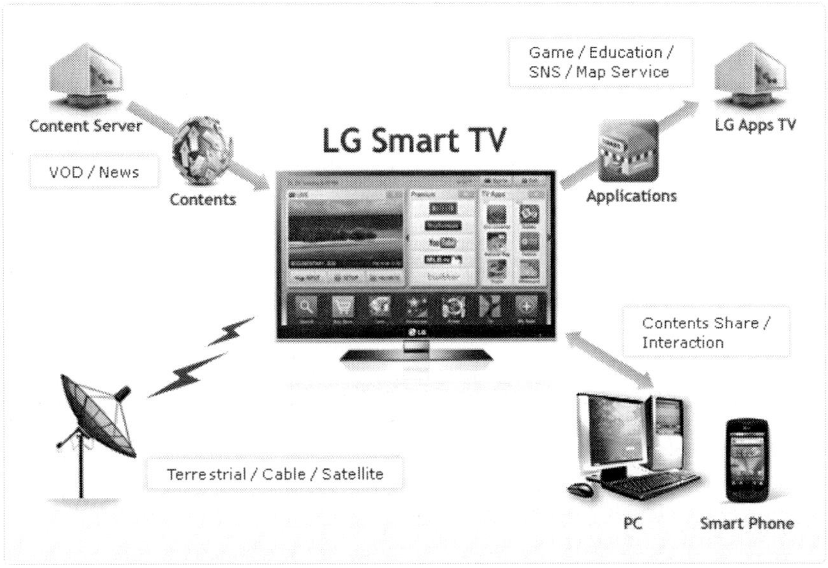

[그림 6-5] LG 스마트 TV 기반 서비스 종류

LG 스마트 TV는 내장된 자체 LG 브라우저를 사용하며, 이 브라우저는 최근 웹 기술인 HTML5, Ajax(Asynchronous Java and XML), JSON(Javascript Object Notation), XML뿐만 아니라 CSS, Javascript, DOM 등을 지원한다. 따라서 스마트 TV 어플리케이션 개발자들은 위의 웹 기술을 통해 다양한 어플리케이션 개발이 가능하며, 스마트 TV 웹 기반 어플리케이션은 URL 기반과 다운로드 가능한 어플리케이션으로 나누어 설치할 수 있다.

(가) NetCast 플랫폼

LG NetCast 플랫폼은 크게 웹 브라우저 엔진과 미디어 플레이어 플러그 두 가지 키 모듈로 구성되며, DirectFB, Window Manager, OS, 드라이버 등 다른 모듈들과 함께 작동한다. LG 스마트 TV는 NetCast를 통해 다양한 미디어 재생을 위한 기능을 제공하며, 미디어 플레이어 플러그인을 통해 HTTP, MMSH(Microsoft Media Server over HTTP) 기반의 스트리밍 프로토콜을 지원하고 있다. 또한, 디지털 콘텐츠 보호를 위한 DRM(Digital Rights Management) Manager와 스트림을 제어하기 위한 Streaming Manager를 포함하고 있다. 그밖에 지원 사항으로는 WM-DRM 10 PD, Play-Ready, Widevine, HLS(Http Live Streaming) 등이 있다. [그림 6-6]은 NetCast 플랫폼 시스템의 구조를 나타내고 있으며, NetCast 플랫폼은 리눅스 OS를 기반으로 구동되며, WebKit 기반의 자체 LG 브라우저를 사용한다.

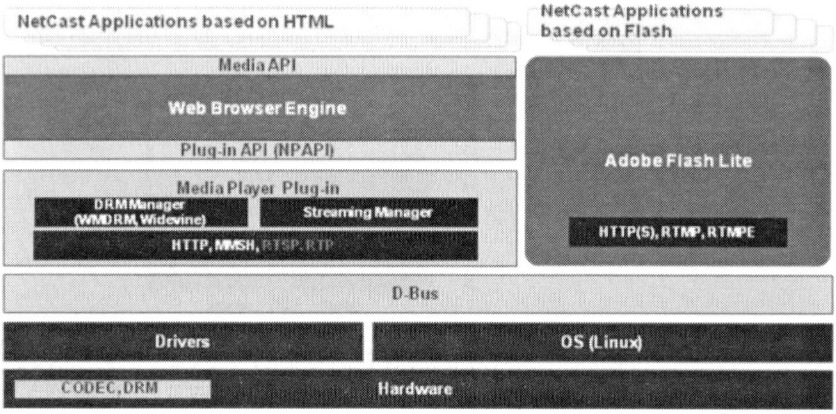

[그림 6-6] NetCast 플랫폼 시스템 블록 다이어그램

6.2 삼성 스마트 TV 개발환경 설정

삼성에서는 스마트 TV 개발자를 위해 SDK를 제공해준다. SDK는 스마트 TV 어플리케이션을 개발하기 위한 소프트웨어 개발 툴이다. 이 툴을 이용하여 프로그래밍을 할 수 있으며 스마트 TV 에뮬레이터를 통해 빌드한 어플리케이션을 실행시킬 수 있다. 삼성 스마트 TV SDK는 Samsung D Forum이라는 개발자 사이트에서 다운로드 받을 수 있는데, 주소는 http://www.samsungdforum.com이다. 이 사이트는 회원가입을 해야 사용이 가능하며 회원가입에 제약은 없다. 가입 후 자유롭게 Smart TV 관련 자료를 이용할 수 있다. 관련 자료로는 스마트 TV 어플리케이션 개발 API 문서와 튜토리얼 문서 등이 있으며, 샘플 소스코드를 제공해준다. 그리고 모든 질의응답 및 개발자 지원은 Samsung D Forum을 통해서만 이루어지기 때문에 삼성 Smart TV를 개발하기 위해선 반드시 활용해야만 하는 사이트이다. [그림 6-7]은 Samsung D Forum 사이트의 홈페이지를 보여주고 있다.

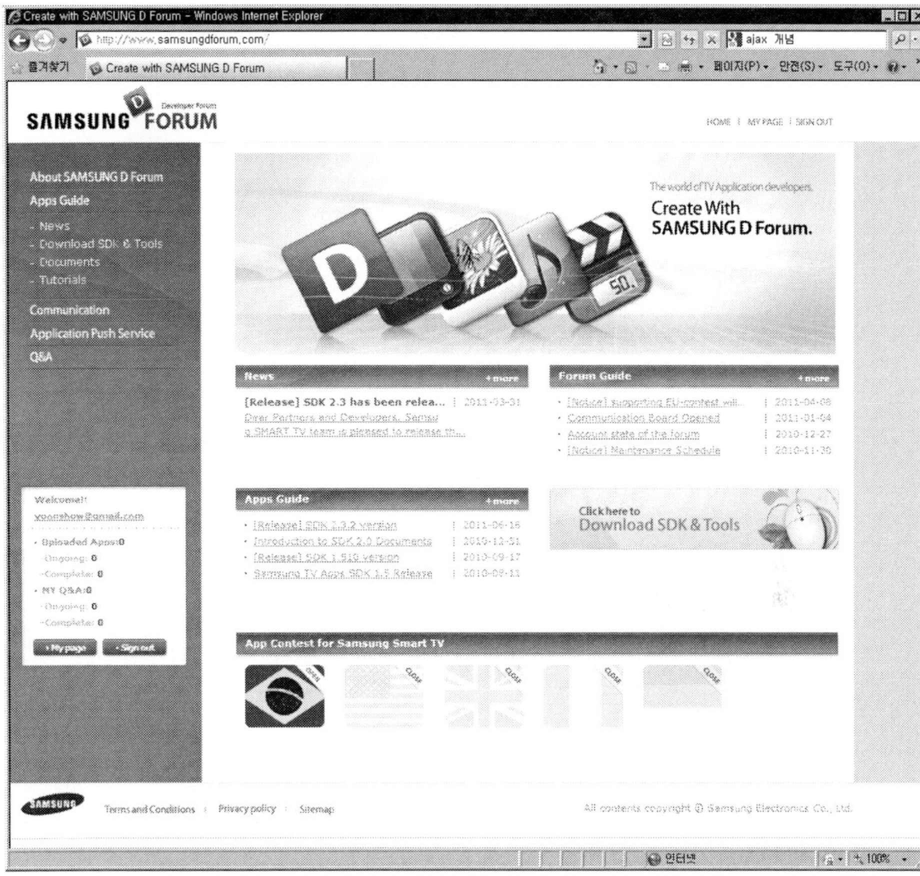

[그림 6-7] Samsung D Forum 사이트

스마트 TV 어플리케이션을 개발하기 위해 SDK 개발 툴 설치과정과 툴 사용법에 대해 알아야 한다. 이 절에서는 삼성 스마트 TV SDK 설치하는 방법에 대해 자세히 알아본다. 그리고 어플리케이션 개발을 위한 툴 사용법에 대해 설명하며, 개발된 어플리케이션을 배포하기 위한 패키징 및 동기화 과정까지 자세히 다룬다.

6.2.1 삼성 스마트 TV SDK 설치 및 환경설정

[그림 6-7]의 좌측 메뉴에서 Apps Guide 하단의 'Download & Tools'를 선택하면, SDK 버전별로 선택할 수 있는 항목이 나오고 해당 항목을 선택하여 다운로드받을 수 있다. 최신 SDK 실행파일을 다운로드받아서 실행하도록 한다. 실행파일을 실행하게 되면 처음에 언어를 선택하는 화면이 나온다. 이 화면에서는 Korean을 선택하여 다음으로 넘어간다. [그림 6-8]은 언어선택에 대한 화면을 나타내었다.

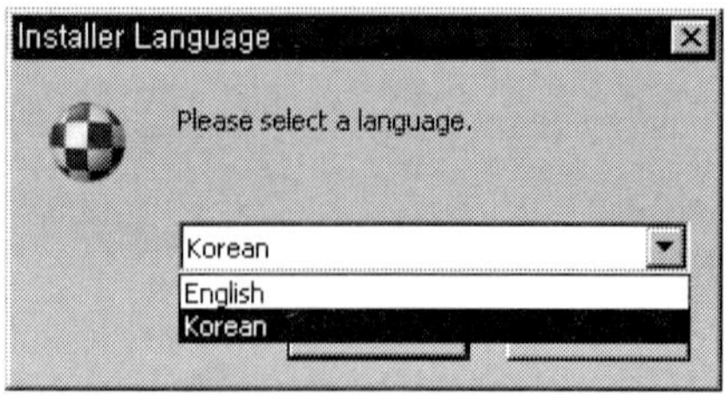

[그림 6-8] 언어 선택

본격적으로 설치를 시작하는 화면은 [그림 6-9]와 같다. 사용권 계약에 대한 동의를 선택하고 다음 화면에서 구성요소인 Visual Editor 선택사항이나 기본으로 설치하도록 한다. 그리고 다음 창에서 설치 위치를 설정하고 다음 버튼을 선택 한다. 설치에 필요한 디스크 공간은 약 200MB 정도이다.

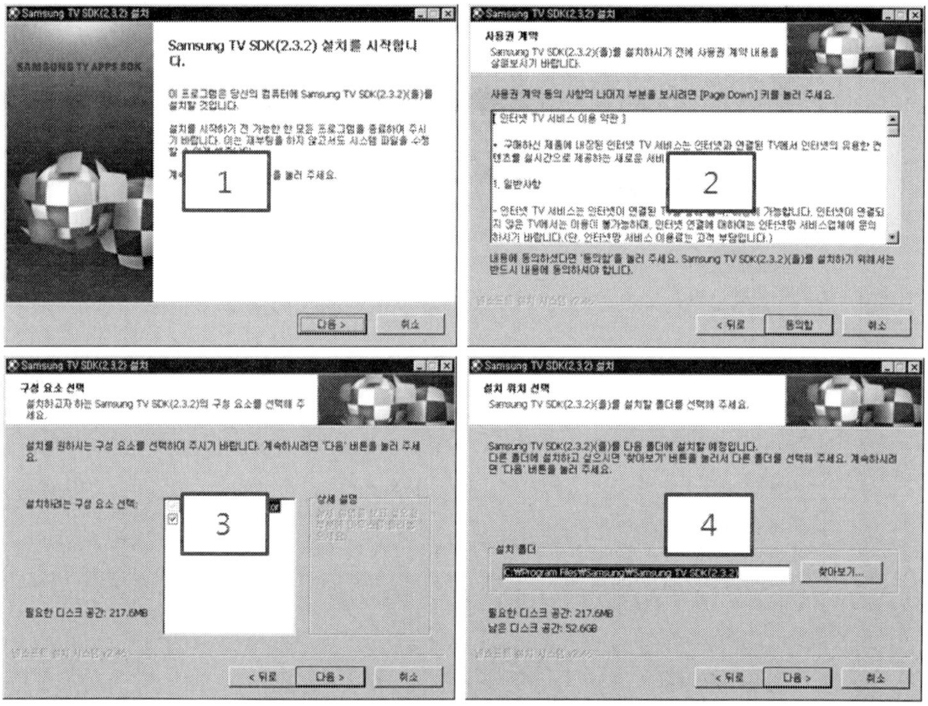

[그림 6-9] 스마트 TV SDK 설치 시작 화면

[그림 6-10]과 같이 시작 메뉴에 표시할 이름을 선택하는 부분을 디폴트로 설정한 후 설치 버튼을 선택하면 설치가 진행된다. 설치가 완료되면 아파치 서버 설치화면이 나오는데, Apache 서버는 스마트 TV로 개발자의 소스코드를 배포하기 위한 목적으로 필요하다. 반드시 Apache 서버를 설치하여야 한다.

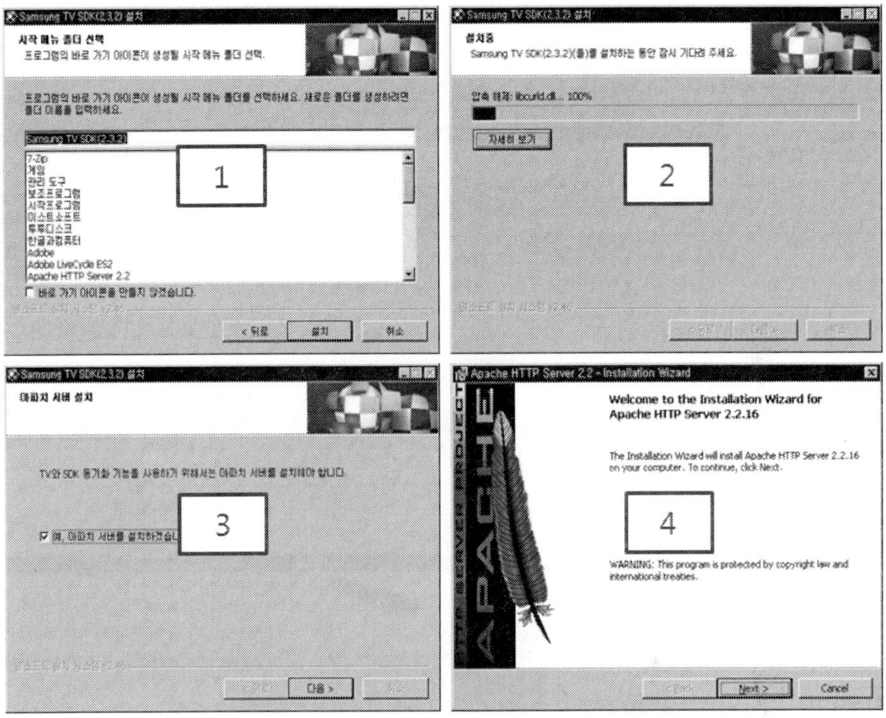

[그림 6-10] 스마트 TV SDK 설치화면

다음 화면에서는 [그림 6-11]과 같이 라이선스 동의에 대한 화면이 나온다. 이 화면에서 동의한 후 설치를 계속 진행한다. Apache HTTP Server의 정보를 설정하는 부분에서는 스마트 TV 배포용으로만 사용할 것이므로 운용에 대한 구체적인 내용은 개발에 큰 영향을 미치지 않는다. 네트워크 도메인, 서버 이름, 관리자 이메일 주소 등을 알맞게 작성하고 다음으로 넘어가며, 다음 화면의 Setup Type에서는 'Typical'을 선택하고 다음 화면으로 넘어가도록 한다.

[그림 6-12]와 같이 아파치 서버 설치위치를 설정하고 다음화면으로 넘어가면 아파치 서버 설치가 시작된다. 설치가 완료되면 [그림 6-13]과 같이 설치 완료 화면이 나오고, 바탕화면에 Samsung TV Apps SDK, Samsung TV Emulator, Samsung VisualEditor 등의 아이콘들이 생성된다.

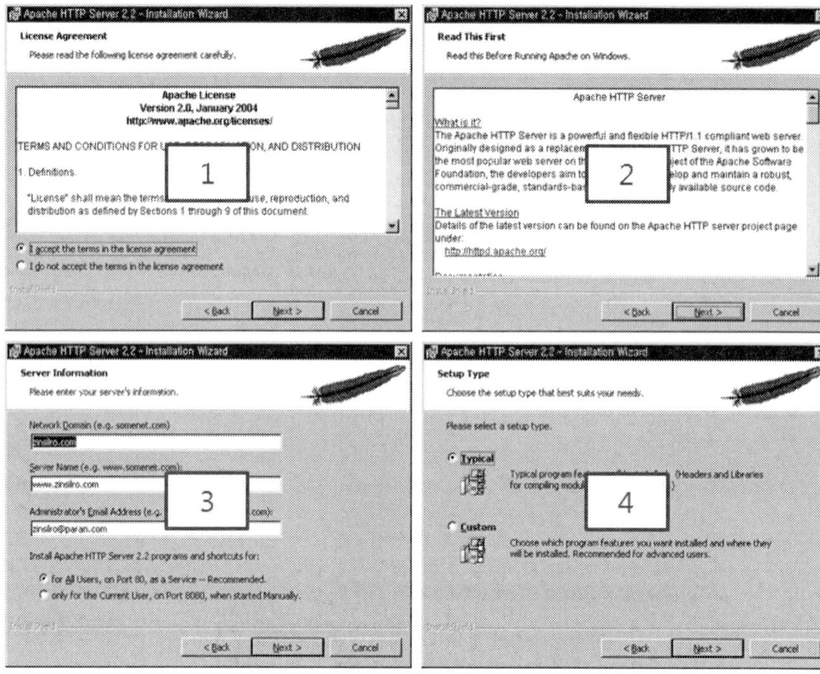

[그림 6-11] 아파치 서버 설치 화면

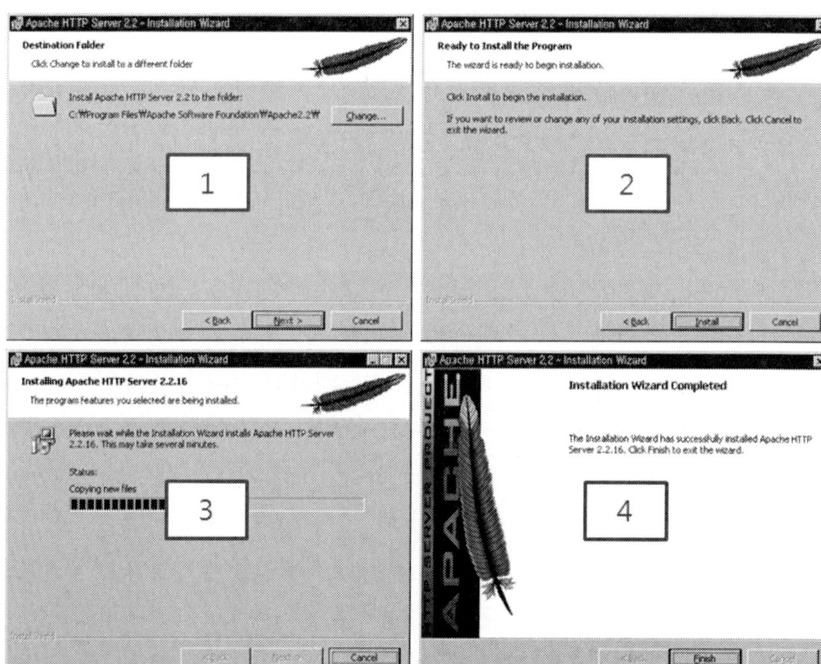

[그림 6-12] 아파치 서버 설치완료 화면

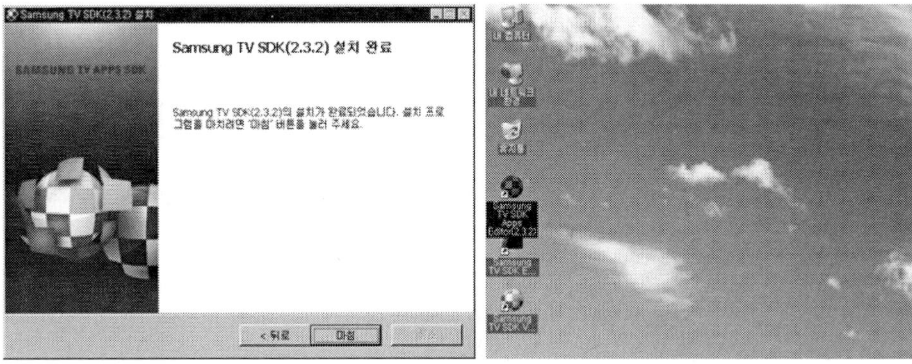

[그림 6-13] 스마트 TV SDK 설치완료 화면

6.2.2 삼성 스마트 TV SDK Apps Editor

삼성 스마트 TV 어플리케이션 개발을 위해 Samsung TV SDK Apps Editor 툴을 사용해야 한다. SDK 설치 후 바탕화면에 생성된 Samsung TV SDK Apps Editor 아이콘을 더블 클릭하게 되면, IDE(Integrated Development Environment)가 열리게 된다. 프로젝트를 추가하거나 파일을 관리하기 위한 좌측 상단의 프로젝트 탐색기를 비롯하여 Smart TV 어플리케이션을 개발하기 위한 IDE 화면은 [그림 6-14]와 같다.

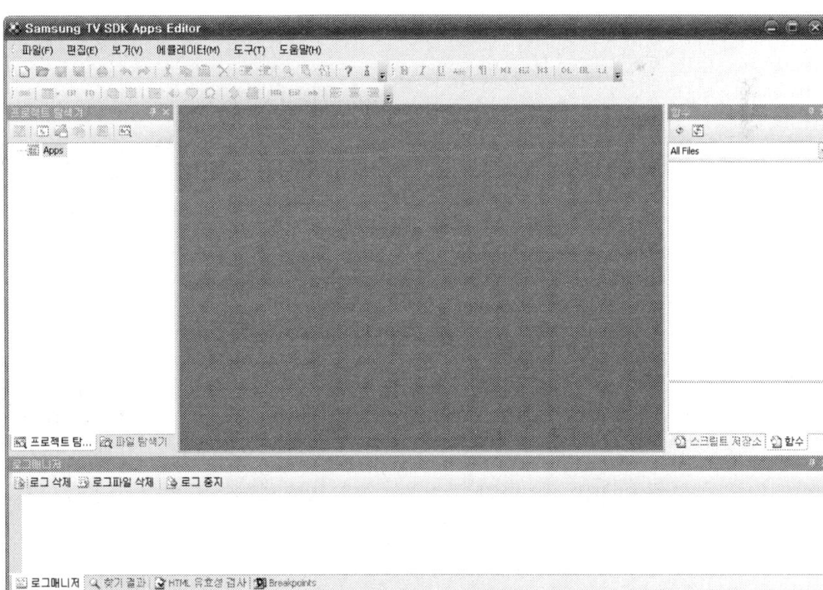

[그림 6-14] Samsung TV SDK Apps Editor 초기화면

프로젝트 탐색기에서 새 프로젝트를 추가하면, 다이얼로그 박스에 프로젝트명을 기입한다. 속성 탭에서 widgetname의 값은 프로젝트 이름하고 동일하게 해준다. 만약 그렇게 하지 않으면 매번 수동으로 설정해주어야 한다.

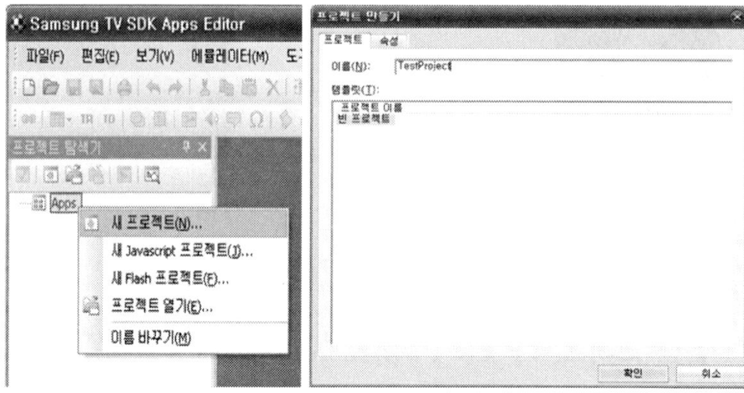

[그림 6-15] 프로젝트 생성

프로젝트를 생성한 후의 화면은 [그림 6-16](a)와 같으며, 기본으로 config.xml 파일이 생성된다. [그림 6-16](b)은 생성된 프로젝트에 웹 파일, 자바스크립트 파일 등의 웹 소스코드를 추가하는 화면을 나타낸다.

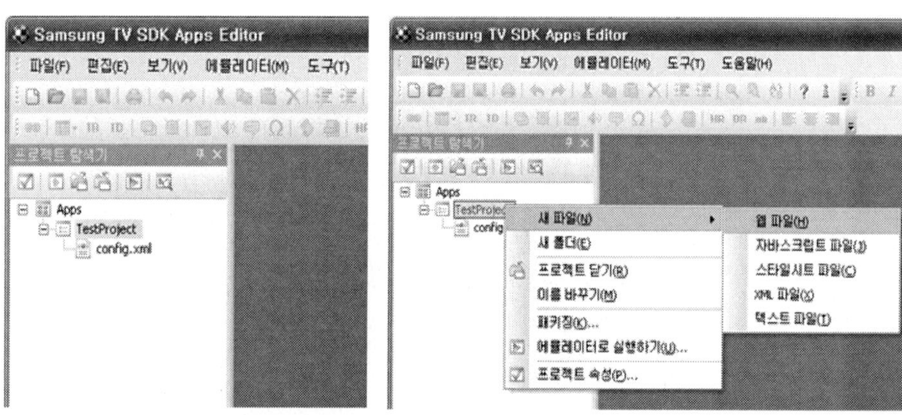

(a) (b)

[그림 6-16] 새 파일 추가 (a) 프로젝트 생성 후 화면, (b) 프로젝트 파일 추가

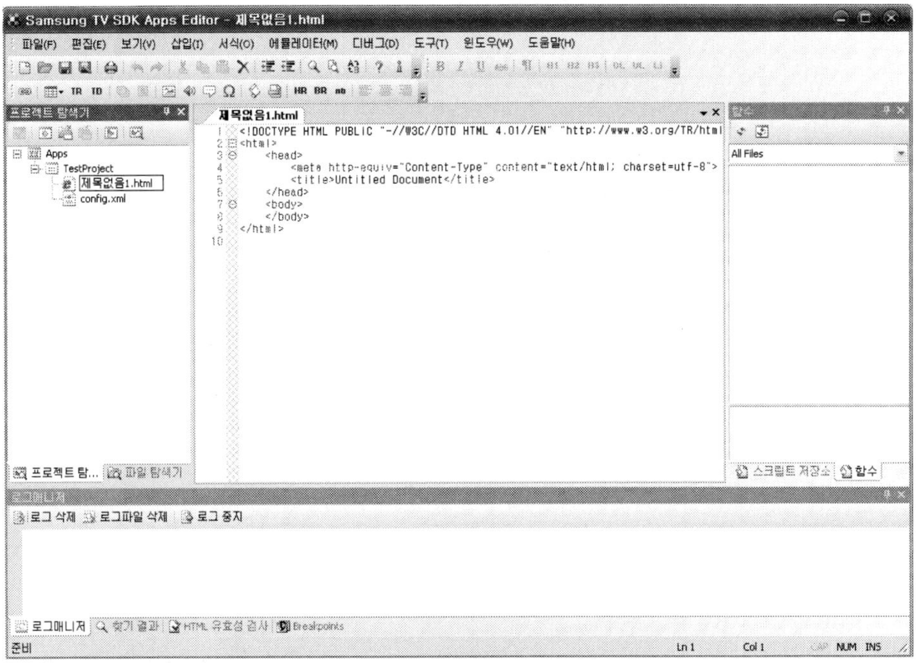

[그림 6-17] 웹 파일 추가 후 화면

[그림 6-17]에서 보는 바와 같이 웹 파일을 추가하게 되면, 프로젝트 탐색기의 해당 파일에 포커스가 가면서 파일명을 입력할 수 있는 상태가 된다. 여기서는 index.html이란 이름으로 지정한다. index.html 파일은 Smart TV에서 웹 페이지로 먼저 호출되므로 반드시 프로젝트 최상단에 위치해야 한다.

[그림 6-18]의 IDE의 Editor에서 마우스 우측버튼을 클릭하고, 'App 에뮬레이터에서 실행...'이라는 메뉴를 선택하면 에뮬레이터가 실행된다. 삼성 스마트 TV 에뮬레이터 실행화면의 모습은 [그림 6-19]와 같다. 에뮬레이터는 TV 화면과 우측에 리모콘으로 구성되며, TV는 리모콘으로만 제어가 가능하도록 되어있다.

6.2.3 삼성 스마트 TV 동기화

개발자가 삼성 스마트 TV 어플리케이션을 개발하게 되면 사용자가 어플리케이션을 사용할 수 있도록 스마트 TV에 업로드를 해야 하는데 이러한 과정을 스마트 TV 동기화라고 한다. 스마트 TV 동기화 과정은 처음에 네트워크의 상태를 확인하고 개발자의 계정을 로그인해야 한다. 계정이 없다면 스마트 TV의 메뉴에서 계정 등록을 해야 한다. 그 다음엔 인터넷 및 웹 서비스를 이용하기 위해 서버의 IP를 설정하고

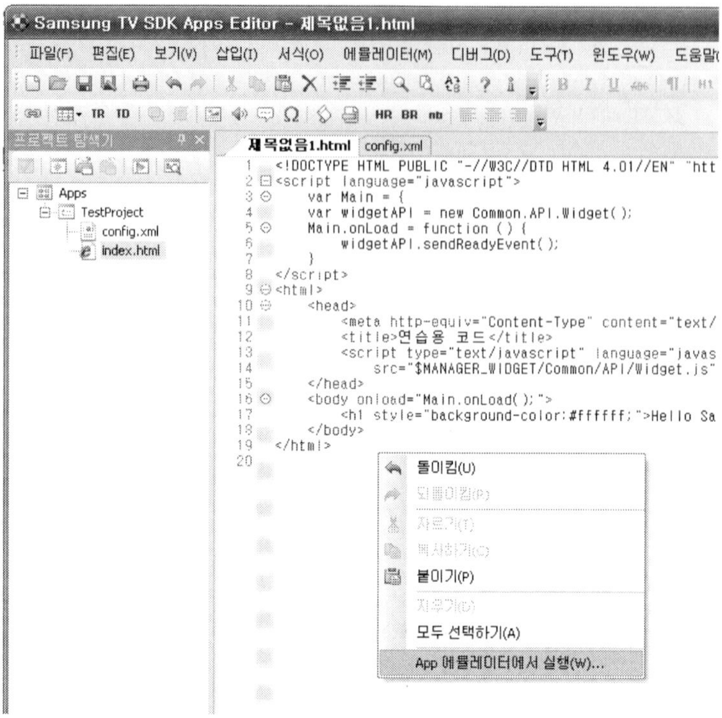

[그림 6-18] App 에뮬레이터에서 실행

[그림 6-19] 에뮬레이터에서 실행되는 모습

개발자 어플리케이션을 동기화한다. 스마트 TV의 동기화를 마치면 어플리케이션이 스마트 TV의 메뉴에 생성되고 아이콘을 실행시키면 어플리케이션이 실행된다. 스마트 TV 리모콘의 메뉴버튼을 눌러 네트워크에서 네트워크가 설정되었는지 확인한다. 그리고 리모콘의 스마트 허브 버튼을 통해 스마트 허브를 실행시킨다. 스마트 허브의 화면은 [그림 6-20]과 같다.

[그림 6-20] 스마트 허브

[그림 6-20]의 스마트 허브 우측하단의 붉은 A 로그인 메뉴를 통해 로그인을 시도하면 로그인 창이 생성되며, 스마트 TV 아이디와 비밀번호를 입력할 수 있다. 개발자의 계정은 'develop'이고 패스워드는 '000000'으로 설정되어 있다. 개발자 계정으로 로그인을 수행하고 다시 스마트 허브 우측하단의 파란 D 설정 메뉴를 통해 개발이라는 항목을 선택한다. 개발을 선택하면 서버 IP 세팅을 선택할 수 있다. 개발자 계정 로그인 과정은 [그림 6-21]에서 나타내었다.

개발자 어플리케이션 동기화를 위해 서버 IP 주소를 설정하고 개발 항목에 개발자 어플리케이션 동기화 메뉴를 선택하게 되면 어플리케이션이 설치 및 동기화된다. 완료되면 TV를 리부팅하게 되고, 스마트 허브 메뉴에 들어가면 설치된 어플리케이션 아이콘이 생성된 것을 확인할 수 있다. 개발자 어플리케이션 동기화 과정은 [그림 6-22]에 나타내었으며, [그림 6-23]은 어플리케이션 실행화면을 나타내었다.

[그림 6-21] 개발자 계정 로그인

[그림 6-22] 개발자 어플리케이션 동기화

[그림 6-23] 스마트 허브에 실행한 화면

6.3 LG 스마트 TV 개발환경 설정

LG전자에서도 마찬가지로 스마트 TV 개발자를 위해 SDK를 제공해준다. SDK를 통해 스마트 TV용 어플리케이션을 개발할 수 있으며 스마트 TV 에뮬레이터를 통해 빌드한 어플리케이션을 실행시킬 수 있다. LG 스마트 TV는 [그림 6-24]와 같이 LG Apps TV Developer Lounge라는 개발자 사이트를 제공하고 있으며, 주소는 http://developer.lgappstv.com/이다. 이 사이트 역시 회원가입을 해야 사용이 가능하며 회원가입에 제약은 없다. 가입 후 자유롭게 LG 스마트 TV 관련 자료를 이용할 수 있다. SDK뿐만 아니라 스마트 TV 개발 가이드라인과 기술명세서, 샘플 코드 등 관련 자료가 있으며, Forum 메뉴에서는 LG 스마트 TV 앱 개발 강의자료, 개발자들 간 정보를 공유할 수 있는 개발자 사이트 등이 있다.

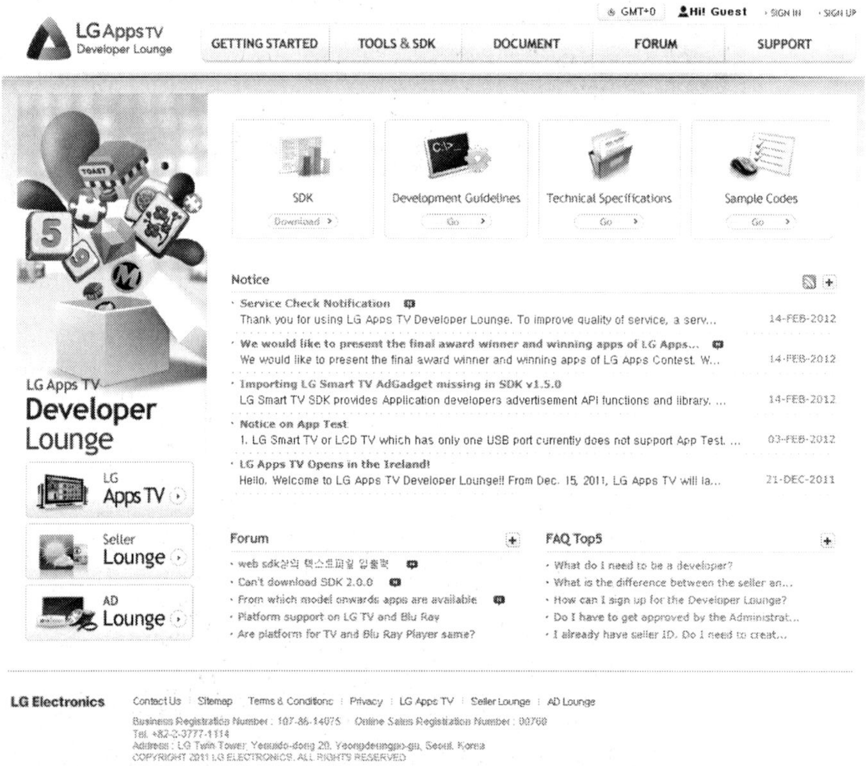

[그림 6-24] LG Apps TV Developer Lounge 사이트

6.3.1 LG 스마트 TV SDK 설치

LG 스마트 TV 어플리케이션을 개발하기 위해 SDK 개발 툴 설치과정과 툴 사용법에 대해 알아야 한다. 이 절에서는 LG 스마트 TV SDK를 설치하는 방법에 대해 자세히 알아본다. [그림 6-25]는 LG 스마트 TV SDK 설치를 시작하는 화면이다. 사용권 계약에 대한 동의를 선택하고 다음 화면에서 설치 위치를 설정한다. 그리고 다음 창에서 LG 스마트 TV의 두 가지 개발 기반인 Flash와 Web App에 대한 라이브러리 설치 여부를 설정한다. 모두 선택할 경우 1.16GB 이상의 여유 공간이 필요하다. 마지막으로 Install 버튼을 클릭하면 설치를 시작한다.

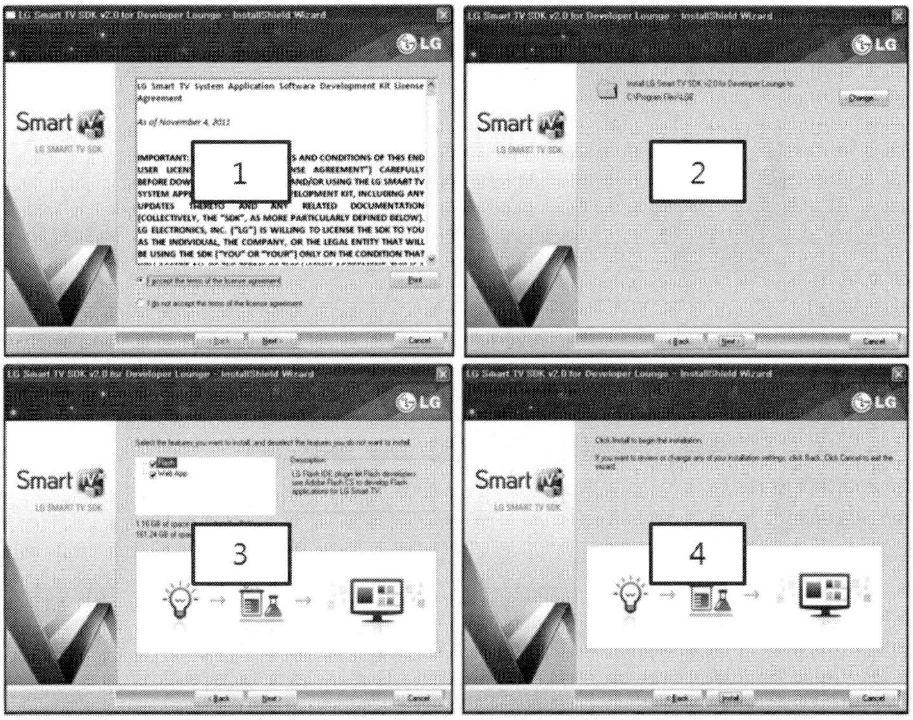

[그림 6-25] LG 스마트 TV SDK 설치 시작 화면

[그림 6-26]은 LG 스마트 TV SDK의 설치진행 화면과 설치완료 화면을 나타낸다. 두 번째 화면은 SDK 설치 종료 후 LG Web IDE와 LG Flash IDE를 플러그인하는 내용에 대한 소개가 나타나는데 이들 설치에 대한 자세한 내용은 다음 절에서 다루기로 한다.

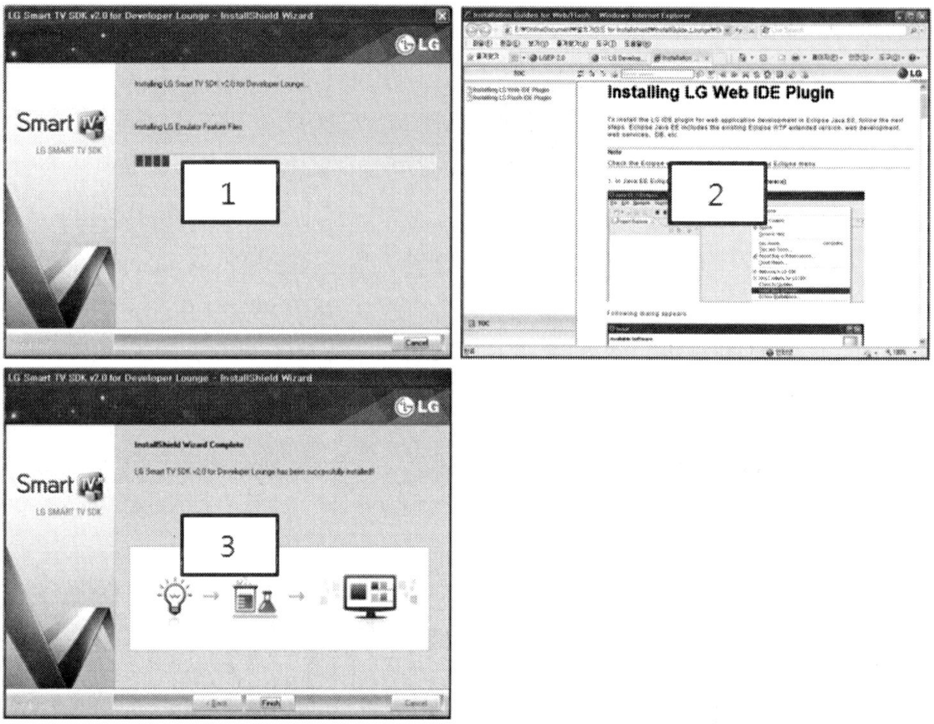

[그림 6-26] LG 스마트 TV SDK 설치화면 및 완료화면

6.3.2 LG Web 어플리케이션 개발 IDE 플러그인

삼성 스마트 TV SDK는 자체 Apps Editor를 제공하는 반면 LG 스마트 TV SDK는 기존 존재하는 개발도구에 플러그인 되어 개발 가능하다. LG Web 어플리케이션의 경우 앞서 안드로이드 개발환경에서 설명한 eclipse에 플러그인 되어 개발할 수 있다. 이 절에서는 Web 어플리케이션을 위한 IDE 개발 플러그인 하는 과정을 설명한다. [표 6-1]은 Web 어플리케이션 IDE 개발 플러그인을 위한 소프트웨어 요구사항이다. 또한, LG 스마트 TV SDK는 Java EE(Enterprise Edition) 환경에서 구동되므

[표 6-1] Web 어플리케이션 IDE 개발 플러그인 소프트웨어 요구사항

항목	요구사항
eclipse IDE for Java EE Developer	Helios Service Release2
Local Web Server	Apache Tomcat v7.0
Java Runtime Environment(JRE)	Version 6

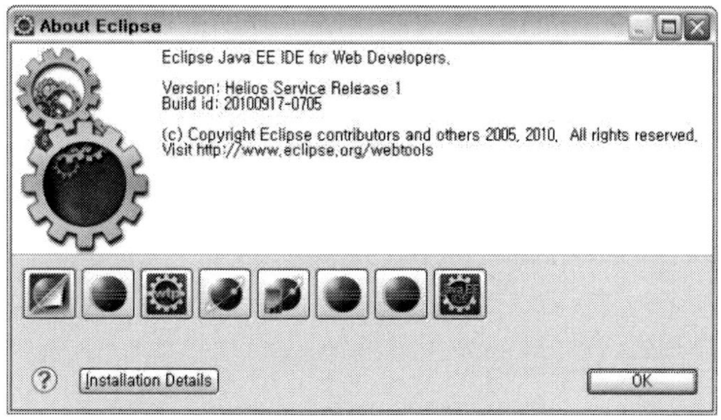

[그림 6-27] Java EE 버전 확인

로 개발 PC의 eclipse에서 Java EE가 설치되어 있어야 한다. [그림 6-27]은 Java EE의 버전을 확인하는 모습이다.

Web 어플리케이션 IDE 개발 플러그인 설치에 앞서 Apache Tomcat Server 설치가 선행되어야 한다. Apache Tomcat Server는 반드시 Java EE Eclipse에서 설치되어야 하며, http://tomcat.apache.org/에서 다운받을 수 있다. [그림 6-28]은 Apache Tomcat Server를 다운받는 과정이다.

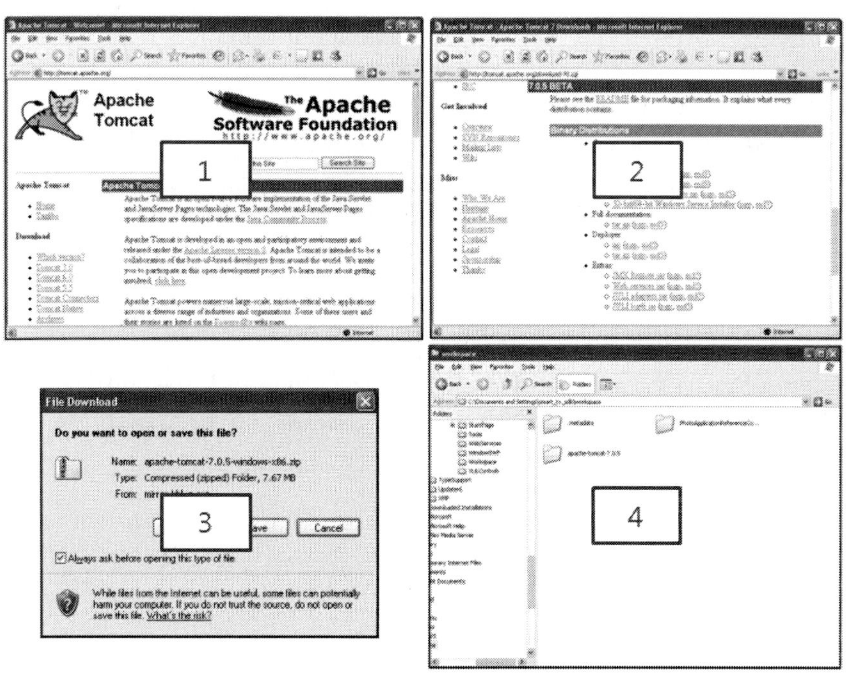

[그림 6-28] Apache Tomcat Server 다운로드

다음 과정은 다운받은 Apache Tomcat Server를 Java EE Eclipse에 추가하는 과정으로 [그림 6-29] 과정과 같다.

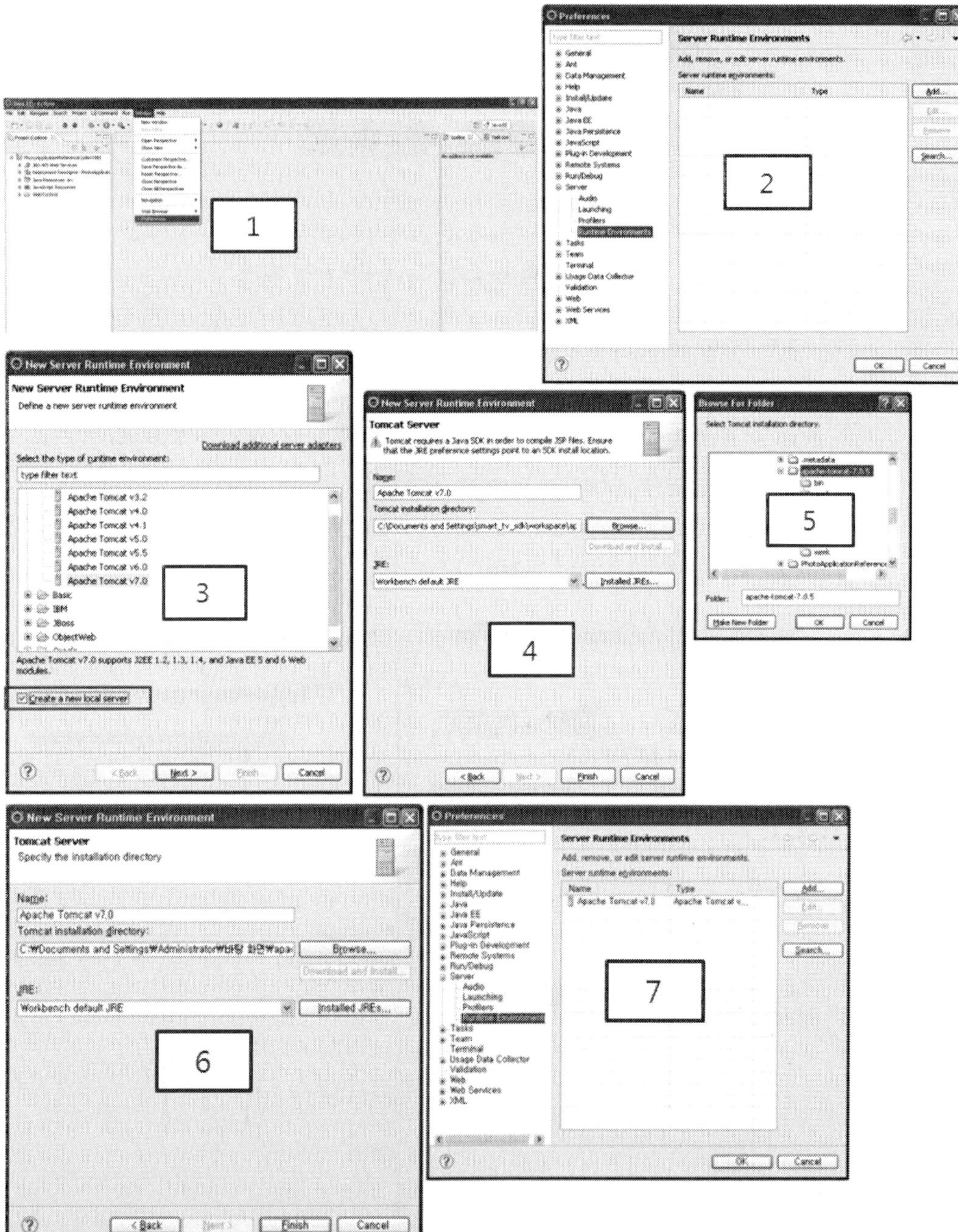

[그림 6-29] Apache Tomcat Server 추가

Apache Tomcat Server 설치가 끝나면 본격적인 Web 어플리케이션 IDE 개발 플러그인을 설치하도록 한다. 설치는 Java EE Eclipse에서 이루어지며, 설치방법은 [그림 6-30]과 같다.

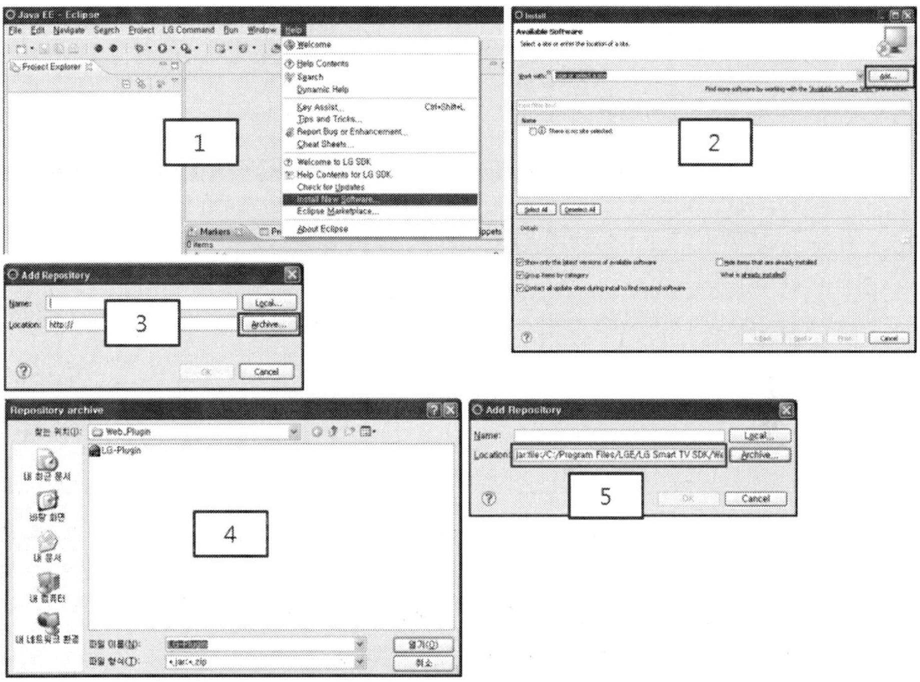

[그림 6-30] Web 어플리케이션 IDE 개발 플러그인 설치화면

[그림 6-30]의 5번 그림에서 플러그인 파일에 대한 Path는 Boot drive/program files/LGE/LG Smart TV SDK/Web_Plugin이며, [그림 6-31]과 같은 방법으로도 얻을 수 있다. 이후 나머지 설치과정은 [그림 6-32]와 같다.

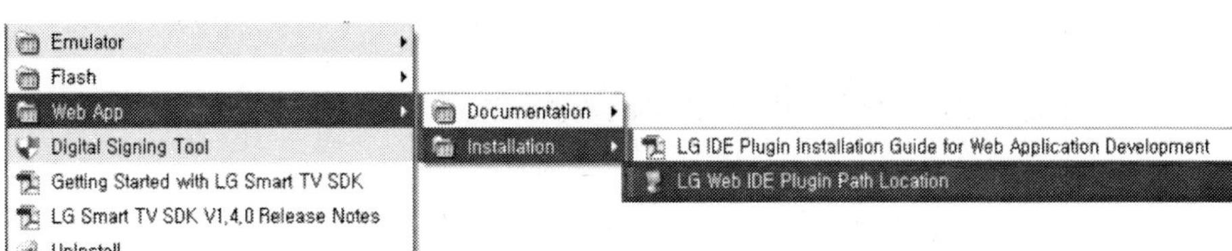

[그림 6-31] Web 어플리케이션 IDE 플러그인 파일 path

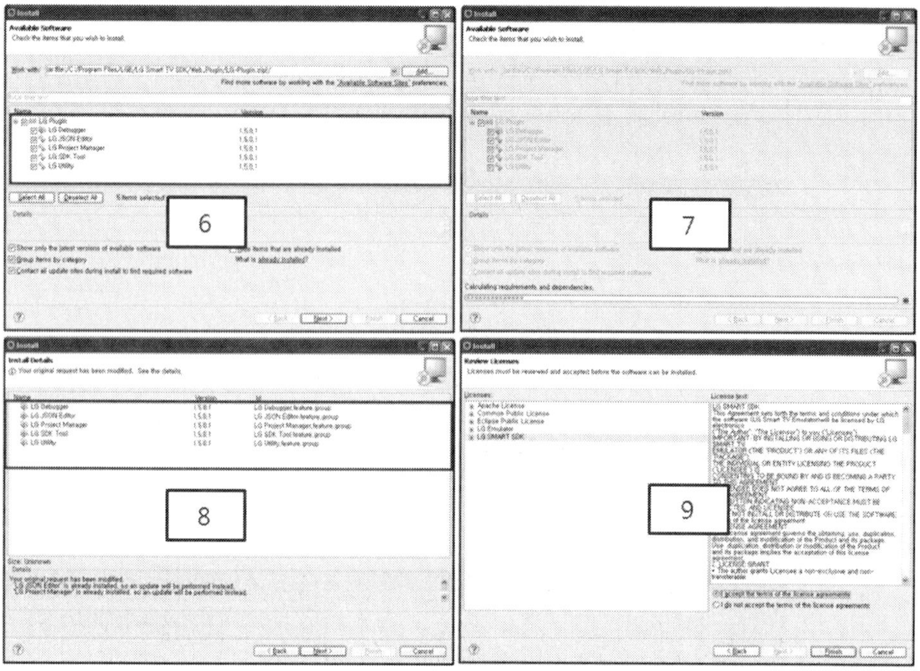

[그림 6-32] 나머지 Web 어플리케이션 IDE 개발 플러그인 설치화면

사용권 계약에 동의를 한 뒤 Finish 버튼을 클릭을 하면 플러그인 설치가 진행된다. 설치 도중 보안 경고 창이 나타나면 'OK' 버튼을 클릭을 하며, 설치가 종료된 후에는 컴퓨터를 재부팅하도록 한다.

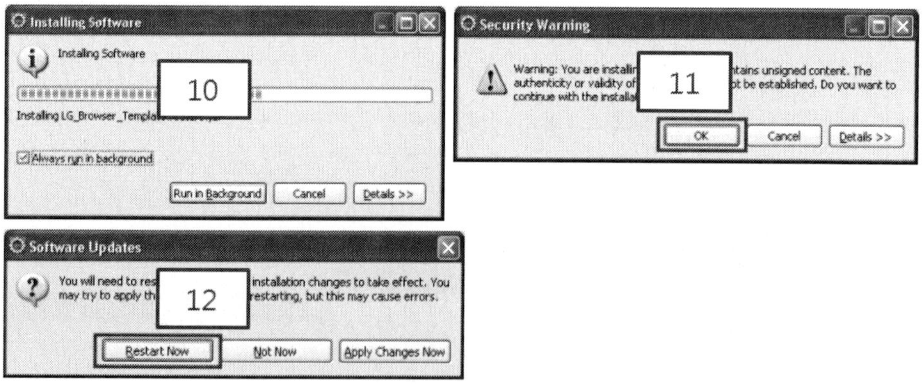

[그림 6-33] Web 어플리케이션 IDE 개발 플러그인 설치진행 및 완료화면

6.3.3 LG Flash 어플리케이션 개발 IDE 플러그인

Flash 어플리케이션 개발 IDE 플러그인은 Flash 기반에서 LG 스마트 어플리케이션을 개발하기 위하여 사용된다. Web 어플리케이션 개발 IDE와 마찬가지로 Flash 어플리케이션 개발 IDE에서도 요구사항이 필요하다. 요구사항은 [표 6-2]와 같으며 Adobe Flash Player 버전 9 이상과 Adobe Flash CS 4 이상의 프로그램이 설치되어 있어야 한다.

[표 6-2] Flash 어플리케이션 IDE 플러그인 소프트웨어 요구사항

항 목	요구사항
Adobe Flash Player	Version 9 or higher
Adobe Flash CS 4	Adobe Flash CS 4 or higher

LG Flash IDE 플러그인 설치는 MXP 설치를 통해서 이루어진다. 이는 LG 스마트 TV SDK 설치 시 함께 제공되며, 경로는 [그림 6-34]와 같다. 에러 메시지가 나타나거나 한 PC에서 두 개 버전이 이상의 Flash CS가 설치되어 있는 경우에는 [그림 6-35]와 같이 Manage Extension 클릭을 통해 문제를 해결하면 된다. [그림 6-36]은 Flash 어플리케이션 IDE 개발 플러그인 설치를 진행하는 화면이다. 사용권 계약에 동의한 뒤 바로 설치가 진행된다. [그림 6-37]은 Flash 어플리케이션 개발 플러그인 설치가 완료된 화면이다.

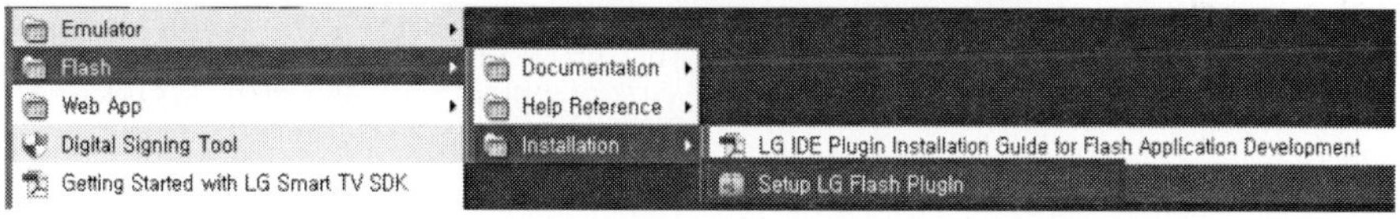

[그림 6-34] Flash 어플리케이션 IDE 플러그인 설치파일 경로

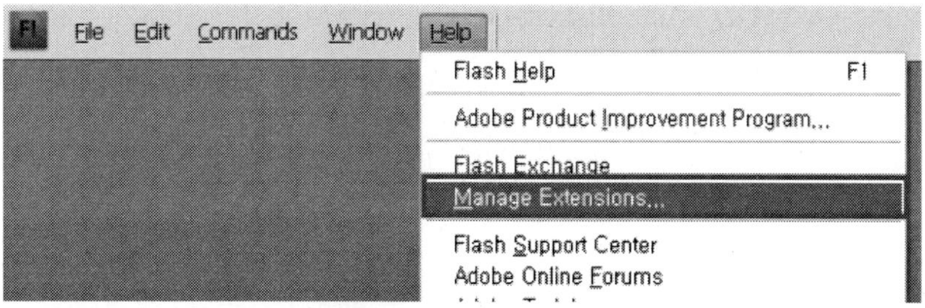

[그림 6-35] 설치 문제 해결

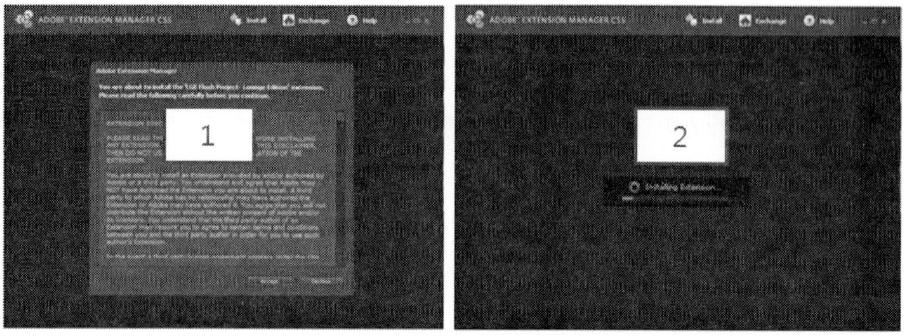

[그림 6-36] Flash 어플리케이션 개발 IDE 플러그인 설치화면

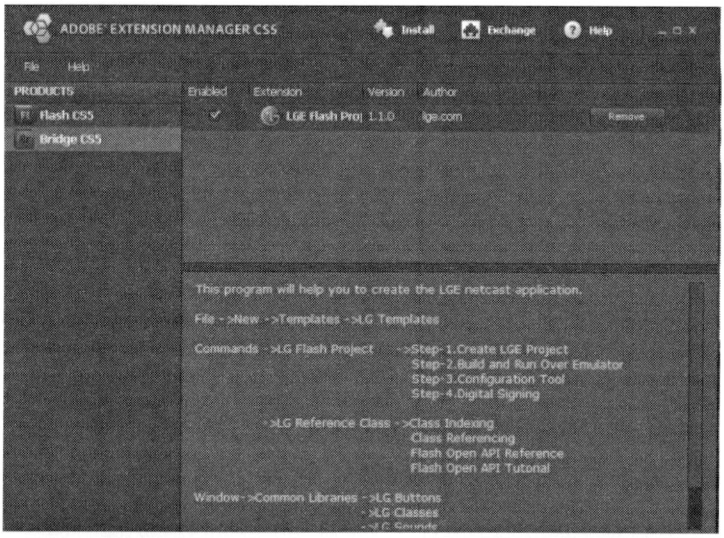

[그림 6-37] Flash 어플리케이션 개발 플러그인 설치완료 화면

6.4 프로젝트 시작

본 절에서는 삼성 스마트 TV 어플리케이션을 개발하기 위한 기본적인 프로젝트를 생성하고 이때 기본으로 생성되는 소스코드에 대한 내용을 알아본다. 삼성 스마트 TV 어플리케이션을 개발하기 위해서는 SDK에서 기본적으로 제공되는 'Samsung TV SDK Apps Editor'를 실행시켜서 프로젝트를 생성하도록 하자. 어플리케이션은 프로젝트 단위로 관리된다. 즉, 프로젝트 하나가 기본적으로 어플리케이션 하나를 의미한다고 보면 된다. 어플리케이션의 시작점은 'index.html'이므로, 어플리케이션의 진

입점으로 'index.html' 파일은 어플리케이션 폴더의 상단에 위치하여 존재해야 한다. 또한, 프로젝트는 어플리케이션의 프로젝트 환경 설정을 담당하는 'config.xml' 파일을 포함한다.

6.4.1 프로젝트 생성

프로젝트 생성은 메뉴의 [파일]->[새 프로젝트]를 통해 생성하거나, 프로젝트 탐색기의 우측 메뉴를 활용하여 생성할 수 있다. 생성된 프로젝트는 윈도우 7, 64비트 운영체제 기준으로 'c:₩Program Files (x86)₩Samsung₩Samsung TV SDK(2.3.2)₩Apps' 폴더에 해당 프로젝트 폴더를 자동으로 생성하여 관리된다.

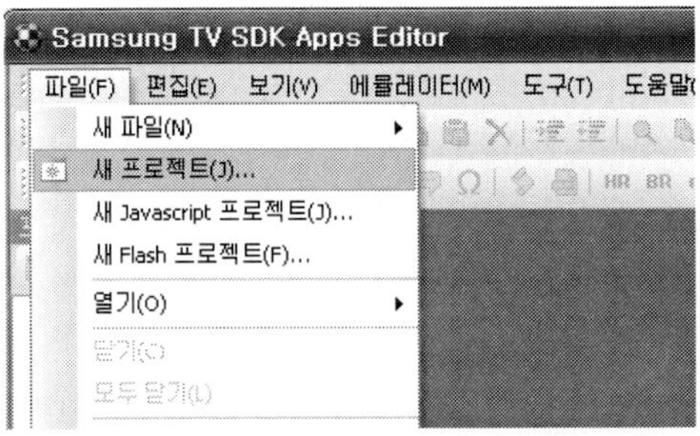

[그림 6-38] 프로젝트 생성 1 - 메뉴 방식

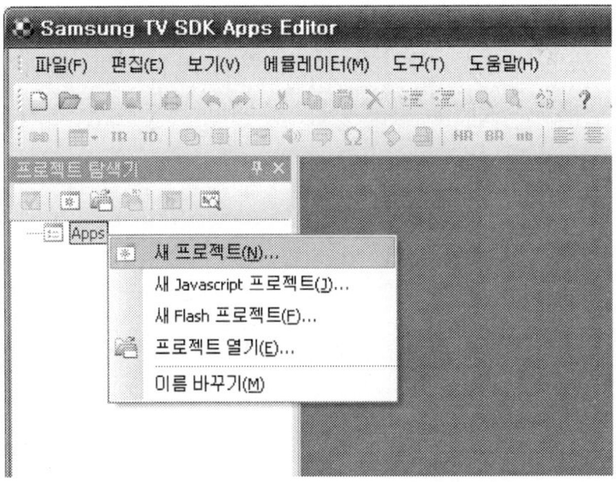

[그림 6-39] 프로젝트 생성 2 - 프로젝트 탐색기 방식

새 프로젝트를 선택하게 되면, 프로젝트 만들기 다이얼로그 박스가 뜬다. 여기에서 원하는 프로젝트 이름을 입력할 수 있다. 여기서 우리는 'CPE_SamsungTV'라고

입력하였다. 상단에 2개의 탭 중에 하나는 '속성' 입력을 할 수 있는 부분인데, 여기서는 생략하도록 하자. 속성은 추후 'config.xml' 파일을 직접 편집하면서 구체적으로 알아보도록 하겠다.

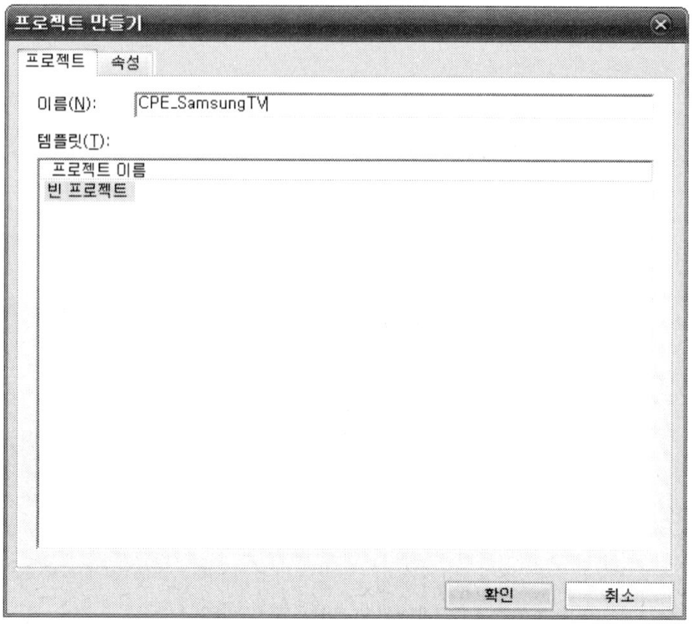

[그림 6-40] 프로젝트 만들기

프로젝트 생성을 마치게 되면, 좌측 프로젝트 탐색기 화면에 해당 프로젝트 이름과 프로젝트 아래 'config.xml' 파일이 자동으로 추가되게 된다.

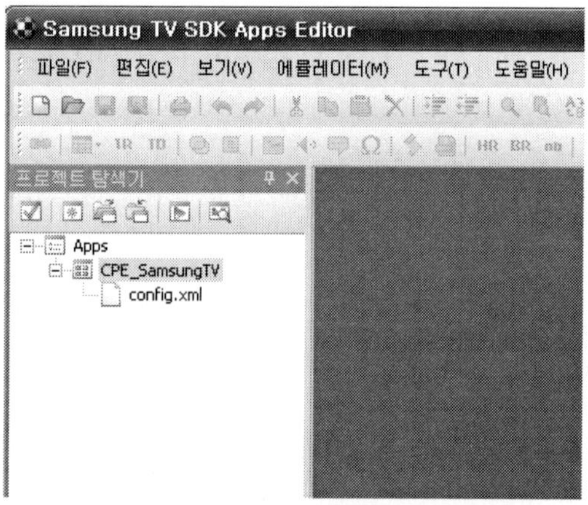

[그림 6-41] 프로젝트 생성한 화면

6.4.2 config.xml 파일

프로젝트를 생성하고 나면, 빈 프로젝트에는 기본적으로 'config.xml' 파일을 자동으로 생성해준다. 이 파일은 어플리케이션이 실행될 때 다른 파일보다 먼저 불러서 어플리케이션의 환경을 설정하는 역할을 한다.

```
001 <?xml version="1.0" encoding="UTF-8"?>
002 <widget>
003   <previewjs></previewjs>
004   <preicon></preicon>
005   <cpname></cpname>
006   <cplogo></cplogo>
007   <cpauthjs></cpauthjs>
008   <ver></ver>
009   <mgrver></mgrver>
010   <fullwidget>n</fullwidget>
011   <srcctl>y</srcctl>
012   <ticker>n</ticker>
013   <childlock>n</childlock>
014   <audiomute>n</audiomute>
015   <videomute>n</videomute>
016   <dcont>y</dcont>
017   <type>user</type>
018   <widgetname></widgetname>
019   <description></description>
020   <width>960</width>
021   <height>540</height>
022   <author>
023     <name>Samsung Electronics</name>
024     <email></email>
025     <link>http://www.pavv.co.kr</link>
026     <organization>Samsung</organization>
027   </author>
028 </widget>
```

- 008번째 줄의 〈ver〉은 어플리케이션의 버전을 나타낸다. 〈ver〉1〈/ver〉로 입력하도록 하자.
- 010번째 줄의 〈fullwidget〉은 Full-Screen인 경우 Y를 한다.
- 011번째 줄의 〈srcctl〉은 채널 전환값이 Source Conversion을 필요로 하는 경우에 Y로 설정한다.
- 014번째 줄의 〈audiomute〉은 Full-Screen인 경우 Y로 해서 어플리케이션 작동 시 음소거한다.

- 015번째 줄의 〈videomute〉도 14번과 마찬가지 이유로 Y로 설정한다.
- 018번째 줄의 〈widgetname〉은 어플리케이션의 이름을 입력한다. CPE Lab이라 하자.
- 019번째 줄의 〈description〉은 어플리케이션의 간단한 설명으로 Samsung Project로 하자.
- 022번째 줄의 〈author〉은 개발자나 저자 정보 부분을 나타낸다.
- 023번째~26번째 줄의 이름을 나타내는 〈name〉은 cpe로, 이메일 부분은 cpe@kw.ac.kr, link 부분은 http://cpe.kw.ac.kr로 organization은 'cpe lab'으로 입력한다.

이외에도 추가적으로 필요한 태그가 있다.

- 〈remote〉태그는 응용프로그램의 원격접속을 허용하기 위해, Y로 설정한다.
- 〈ThumbIcon〉는 106x86 픽셀크기의 이미지, img/icon/tut_106.png, 〈BigThumbIcon〉은 115x95 픽셀크기의 이미지, img/icon/tut_115.png, 〈ListIcon〉은 85x70 픽셀크기의 이미지, img/icon/tut_85.png, 〈BigListIcon〉은 95x78 픽셀크기의 이미지, img/icon/tut_95.png로 각각 설정한다. 아이콘 이미지들은 Smart Hub 화면에서 쓰일 아이콘들을 나타내며 이들은 동일 아이콘 이미지로 크기만 다르게 하여 만들었다.

```
1 <?xml version="1.0" encoding="UTF-8"?>
2 <widget>
  ... 중략 ...
8   <ver>2</ver>
9   <mgrver></mgrver>
10  <fullwidget>y</fullwidget>
11  <srcctl>n</srcctl>
12  <ticker>n</ticker>
13  <childlock>n</childlock>
14  <audiomute>y</audiomute>
15  <videomute>y</videomute>
  ... 중략 ...
18  <widgetname>CPE Lab</widgetname>
19  <description>Samsung Project</description>
    ... 중략 ...
22  <remote>y</remote>
23  <ThumbIcon>img/icon/tut_106.png</ThumbIcon>
24  <BigThumbIcon>img/icon/tut_115.png</BigThumbIcon>
```

```
  <ListIcon>img/icon/tut_85.png</ListIcon>
  <BigListIcon>img/icon/tut_95.png</BigListIcon>
  <author>
    <name>cpe</name>
    <email>cpe@kw.ac.kr</email>
    <link>http://cpe.kw.ac.kr</link>
    <organization>cpe lab</organization>
  </author>
</widget>
```

6.5 스마트 TV 화면 작성

스마트 TV 화면을 작성하기 위해서는 기본적으로 웹 프로그래밍 언어에 대한 이해가 선행되어야 한다. 여기서는 HTML과 CSS를 사용하여 TV 화면상에 채널 및 볼륨의 정보를 표시하는 부분의 화면작성을 해보도록 하겠다.

6.5.1 HTML 작성

화면의 채널 및 볼륨 정보를 표시하여 주는 부분의 HTML 작성하여 보도록 하겠다. 다음 소스코드는 index.html 일부를 발췌한 것이다.

```
<!DOCTYPE HTML PUBLIC "-//W3C//DTD HTML 4.01//EN"
"http://www.w3.org/TR/html4/strict.dtd">
<html>
 <head>
   ... 중략 ...
  <script type="text/Javascript" language="Javascript"
     src="Javascript/Main.js"></script>
   ... 중략 ...
  <!--Style-->
  <link rel="stylesheet" type="text/css" href="css/Main.css">
   ... 중략 ...
 </head>
 <body onload="Main.onLoad();">
   <div id="caption">Welcome to CPE Lab</div>
   <a href="Javascript:void(0);" id="anchor" onkeydown="keyDown();"></a>
 </body>
</html>
```

HTML 페이지에서는 스타일을 적용하기 위해 div 태그를 사용하였다.

- 14번째 줄을 보면 div태그를 사용하여, id값으로 caption을 지정하였다. 이 부분은 채널 및 볼륨의 정보를 표시해주기 위한 영역의 역할을 할 부분으로 쓰일 것이다. HTML이 화면 구성의 기본 골격을 제공해 준다면, 세부 디자인적 요소는 CSS를 통해서 적용하도록 하겠다.
- 10번째 줄에서는 화면의 디자인 기능을 추가하기 위하여 Main.css를 사용하고 있음을 보여준다. Main.css에 대해서는 뒷부분에서 소개한다.

6.5.2 CSS를 통한 화면 스타일 구성

HTML에서 화면 구성의 기본 골격을 완성하였다면, 디자인적인 요소를 세부적으로 기술하기 위해서, CSS를 사용하도록 하겠다. CSS의 기본적인 사용법을 숙지하였다면 다음의 소스코드를 보면 쉽게 이해할 수 있을 것이다. 다음 소스코드는 Main.css의 전체 소스코드를 나타낸 것이다.

```
01 body {
02          margin: 0;
03          padding: 0;
04          background-color:transparent;
05 }
06
07 #caption{
08      position: absolute;
09      left:0px;
10      top:0px;
11      width:394px;
12      height:94px;
13      color:#FFFFFF;
14      background-image:url('/img/caption/caption_bg.png');
15      font-size:30px;
16      text-align:left;
17      padding:30px 40px;
18      background-repeat: no-repeat;
19  }
```

- 07번째 줄에서 #caption을 나타낸다. 이 부분은 HTML의 id값이 caption인 부분, 즉 HTML에서 id=caption인 부분의 스타일로 적용되는 것을 작성한 것이다.

- ► 08번째 줄의 position: absolute; 는 절대위치 방식의 위치 표현 방식을 취한다는 것이다.
- ► 09~12번째 줄은 caption이 적용될 위치와 영역을 나타내는 역할을 한다.
- ► 13번째 줄은 글자색깔로 흰색을 나타내는 것을 의미한다.
- ► 14번째 줄에선 배경으로 쓰일 이미지 그림을 상대경로 /img/caption/caption_bg.png에서 가져온다는 것을 의미한다.
- ► 15~16번째 줄은 폰트사이즈는 30px로 정렬방식은 왼쪽정렬로 하는 것을 의미한다.
- ► 17번째 줄은 여백을 나타낸다. 여기서는 상하 30px 좌우 40px를 지정했다.
- ► 18번째 줄에서 배경의 반복 표현은 하지 않도록 설정했다.

6.5.3 결과 화면

[그림 6-43]은 지금까지 작성한 화면을 에뮬레이터를 위해 실행하기 위한 화면을 보여준다. 해당 프로젝트를 선택한 후, 마우스 우측을 클릭한다. 메뉴에서 에뮬레이터로 실행하기를 선택한다. 그러면, 에뮬레이터에 결과 화면이 출력된다. 출력되는 화면을 이용하면서 원하는 디자인으로 작업을 보완하면서 작업을 진행하도록 한다.

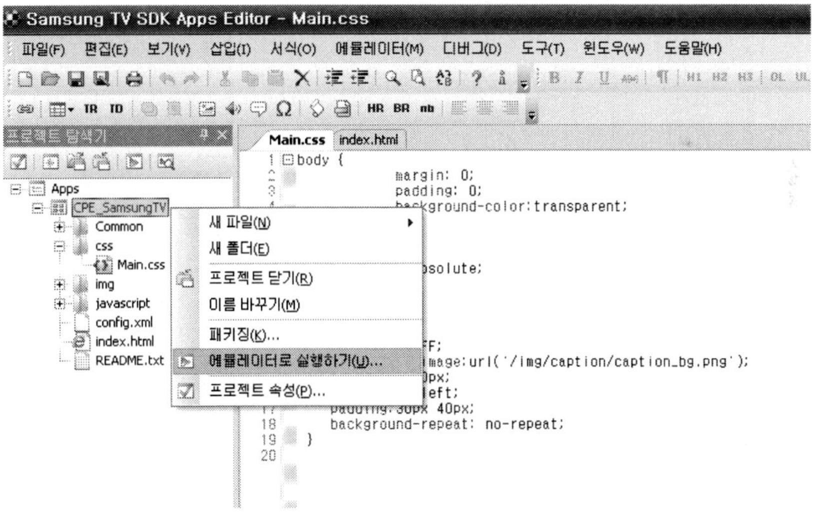

[그림 6-42] 어뮬레이터로 실행하기

[그림 6-43] 디자인한 결과화면 출력

제 7 장

효율적인 스마트 TV 제어를 위한 EPG 정보 제공

7.1 EPG 정보와 웹 페이지 파싱

본 절에서는 스마트폰을 이용하여 효율적으로 스마트 TV를 제어하기 위해서는 사용자에게 방송 정보를 제공해야 한다. 사용자는 방송정보를 기반으로 자신이 선호하는 프로그램을 방송하는 채널을 시청할 수 있다. 이러한 채널의 방송정보를 EPG(Electronic Program Guide)라고 한다.

본 절에서는 EPG 정보에 대해 설명하고, EPG 정보를 제공하는 Naver 모바일 웹 페이지를 소개한다. 그리고 Naver에서 제공하는 EPG 정보 중에서 필요한 부분만 추출하는 파싱(Parsing)과정에 대해 설명한다. 본 절에서 파싱은 Java Open Library인 Jericho HTML Parser를 이용하였다.

7.1.1 EPG 정보

EPG는 다채널 방송을 하는 지상파, 케이블, 위성방송 사업자가 시청자의 채널 편의성 제공을 위해 운영하는 프로그램 안내 전문 채널을 말한다. 이렇게 TV에서 EPG 정보를 제공하고 있지만 TV에서 직접 EPG 정보를 안드로이드 폰으로 전송하는 것은 매우 어려운 문제이다. 또한 일반 TV는 일반개발자들에게 정보가 공개되어 있지 않아 일반 개발자가 일반 TV로부터 EPG 정보를 안드로이드 폰으로 전송하는 것은 사실상 불가능하다. 그리고 일반 개발자들에게 개발환경을 제공하는 스마트 TV는 스마트 TV 개발회사에 제공하는 문서를 토대로 개발하여야 하는데 아직 EPG 정보와 관련된 문서가 제공되고 있지 않기 때문에 TV로부터 EPG 정보를 안드로이드 폰으로 전송하는 것은 매우 어려운 일이다. 그래서 본 도서에서는 웹 페이지에서 제공하는 EPG 정보를 파싱하였다.

모바일 웹 페이지는 일반 웹 페이지보다 가볍기 때문에 파싱하는 속도가 빠르고, 네트워크 사용량도 작아 모바일 웹 페이지를 선택하였다. 그리고 여러 개의 포털 사이트 중에서 파싱하였을 때 사용자들이 가장 많이 사용하는 Naver의 모바일 웹 페이지를 이용하였다. 모바일 네이버 웹 페이지에서 시간별과 채널별로 지상파, 케이블, 스카이라이프, 해외 위성으로 나누어 모든 채널의 편성 정보를 날짜와 시간대 별로 제공하고 있다.

[그림 7-1]은 Naver의 TV 편성 정보를 나타내는 모바일 웹 페이지를 나타내고 있다. EPG정보를 제공하는 Naver 모바일 웹 페이지의 주소는 'http://m.tvguide.naver.com/program/list.nhn?menu=1&groupId=1&chNo=9&date=20111123&classId='이다. 이 주소는 일정한 패턴을 가지고 있다. 'groupId'는 지상파, 케이블,

스카이 라이프, 해외 위성을 구분하는 값이고, 'chNo'는 해당 채널의 숫자를 나타내는 값이다. 그리고 'date'는 날짜를 의미하는 값이다. 그러므로 'groupId', 'chNo', 'date'의 값을 바꾸면 원하는 채널, 원하는 날짜의 TV 채널 정보를 볼 수 있다.

[그림 7-1](a)는 현재 지상파 채널 정보를 나타낸 화면이고, [그림 7-1](b)는 2011년 06월 24일 금요일 KBS1 TV의 채널 편성 정보를 나타낸 화면이다. [그림 7-1](c)는 2011년 06월 24일 금요일에 케이블 채널인 OCN의 채널 편성 정보를 나타낸 화면이다. Naver에서 제공하는 TV 채널 정보는 단순한 시간과 방송 명만 나타내고 있는 것이 아니라 해당 방송이 재방송 여부, 수화방송 여부와 연령 제한 등에 정보를 제공하고 있다. 이러한 정보는 사용자 채널 제어, 청각 장애인을 위한 수화 방송 추천, 사용자의 TV 채널 사용 패턴을 분석하여 사용자가 선호할만한 채널 추천 등 다양한 응용 서비스를 개발하는데 활용할 수 있을 것이다.

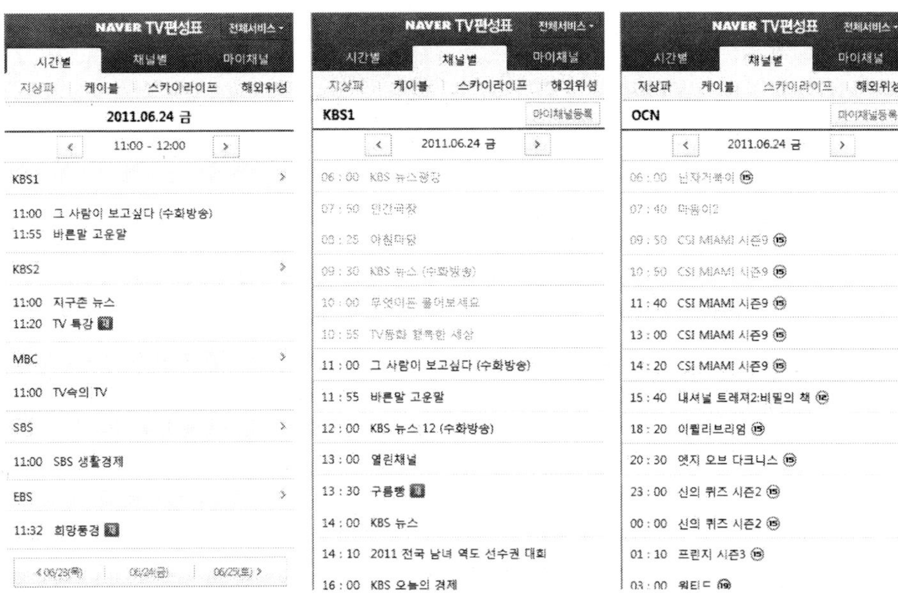

(a) (b) (c)

[그림 7-1] 웹페이지에서의 EPG 정보 (a) 현재 지상파 채널 정보, (b) KBS1 TV 채널 정보, (c) OCN 채널 정보

7.1.2 웹 페이지 파싱

웹 페이지에는 필요한 부분 말고 필요하지 않은 부분들까지 포함하고 있다. 예를 들면 텍스트의 위치, 텍스트 크기, 이동 경로, 다양한 헤더 등 웹 페이지에는 방송 정

보 이외에도 다양한 정보들이 있어 필요한 부분만을 추출하는 과정이 필요하다. 이렇게 필요한 부분만 추출하는 것을 파싱이라고 한다.

[그림 7-2]는 [그림 7-1](a) 웹 페이지를 HTML언어로 나타낸 부분 중 KBS1 TV의 채널 정보를 나타낸 부분의 화면을 캡처한 것이다. [그림 7-2]에서 필요한 부분은 채

[그림 7-2] 현재 지상파 채널 정보를 나타내는 화면을 HTML 언어로 나타낸 부분 캡처화면

널명인 'KBS1'과 방송 이름인 '그 사람이 보고싶다.', '바른말 고운말' 그리고 방송 시간인 '11:00', '11:55'의 정보가 필요하고 나머지 부분 텍스트 위치나 크기, 이동경로와 헤더 등은 본 절에서는 필요 없는 부분이다.

[그림 7-1](b)와 [그림 7-1](c)도 [그림 7-2]와 유사하게 만들어져 있다. 필요한 부분인 채널명, 방송 이름, 방송 시간부분이 있고, 텍스트 위치나 크기, 이동경로와 헤더 등 필요 없는 부분으로 이루어져 있다. 이렇게 HTML은 필요한 정보를 나타내기 위해서 다양한 헤더들이 붙어 복잡하게 이루어져 있다.

안드로이드에서 HTML 언어로 만들어진 웹 페이지를 파싱하기 위해서 외부 라이브러리를 사용하는데 그 이유는 eclipse와 안드로이드에서 제공하는 라이브러리에서는 파싱하기 위한 라이브러리를 제공하고 있지 않기 때문이다. 안드로이드에서 웹 페이지를 파싱하는데 자주 사용하는 라이브러리로는 HTML Cleaner와 XML Pullparser, Jericho HTML Parser가 있다. HTML Cleaner는 복잡한 HTML로 만들어진 웹 페이지를 간단한 XML로 바꾸어 주는 라이브러리이다. 이렇게 XML로 바뀐 것을 MLX Pullparser를 이용하여 XML 태그별로 원하는 정보를 파싱할 수 있다. HTML Cleaner와 XML Pullparser는 같이 짝을 이루어 사용되고 있다.

본 절에서는 HTML Clenaer와 XML Pullparser보다 간단히 파싱할 수 있는 본 개발에서 선택한 Jericho HTML Parser를 설명한다. Jericho HTML Parser는 HTML 태그를 포함하여 서버쪽 태그 분석이 가능한 자바 기반의 오픈소스 라이브러리로 이 Jericho HTML Parser를 이용하면 웹 페이지를 쉽고 빠르게 파싱할 수 있다. Jericho Parser는 'http://jerichohtml.sourceforge.net/docs/index.html'에서 다운 받을 수 있다. 또한 해당 페이지에 접속해 보면 Jericho HTML Parser의 특징과 간단한 예제 소스코드들이 포함되어 있어 Jericho HTML Parser 활용을 용이하게 해준다.

eclipse에서 외부 라이브러리를 사용하기 위해서는 eclipse에서 따로 추가하는 과정이 필요하다. 먼저 Jericho HTML Parser를 다운로드받을 수 있는 사이트에 접근하여 Jericho HTML Parser를 다운받는다. 여기서는 2011년 4월 20일에 릴리즈된 3.2 버전 파일명 'jericho-html-3.2.zip' 파일을 적당한 위치에 다운로드받고 eclipse를 실행시킨다. 그리고 [그림 7-3](a)와 같이 Jericho HTML Parser를 활용하고자 하는 프로젝트를 선택해서 마우스 우 클릭을 한다. 우 클릭을 하면 [그림 7-3](a)와 같은 메뉴가 나오는데 이 항목 중에서 'Properties' 항목을 선택한다. 'Properties' 항목을 선택하면 [그림 7-3](b)와 같은 화면이 나타난다. 좌측의 여러 항목 중에서 'Java Build Path' 항목을 선택하고 'Libraries' 탭을 선택한다. 'Libraries' 탭에서 외부 라이브러리를 추하는 항목인 'Add External JARs'를 선택한다. 'Add External JARs'

항목을 선택하면 [그림 7-3](c)같이 추가할 라이브러리를 선택하는 화면이 나오는데 이 화면에서 'jericho-html-3.2'파일을 선택하고 '열기' 버튼을 선택한다. 그러면 [그림 7-3](d)와 같이 'Library' 탭에 'jericho-html-3.2.zip' 파일이 추가된 것을 확인할 수 있다.

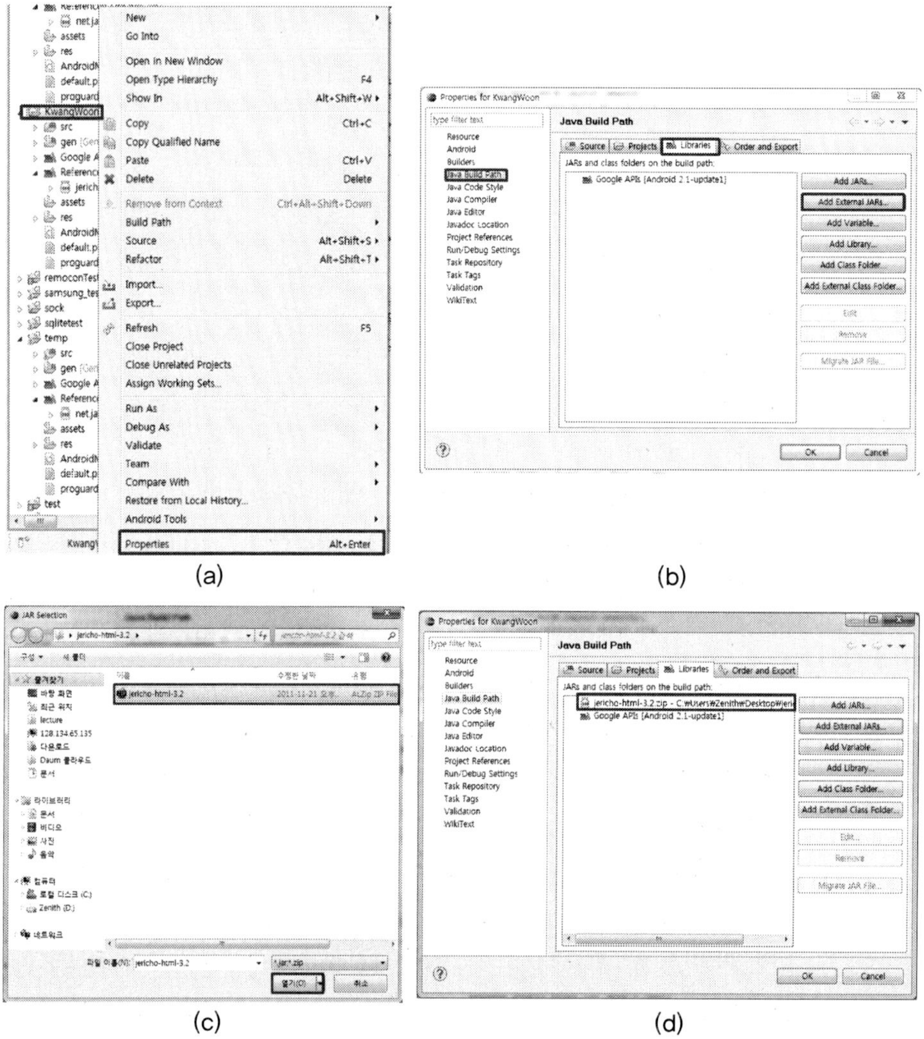

[그림 7-3] eclipse에 외부 라이브러리 추가 (a) 외부 라이브러리인 'jericho-HTML-parser'를 추가할 프로젝트 선택, (b) eclipse에서 외부 라이브러리 추가 항목 선택, (c) Jericho HTML Parser 파일 선택 화면, (d) Jericho HTML Parser가 추가가 완료된 화면

본 절에서 웹 페이지를 파싱하기 위해 Jericho HTML Parser에서 제공하는 getRenderer() 함수를 이용하여 웹 페이지를 파싱하였다. getRenderer() 함수는 웹 페이지의 HTML을 String 문자열로 바꿔주는 역할을 한다. 이렇게 getRenderer() 함수를 이용해서 [그림 7-1]의 웹 페이지를 파싱하는데 안드로이드 에뮬레이터에 기준으로 2~3초 정도의 시간이 걸린다. 실제 핸드폰에서 하면 핸드폰의 기종에 따라 다르지만 대략 1초 정도의 시간이 걸린다. [그림 7-4]는 [그림 7-1](c) YTN 채널 정보 화면을 getRenderer() 함수를 이용하여 파싱한 텍스트 정보를 나타내고 있다.

```
YTN

마이채널등록

[이전]이전 </program/list nhn?menu=1&groupId=2&chNo=24&date=20110626>
2011.06 27 월 [다음] 다음
</program/list nhn?menu=1&groupId=2&chNo=24&date=20110628>

  * 05 : 27 뉴스 출발 2부
  * 05 : 57 뉴스 출발 3~4부
  * 06 : 59 뉴스 출발 5~6부(자막)
  * 07 : 59 뉴스 오늘 1부
  * 09 : 00 뉴스 오늘 2부
  * 10 : 00 뉴스현장 1부(자막)
  * 11 : 00 뉴스현장 2부
  * 11 : 59 YTN 24(자막)
  * 12 : 35 세계 세계인
  * 12 : 59 뉴스&이슈 1부
  * 13 : 59 뉴스&이슈 2부 - 돌발영상
  * 15 : 00 뉴스와이드(자막)
  * 16 : 00 뉴스Q 1,2부
  * 16 : 59 뉴스Q 3.4부 - 돌발영상
  * 17 : 59 YTN 이브닝 뉴스 1~2부
  * 19 : 00 YTN 이브닝 뉴스 3~4부 - 돌발영상
  * 20 : 00 뉴스와이드(자막)
  * 21 : 00 YTN 24
  * 21 : 35 세계 세계인 [재방송]재방송
  * 21 : 59 YTN 투나잇 1부 - 돌발영상
  * 23 : 00 YTN 투나잇 2부(자막)
  * 00 : 00 YTN 24
  * 00 : 30 골프24
  * 01 : 00 YTN 24
  * 01 : 30 네트워크 뉴스 [재방송]재방송
  * 02 : 00 YTN 24
  * 02 : 35 수사다큐-끝나지 않은 이야기
  * 03 : 00 YTN 24
  * 03 : 23 스포츠 뉴스 [재방송]재방송
  * 03 : 35 YTN 사이언스24
  * 04 : 00 YTN 24
  * 04 : 20 골프24 [재방송]재방송
  * 04 : 50 뉴스 출발 1부

06/26(일) </program/list.nhn?menu=1&groupId=2&chNo=24&date=20110626>
06/27(월) </program/list.nhn?menu=1&groupId=2&chNo=24&date=20110627>
06/28(화) </program/list.nhn?menu=1&groupId=2&chNo=24&date=20110628 >

-----------------------------------------------------------------
-----------------------------------------------------------------
웹위로

전체서비스

전체서비스 건너뛰기 <#u_ftlkw>
  * 네이버홈 <http://m.naver.com>
  * 스포츠 <http://m.news.naver.com/main.nhn?mode=LSD&sid1=107>
  * 뉴스 <http://m.news.naver.com>
  * 날씨 <http://m.weather.naver.com>
  * 카페 <http://m.cafe.naver.com>
  * 메일 <http://m.mail.naver.com>
  * 지식iN <http://m.kin.naver.com>
  * 커뮤니케이션캐스트 <http://m.commcast.naver.com>
  * 블로그 <http://m.blog.naver.com>
  * 미투데이 <http://m.me2day.net>
  * 증권 <http://m.stock.naver.com>
  * 부동산 [New] <http://m.land.naver.com/>
  * 웹툰 <http://m.comic.naver.com>
  * TV편성표 <http://m.tvguide.naver.com>
  * 영화 <http://m.movie.naver.com/m/category/movie/CurrentMovie.nhn>
  * 윙스푼 <http://m.wingbus.com/city/index.nhn>
  * 책 <http://m.book.naver.com>
  * 영어사전 <http://m.endic.naver.com>
  * 일본어사전 <http://m.jpdic.naver.com/main.nhn>
  * 캘린더 <http://m.calendar.naver.com>
  * 주소록 <http://m.contact.naver.com>
  * N드라이브 <http://m.ndrive.naver.com>
  * 포토앨범 <http://m.nphoto.naver.com>
  * 가계부 <http://moneybook.naver.com/m/smry.nhn>
  * 메모 [New] <http://m.me.naver.com/mobile/index.nhn?vMode=m>
로그인 <https://nid.naver.com/nidlogin.login?svctype=262144> 전체 앱
<http://mobile.naver.com/application/safariApp.nhn> PC버전
<http://tvguide.naver.com/?viewType=pc> 전체서비스 펼치기
© NHN Corp. <http://www.nhncorp.com> ©epg 도움말
<http://m.help.naver.com/faq/list.nhn?falias=mo_tv_web>
```

[그림 7-4] Jericho HTML parser를 이용하여 YTN 채널을 파싱한 텍스트 정보

케이블 TV나 스카이 라이프 TV와 같은 경우 상당히 많은 채널이 있어 이 채널들을 사용자가 원할 때마다 웹 페이지를 파싱하여 보여줄 경우 시간이 오래 걸리고, 매번 무선 데이터 통신을 해야 하는 등의 문제가 있다. 또한 사용자가 이전에 봤던 정보를 다시 요구할 때마다 웹 페이지를 파싱하면 또 1초 정도의 시간을 기다려야 하는 문제가 발생한다. 이러한 문제를 해결하기 위해 한 번 사용자가 본 TV 채널 편성 정보를 안드로이드 폰 내부의 .txt 파일에 저장하여 한 번만 파싱하면 다음번에 같은 채널의 채널 정보를 요청하면 해당 채널의 채널 편성 정보를 저장되어있는 .txt 파일을 찾아 사용하도록 하여 파싱하는 딜레이를 단축시켜 사용자에게 보다 효율적인 서비스를 제공한다.

안드로이드 내부 메모리에 저장되는 .txt 파일은 '채널 명_오늘의 날짜.txt' 형식으로 저장된다. 이렇게 저장되는 txt 파일은 계속 저장되다 보면 문제가 발생하므로 이러한 txt 파일은 계속 저장되는 것이 아니라 오늘이 지나면 해당 txt 파일을 삭제하도록 프로그래밍하여 사용하지 않는 txt 파일이 계속 생성되는 문제를 해결하였다.

```
001 //오늘 날짜 계산
002     SimpleDateFormat format = new SimpleDateFormat("yyyy.MM.dd", Locale.KOREA);
003     Date today = new Date();
004     String time = format.format(today);
005     String theDay = Time.replace(".", "");
006
007 //1일 전
008     Date ago = new Date(today.getTime()-(long)(1*24*60*60*1000));
009     String agoTime = format.format(ago);
010     String agoDay = agoTime.replace(".", "");
011
012 String sourceUrlStringYTN="http://m.tvguide.naver.com/program/list.nhn?
menu=1 &groupId=2&chNo=24&date="+theDay+"&classId=";
013      try {
014         Source source = new Source(new URL(sourceUrlStringYTN));
015      String YTN=source.getRenderer().toString();
016      System.out.println(YTN);
017      FileOutputStream fos=openFileOutput("YTN_"+theDay+".txt", Context.MODE_
WORLD_READABLE);
018      fos.write(YTN.getBytes());
019      fos.close();
020      String yesterday = "YTN_"+agoDay+".txt";
021      deleteFile(yesterday);
022      }catch (Exception e){
023      Log.e("IO error", "C: Error", e);
024     }
```

- ► 002번째 줄은 시간을 계산할 위치와 출력 형식을 선언한다.
- ► 003번째 줄은 새로운 **date()**를 만들어 현재 시간과 날짜를 저장한다.
- ► 004번째 줄은 003번째 줄에서 받은 현재 시간과 날짜를 002번째 줄에서 선언한 위치와 출력형식으로 바꾸어 time 변수에 저장한다.
- ► 005번째 줄은 4번째 줄에서 저장한 날짜의 형식은 'yyyy.MM.dd'인데 naver 모바일 웹 페이지에는 '.'이 없기 때문에 '.'을 지운다.
- ► 008~010번째 줄은 오늘 날짜에서 하루만큼의 날짜를 빼 하루 전 날짜를 만든다.
- ► 012번째 줄은 채널 정보를 받아오는 naver 모바일 웹 페이지의 주소이다.
- ► 014번째 줄은 012번째 줄에서 선언한 웹 페이지 주소를 source 변수에 저장한다.

- 015번째 줄은 source 변수에 저장되어 있는 웹 페이지 주소의 텍스트를 스트링 변수 'YTN'에 저장한다.
- 017 텍스트 파일에 저장하기 위해 저장할 텍스트 파일을 연다.
- 018번째 줄은 'YTN' 변수에 저장되어 있는 텍스트를 017줄에서 열은 텍스트 파일에 저장한다.
- 019번째 줄은 017번째 줄에서 오픈한 텍스트 파일을 닫는다.
- 020번째 줄은 어제 날짜로 된 파일 명을 변수 yesterday 변수에 저장한다.
- 021번째 줄은 020번째 줄에서 저장한 yesterday의 이름을 갖는 파일이 있으면 삭제한다.

txt 파일로 저장된 텍스트는 웹 페이지에서 쓸모없는 헤더들은 없어 졌지만 아직 필요 없는 정보들이 많이 있다. txt 파일로 저장되어 있는 채널 정보 중에서 필요한 부분만을 추출하기 위해 StringTokenizer() 함수를 사용하여 텍스트를 '₩r₩n'가 나타날 때 마다 새로운 String[] 배열을 만들어 저장하도록 하였다. 여기서 '₩r₩n'는 다음 줄을 의미하는 것으로 [그림 7-4]에서 방송 시간과 방송 정보가 한줄 한줄 나와 있는 것을 확인할 수 있다. 그래서 본 절에서는 txt 파일의 줄 수만큼 String[] 배열을 만들어 저장하였다. 저장된 String[] 배열에서 채널 정보가 시작되는 부분을 찾아 내어 그 부분부터 안드로이드 폰에 차례대로 나타내도록 프로그래밍하였다.

```
001 FileInputStream fis = openFileInput("YTN_"+day+".txt");
002      byte[] data = new byte[fis.available()];
003      while(fis.read(data)!= -1){;}
004              fis.close();
005              String AllData = new String(data);
006              StringTokenizer st = new StringTokenizer(AllData,"\r\n");
007              int tokens = st.countTokens();
008              int i;
009              String token[] = new String[200];
010              for(i=0;i<tokens;i++){
011                      token[i] = st.nextToken();
012                      int pos = token[i].indexOf("*");
013                      if(pos == -1){
014                      token[i] = "";
015                      }
016              }
```

- 001번째 줄은 해당 채널의 오늘 날짜로 된 텍스트 파일을 연다.

- 003번째 줄은 해당 파일의 텍스트를 모두 읽는다.
- 005번째 줄은 003번째 줄에서 읽은 텍스트를 'AllData' String 변수에 저장한다.
- 006번째 줄은 `StringTokenizer()` 함수를 이용하여 'AllData'에 저장되어 있는 텍스트를 '₩r₩n'이 나타날 때마다 새로운 `String[]` 배열에 저장한다.
- 007번째 줄은 '₩r₩n'로 나누어 저장한 `String[]` 배열의 개수를 int 변수인 tokens에 저장한다.
- 010번째 줄은 i가 0부터 007에서 저장한 tokens의 개수와 같아 질 때까지 i의 크기를 1씩 증가시킨다.
- 011번째 줄은 006번째 줄에서 `StringToeknizer()` 함수를 이용하여 나누었던 텍스트를 token[i] 배열에 순서대로 저장한다.
- 012번째 줄은 naver 모바일 웹 페이지에서 제공하는 TV 채널 정보 앞에 '*'가 있으므로 이를 찾기 위해 indexof() 함수를 이용하여 token[i] 배열에 '*'가 포함되어 있는지 여부를 확인한다. 만약 있으면 '*'의 텍스트 위치를 숫자 값으로 리턴하고, 없으면 -1을 리턴한다.
- 013~014번째 줄은 012번째 줄에서 계산한 '*'의 위치 값이 -1로 '*'이 없는 걸로 나오면 해당 token[i] 배열의 텍스트는 필요 없는 정보이므로 해당 token[] 배열의 내용을 지운다.

7.2 안드로이드에서 EPG 정보 표시

본 절에서는 앞 절에서 파싱한 EPG 정보를 Android 화면에 나타내는 부분을 설명한다. [그림 7-5]는 현재 방송정보를 나타내는 화면으로 이 화면의 정보는 매시간 마다 바뀌기 때문에 .txt 파일에 저장해서 관리하는 것이 아니라 사용자가 방송정보를 요청할 때마다 모바일 웹 페이지에 접근하여 EPG정보를 파싱한다.

[그림 7-5](a)는 현재 방송정보를 제공할 수 있는 채널들을 카테고리 별로 나누어 나타내고 있는 화면이다. 카테고리는 지상파, 케이블, 드라마, 영화, 연예/오락, 스포츠/게임, 어린이, 뉴스/경제, 레저, 여성/패션, 종교 등의 카테고리로 나누고 있다. [그림 7-5](b)는 '연예/오락' 카테고리의 현재 방송정보를 나타내고 있다.

[그림 7-5](a)는 ListView를 이용하여 방송채널 카테고리 리스트를 제공한다. [그림 7-5](a)의 ListView에 `OnItemClickListener()` 함수를 등록하여 사용자가 어떤 카테고리를 터치하는 감지한다. 이렇게 감지된 카테고리를 구분하여 새로운 Intent를

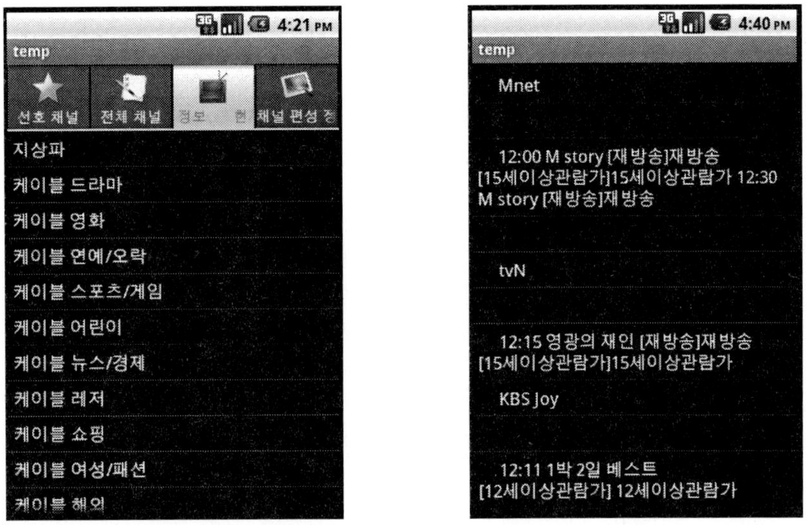

(a) (b)

[그림 7-5] 현재 방송정보를 나타내는 화면 (a) 현재 방송정보를 제공할 수 있는 카테고리를 나타내는 화면, (b) 연예/오락 카테고리의 방송정보 화면

만들고 startActivity() 함수를 이용하여 해당 카테고리의 방송정보를 나타내는 화면의 Activity를 호출한다.

```
public class nowBroadcating extends ListActivity {
     String Ch0 = "지상파";
     String Ch1 = "케이블 드라마";
     String Ch2 = "케이블 영화";
     String Ch3 = "케이블 연예/오락";
                                ......
     String Ch15 = "케이블 교양/정보";
     @Override
     public void onCreate(Bundle savedInstanceState) {
         super.onCreate(savedInstanceState);
               String[] CHANNEL = new String[] {
                                Ch0, Ch1, Ch2, Ch3, Ch4, Ch5,Ch6, Ch7, Ch8,
                                Ch9, Ch10, Ch11,Ch12, Ch13, Ch14, Ch15
                           };
         setListAdapter(new ArrayAdapter<String>(this, R.layout.list, CHANNEL));
         ListView lv = getListView();
         lv.setTextFilterEnabled(true);
         lv.setOnItemClickListener(new OnItemClickListener() {
           public void onItemClick(AdapterView<?> parent, View view,
               int position, long id) {
```

```
031            // When clicked, show a toast with the TextView text
032                switch(position){
033                case 0:
034                 Intent intent = new Intent(nowBroadcating.this , nowTV.class);
035                        startActivity(intent);
036                         break;
037                case 1:
038                 Intent intent1 = new Intent(nowBroadcating.this , CableDrama.class);
039                         startActivity(intent1);
040                         break;
                                   ......
093                case 15:
094                Intent intent15 = new Intent(nowBroadcating.this , CableInformation.class);
095                         startActivity(intent15);
096                         break;
097                }
098            }
099          });
100      }
101 }
```

► 001번째 줄은 이 Activity를 일반 Activity가 아닌 ListAcitivity로 설정한다.

► 002~017번째 줄은 ListView의 List인 방송 카테고리 명을 String 변수에 저장한다.

► 021~023번째 줄은 002~017번째 줄에서 저장한 방송 카테고리 명을 'CHANNEL' String[] 배열에 저장한다.

► 025번째 줄은 'CHANNEL' String[] 배열을 ListView의 List 항목으로 설정한다.

► 028~030번째 줄은 ListView에 `OnItemClickListener()` 함수를 등록하여 사용자가 터치한 부분의 순서를 'position' 변수에, List 항목을 'id' 변수에 저장한다.

► 032번째 줄은 사용자가 터치한 부분의 순서를 저자한 변수인 'position' 변수를 이용하여 `switch()` 문을 사용한 부분이다.

► 033~036번째 줄은 'position'의 값이 '0'이면, 그러니까 ListView의 항목 중에서 가장 첫 번째 항목을 터치했을 경우를 의미한다. 첫 번째 항목을 터치하면 새로운 intent를 만들어 지상파 방송의 방송정보를 나타내고 있는 'nowTV.class'를 호출한다.

► 037~049번째 줄은 'position'의 값이 '1'일 때이고, 1은 ListView의 항목 중에서 두 번째 항목을 의미한다. 두 번째 항목을 '케이블 드라마'이고, 케이블 드라마의 방송정보를 나타내고 있는 'CableDrama.class'를 호출한다.

[그림 7-5](b)도 ListView를 이용하여 채널 명과 방송정보를 나타낸다. [그림 7-5](b)에 나타난 채널 명과 방송정보는 [그림 7-5](a)의 케이블 방송 카테고리에서 '케이블 연예/오락' 리스트를 선택하였을 때 나타나는 화면이다. 케이블 방송의 '연예/오락' 카테고리에는 'Mnet', 'tvN', 'KBSJoy' 등의 연예/오락 채널이 있다. 이런 연예/오락 채널에서 현재 방송하고 방송 정보를 나타낸다.

```
public class CableEntertainment extends ListActivity {
     @Override
     public void onCreate(Bundle savedInstanceState) {
         super.onCreate(savedInstanceState);

        String sourceUrlStringCh="http://m.tvguide.naver.com/channel/
        listByProgram Time.nhn?groupId=2&classId= 13&date= "+b+"&hour=
        "+d+"& selectedClassNumber=2";
               try {
                    source = new Source(new URL(sourceUrlStringCh));
                    String Entertainment = source.getRenderer().toString();
                    StringTokenizer st = new StringTokenizer(Entertainment,"\r\n");
               int tokens = st.countTokens();

               int i;
               String token[] = new String[200];
               for(i=0;i<tokens;i++){
                         token[i] = st.nextToken();
                         int pos = token[i].indexOf("*");
                         if(pos == -1){
                         token[i] = "";
                         }
               }
               String Entertainment1 = token[75].replace("*", "");
               String Entertainment2 = token[76].replace("*", "");
               String Entertainment3 = token[77].replace("*", "");
                                   ......
               String Entertainment55 = token[129].replace("*", "");

     String[] CHANNEL = new String[]{Entertainment1, Entertainment2,
                                   ......
                                          Entertainment54, Entertainment55};

         setListAdapter(new ArrayAdapter<String>(this, R.layout.list, CHANNEL));

         ListView lv = getListView();
         lv.setTextFilterEnabled(true);
```

```
084         lv.setOnItemClickListener(new OnItemClickListener() {
085              public void onItemClick(AdapterView<?> parent, View view,
086                       int position, long id) {
087
088                       }
089                  });
090                       }catch(Exception e){
091                                Toast.makeText(getApplicationContext(),
                                   "error",Toast.LENGTH_SHORT).show();
092                       }
093              }
094     }
```

- 006번째 줄은 '케이블 연예/오락' 방송정보를 나타내고 있는 Naver 모바일 웹 페이지 주소이다.
- 008~009번째 줄은 '케이블 연예/오락' 방송정보를 나타내고 있는 naver 모바일 웹 페이지에서 나타내고 있는 모든 텍스트를 'Entertainment' String 변수에 저장한다.
- 010번째 줄은 'Entertainment' 변수에 저장되어 있는 텍스트를 '₩r₩n' 단위로 나눈다.
- 011번째 줄은 010번째 줄에 나눈 텍스트의 숫자를 'tokens' Int 변수에 저장한다.
- 014~016번째 줄은 010번째 줄에서 나눈 텍스트는 'token[]' String 배열에 순서대로 저장한다.
- 017~019번째 줄은 Naver에서 제공하는 방송정보는 해당 방송정보 앞에 항상 '*'를 포함한다. 때문에 '*'을 포함하고 있지 않다면 필요 없는 정보이기 때문에 해당 텍스트는 비워놓는다.
- 022~076번째 줄은 016번째 줄에서 String[] 배열에 저장한 방소정보에서 '*'를 제거하고 새로운 String 변수에 저장한다. 022번째 줄의 token[] 배열의 순서가 1 번이 아닌 이유는 방송정보가 처음부터 연속적으로 나온 것이 아니라 중간인 75부터 방송정보를 포함하고 있기 때문에 75번째 배열에 저장되어 있는 텍스트부터 저장한다.
- 084~089번째 줄은 ListView에 **OnClickListener()** 함수를 등록하여 ListView의 List가 터치되었을 때 터치된 List의 위치를 'position' 변수에 id 값을 'id' 변수에 저장한다. 그리고 087번째 줄부터 이벤트를 처리하도록 프로그래밍 한다. 본 절에서는 처리하는 이벤트가 없기 때문에 비워두었다.

► 090~091번째 줄은 007번째 줄의 try() 문의 catch() 로서 try 문으로 진입하지 못해 에러가 발생했다는 것을 사용자에게 toast() 함수를 이용하여 나타낸다.

[그림 7-6]은 TV에서 제공할 수 있는 채널들의 방송정보를 나타내는 화면이다. [그림 7-6](a)는 TV에서 제공할 수 있는 TV 채널 목록을 나타낸다. 본 절에서는 TV 채널 정보는 TV로부터 채널 정보를 받아 오는 것이 아니라 공중파와 대표적인 케이블 방송 채널을 TV에서 제공한다고 가정하고 [그림 7-6](a)와 같이 공중파와 대표 케이블 방송 채널 리스트를 나타내고 있다. 그리고 가장 위에 리스트인 '채널 정보 받기' 리스트를 터치하면 naver 웹 페이지에 접근하여 EPG 정보를 파싱한다. 파싱한 EPG 정보는 '채널 명_오늘의 날짜.txt' 파일로 저장한다. 저장한 txt 파일을 불러와 방송정보만을 추출하여 [그림 7-6](b)와 같이 해당 채널의 방송 정보를 나타낸다. [그림 7-6](b)는 KBS 2 TV 채널의 오늘 방송정보를 나타내었다.

[그림 7-6](a)는 ListView를 이용하여 TV에서 제공할 수 있는 채널의 리스트를 나타내고 있는 화면이다. [그림 7-6](a)의 ListView에 `OnItemClickListener()` 함수를 등록하여 사용자가 어떤 채널을 터치하는 감지한다. 이렇게 감지된 카테고리를 구분하여 새로운 Intent를 만들고 `startActivity()` 함수를 이용하여 해당 채널의 방송정보를 나타내는 화면의 Activity를 호출한다.

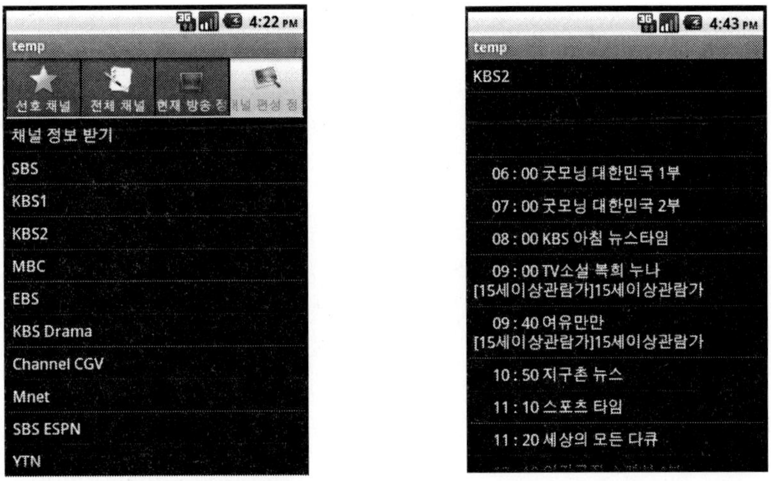

(a) (b)

[그림 7-6] 오늘의 방송정보를 나타내는 화면 (a) 방송정보를 제공할 수 있는 채널 리스트를 나타내는 화면, (b) KBS 2 TV 채널의 방송정보 화면

[그림 7-6](a)는 ListView를 이용하여 TV에서 제공하는 방송채널 리스트를 제공한다. [그림 7-6](a)의 ListView에 `OnItemClickListener()` 함수를 등록하여 사용자가 어떤 방송 채널을 터치하는 감지한다. 이렇게 감지된 채널을 구분하여 새로운 Intent를 만들고 `startActivity()` 함수를 이용하여 해당 채널의 방송정보를 나타내는 화면의 Activity를 호출한다.

```
public class ChannelList extends ListActivity {

  String Ch0 = "채널 정보 받기";
     String Ch1 = "SBS";
......
     String Ch10 = "YTN";

     /** Called when the activity is first created. */
     @Override
     public void onCreate(Bundle savedInstanceState) {
         super.onCreate(savedInstanceState);

              String[] CHANNEL = new String[] {
                                Ch0, Ch1, Ch2, Ch3, Ch4, Ch5, Ch6, Ch7, Ch8,
                                Ch9, Ch10};

         setListAdapter(new ArrayAdapter<String>(this, R.layout.list, CHANNEL));

         ListView lv = getListView();
         lv.setTextFilterEnabled(true);

         lv.setOnItemClickListener(new OnItemClickListener() {
           public void onItemClick(AdapterView<?> parent, View view,
                int position, long id) {
             // When clicked, show a toast with the TextView text
                switch(position){
              case 0:
                Intent intent = new Intent(ChannelList.this , EPGInformation.class);
                        startService(intent);
                        stopService(intent);
                        break;
              case 1:
                Intent intent1 = new Intent(ChannelList.this , EPGInformationSBS.class);
                        startActivity(intent1);
                        break;
              case 2:
                Intent intent2 = new Intent(ChannelList.this , EPGInformationKBS2.class);
                                    ......
              case 10:
```

```
076                 Intent intent10 = new Intent(ChannelList.this , EPGInformationYTN.class);
077                     startActivity(intent10);
078                     break;
079             }
080         }
081     });
082   }
083 }
```

- 003~013번째 줄은 ListView의 리스트 항목들을 String 변수에 저장한다.
- 024번째 줄은 003~013번째 줄에서 저장한 항목들을 ListView의 항목들로 설정한다.
- 034~038번째 줄은 ListView의 리스트 중에서 첫 번째 리스트 항목을 터치하였을 때 처리하는 이벤트를 나타내고 있다. 첫 번째 리스트 항목은 '채널 정보 받기' 항목이다. 이 항목이 터치 되면 새로운 Intent를 생성하여 Naver 웹 페이지에 접근하여 EPG 정보를 파싱하는 Activity를 호출하도록 설정한다.
- 075~038번째 줄은 ListView의 열한 번째 리스트 항목을 터치하였을 때 처리하는 이벤트를 나타내고 있다. 열한 번째 리스트 항목은 'YTN' 항목이다. 이 항목이 터치 되면 새로운 Intent를 YTN의 방송 정보를 나타내는 Activity를 호출하도록 설정한다.

[그림 7-6](b)도 ListView를 이용하여 채널 명과 방송정보를 나타낸다. [그림 7-6](b)에 나타난 채널 명과 방송정보는 [그림 7-6](a)의 채널 리스트에서 'KBS 2' 리스트를 선택하였을 때 나타나는 화면이다. 'KBS 2' 채널의 방송 정보가 06시 '굿모닝 대한민국 1부'부터 차례대로 나타낸다. 그리고 ListView에 **OnItemClickListener()** 함수를 등록하여 리스트의 가장 위에 있는 채널 명을 터치하면 해당 채널로 TV 채널이 변경되도록 채널 변경 메시지를 전송한다. 이때 전송되는 메시지와 HTTP Get 통신은 다음 장에서 설명한다.

```
public class EPGInformationKBS2 extends ListActivity {
    @Override
    public void onCreate(Bundle savedInstanceState) {
        super.onCreate(savedInstanceState);
        MyApplication map = (MyApplication)getApplication();
String b = map.today;
        day = b;
```

```
        try{
            FileInputStream fis = openFileInput("KBS2_"+day+".txt");
            byte[] data = new byte[fis.available()];
            while(fis.read(data)!= -1){;}
            fis.close()
            String AllData = new String(data);
            StringTokenizer st = new StringTokenizer(AllData,"\r\n");
            int tokens = st.countTokens();
            int i;
            String token[] = new String[200];
            for(i=0;i<tokens;i++){
                    token[i] = st.nextToken();
                    int pos = token[i].indexOf("*");
                    if(pos == -1){
                    token[i] = "";
                    }//end if
            }
            String KBS21 = "KBS2";
            String KBS22 = token[44].replace("*", "");
                                ......
            String KBS231 = token[73].replace("*", "");

    String[] CHANNEL = new String[]{KBS21,//KBS22,KBS23,
                                    ......,
                            KBS229,KBS230,KBS231};

        setListAdapter(new ArrayAdapter<String>(this, R.layout.list, CHANNEL));
        ListView lv = getListView();
        lv.setTextFilterEnabled(true);
        lv.setOnItemClickListener(new OnItemClickListener() {
            public void onItemClick(AdapterView<?> parent, View view,
                    int position, long id) {
            if(position == 0){
                    try{

            }catch(Exception e){
                            e.printStackTrace();
                    }
            }
        }
        });
        }catch(Exception e){
            Toast.makeText(getApplicationContext(),"error",Toast.LENGTH_SHORT).show();
        }
    }
```

- 009번째 줄은 방송정보를 저장하고 있는 텍스트를 불러오는 부분으로 [그림 7-6](b)는 KBS2 채널이기 때문에 'KBS2_오늘날짜'로 된 텍스트를 불러오고 있다.
- 013번째 줄은 010~012번째 줄에서 읽은 KBS2 채널 정보 텍스트를 'AllData' String 변수에 저장한다.
- 014번째 줄은 'AllData' 변수에 저장되어 있는 KBS2 채널 정보를 '₩r₩n'을 기준으로 나누어 'st' StringTokenizer 변수에 저장한다.
- 015번째 줄은 '₩r₩n'을 기준으로 나눈 텍스트의 개수를 'tokens' int 변수에 저장한다.
- 017~023번째 줄은 '₩r₩n'을 기준으로 나눈 텍스트를 token[] String 배열에 차례대로 저장한다.
- 025~055번째 줄은 017~023번째 줄에서 저장한 token[] 배열의 텍스트를 새로운 String 변수에 차례대로 저장한다.
- 057~062번째 줄은 025~055번째 줄에서 저장한 텍스트를 'CHANNEL' String[] 배열에 저장하고 있다.
- 063번째 줄은 057~062번째 줄에서 저장한 'CHANNEL' String[] 배열을 ListView의 List 항목으로 설정하고 있다.
- 066~077번째 줄은 ListView에 `OnItemClickListener()` 함수를 등록하여 터치되는 List 항목을 감지한다.

제 8 장

스마트폰-스마트 TV 연동과 인증

8.1 스마트 TV용 이벤트 처리

스마트 TV의 이벤트 처리에는 웹 프로그래밍에서 자바스크립트를 사용하였다. 이벤트 처리 방식을 리모콘과 연관해서 설명하도록 한다. 이를 위해서 스마트 TV에서 제공되는 자바스크립트 라이브러리를 사용할 것이며, 이에 연관하여 스마트 TV 이벤트 처리 루틴에 대해 다룬다.

8.1.1 이벤트와 자바스크립트

메인 페이지에서 이벤트 관련 처리를 위해서 관련 자바스크립트 파일을 포함시켜서 사용하도록 하자. 다음 소스코드는 관련 라이브러리를 포함한 부분을 나타낸다. SDK를 설치하면, 이벤트 관련 자바스크립트 파일들이 Common API 형태로 제공한다.

```
01 <!DOCTYPE HTML PUBLIC "-//W3C//DTD HTML 4.01//EN"
02 "http://www.w3.org/TR/html4/strict.dtd">
03 <html>
04  <head>
05    <meta http-equiv="Content-Type" content="text/html; charset=utf-8">
06    <title>Welcome to CPE World!!!</title>
07    <!-- Common widget API-->
08    <script type="text/Javascript" language="Javascript"
09      src="$MANAGER_WIDGET/Common/API/Widget.js"></script>
10    <script type="text/Javascript" language="Javascript"
11              src="$MANAGER_WIDGET/Common/API/TVKeyValue.js"></script>
12      ... 중략 ...
13  </head>
14  <body onload="Main.onLoad();">
15    <div id="caption">Welcome to CPE Lab</div>
16    <a href="Javascript:void(0);" id="anchor" onkeydown="keyDown();"></a>
17  </body>
18 </html>
```

- ► 08~09번째 줄에서는 Widget.js 파일을 포함하고 있다. 이것은 공통 라이브러리 중에서 화면에 디스플레이하는 역할을 하는 함수인 sendReadyEvent 등이 정의되어 있다.
- ► 10~11번째 줄에서는 TVKeyValue.js 파일을 포함하고 있다. 이 파일은 이후 리모콘에서 사용하게 될 TV Key값을 저장하고 있는 파일이다.

8.1.2 리모콘 이벤트 입력과 매칭 부분

이벤트 입력은 에뮬레이터의 리모콘을 통해서 입력받도록 한다. 즉, 리모콘을 통해서 버튼을 누를 때, 해당 버튼에 해당하는 이벤트의 발생을 요청하는 것을 의미하며, 외부입력 수단으로 작용한다. 다음 소스코드는 리모콘에서 입력받은 이벤트를 처리하는 부분을 나타낸다. 각 이벤트의 코드 값은 앞서 TVKeyValue.js에 정의된 값을 사용하여 매칭할 수 있다.

```
function keyDown(){
  var keyCode = event.keyCode;
  alert("Main key code: "+ keyCode);

  switch(keyCode){
     case tvKey.KEY_VOL_UP:
     case tvKey.KEY_PANEL_VOL_UP:
        alert("volume going up");
        Main.volInc();
        break;
     case tvKey.KEY_VOL_DOWN:
     case tvKey.KEY_PANEL_VOL_DOWN:
        alert("volume going down");
        Main.volDec();
        break;
     case tvKey.KEY_CH_UP:
        alert("channel going up");
        Main.chUp();
        break;
     case tvKey.KEY_CH_DOWN:
        alert("channel going down");
        Main.chDown();
        break;
     case tvKey.KEY_1:
        alert("--- 1 ---");
        setNumberDisplay("1");
        runChannelTimer();
        break;
     ... 중략 ...
     case tvKey.KEY_0:
        alert("--- 0 ---");
        setNumberDisplay("0");
        runChannelTimer();
        break;
     default:
        alert("Unhandled key"+event.keyCode);
```

```
37          break;
38     }
39 }
```

► 2번째 줄에서는 리모콘에서 버튼을 눌렀을 때, keyDown 이벤트가 발생하며, 그 때 발생하는 event의 keyCode를 받아서 지역 변수 keyCode에 저장하는 부분이다.

► 5번째 줄에서부터 리모콘에서 입력받은 keyCode값을 이용해서 switch문을 사용하여 각 이벤트에 따라서 적절한 처리를 위한 부분이다.

► 6번째 줄에서 tvKey.KEY_VOL_UP 변수는 앞서 TVKeyValue.js에 정의된 상수 변수를 나타낸다. TVKeyValue.js에는 관련 이벤트의 keyCode를 가지고 있음으로 해서 상수 선언을 통해서 이벤트 처리부분을 쉽게 코드 매칭을 할 수 있다.

► 35~36번째 줄에서 default 구현 부분에서는 리모콘의 디폴트 처리 부분을 나타낸다. 적당한 처리 부분이 필요없는 경우에 한해서는 해당 keyCode값을 디버그를 위해 출력하는 처리를 하였다.

8.1.3 리모콘 이벤트 처리 함수 구현 - 볼륨

다음은 볼륨을 올리고, 내리는 부분을 구현한 소스코드를 보여주고 있다. 볼륨을 단계적으로 올리고, 내리는 기능을 위하여 SetVolumeWithKey 함수를 사용하였다.

```
Main.volInc = function()
{
    Main.pluginObjectAudio.SetVolumeWithKey(0);
     vol = Main.pluginObjectAudio.GetVolume();
     setDisplay("VOLUME: " + vol);
     runClearTimer2(4500);
     if(userMute == 1)
     {
         Main.pluginObjectAudio.SetUserMute(false);
         userMute = Main.pluginObjectAudio.GetUserMute();
     }
}

Main.volDec = function()
{
    Main.pluginObjectAudio.SetVolumeWithKey(1);
    vol = Main.pluginObjectAudio.GetVolume();
    setDisplay("VOLUME: " + vol);
    runClearTimer2(4500);
```

```
20      if(userMute == 1)
21      {
22          Main.pluginObjectAudio.SetUserMute(false);
23          userMute = Main.pluginObjectAudio.GetUserMute();
24      }
25 }
```

- ► 3번째 줄에서는 SetVolumeWithKey(0)을 호출하여 볼륨을 증가시키는 역할을 수행한다.
- ► 16번째 줄에서는 SetVolumeWithKey(1)을 호출하여 볼륨을 감소시키는 역할을 수행한다.
- ► 4번째 줄에서는 vol이란 전역변수에 현재 변경된 볼륨 값을 저장하도록 한다. 이것은 추후에 현재 볼륨 값을 보여줄 경우 참조하기 위한 것이다.
- ► 5번째 줄에서는 화면에 채널 정보 값을 표시해주는 역할을 수행한다.
- ► 6번째 줄에서는 4500밀리초 단위, 즉 4.5초 후에 화면에 보여준 글자를 지우도록 한다.
- ► 7~11번째 줄에서는 Mute 요청 시 기본적으로 무시하기 위한 부분이다. 이후, 중복되는 부분에 설명은 상위 코드 부분이므로 생략하기로 한다.

8.1.4 리모콘 이벤트 처리 함수 구현 – 채널

다음은 채널에 대해서 나타낸다. 채널 설정 방식은 채널 값을 올리고 내리는 방향키의 기능 구현 함수가 필요하고, 특정 채널 값을 요청 시, 채널 값으로 설정되는 기능의 함수가 필요하다. 채널의 경우 편의를 위하여 2단계의 함수 처리 단계를 둬서 인터페이스를 다양하게 하였다. 채널을 설정하는 역할을 하는 함수는 SetChannel()이다. 이 함수는 2개의 인자를 취하는데 각 역할은 다음 소스코드를 보면서 설명하도록 하겠다.

```
Main.setChl = function(paramMajor)
{
    var major="" , minor="" , channelName="";
    Main.pluginw.SetChannel(paramMajor, 0);
    Main.pluginw.SetChannel(paramMajor, 1);
    channelName = Main.pluginw.GetCurrentChannel_Name();
    major = Main.pluginw.GetCurrentChannel_Major();
    minor = Main.pluginw.GetCurrentChannel_Minor();  // 0: Analog , 1: DTV
```

```
9     setDisplay("CHANNEL: " + major);
10    runClearTimer2(4500);
11
12    alert("***************************************************");
13    alert("* Current Source: ["+Main.pluginAPI.GetSource()
          + "]----- ScreenRect: "+Main.pluginw.GetScreenRect( ));
14    alert("* Param Channel: " + paramMajor);
15    alert("* After Channel: "
          + major + "-" + minor + "----- channel name:" + channelName);
16    alert("*****************************************************//");
17 }
```

- 4번째 줄에서는 SetChannel 함수를 사용하는데, 함수의 인자로, 선택된 채널의 값을 하나 취하고, 0번을 선택하였다. 후자는 아날로그 채널을 의미한다.
- 5번째 줄에서는 0번 대신 1번을 취하였다. 이는 디지털 채널을 의미한다. 즉, 아날로그를 우선 선택한 것은 방송이 아날로그 전용으로 서비스 되는 경우를 대비하여, 선택을 아날로그를 먼저 한 것이다. 전 채널이 디지털 서비스를 제공하지 않아서이다.
- 6번째 줄에서는 현재 방송 채널의 명을 얻어온다.
- 7번째 줄에서는 채널 값을 얻어온다.
- 8번째 줄에서는 방송 종류 값을 얻어온다.
- 9번째 줄에서는 현재 선택된 채널 값을 화면에 출력한다.

  이후, 화면 클리어 및 로그를 위한 채널 정보를 출력한 것이다. 이는 에뮬레이터 상에서 개발할 경우에 해당 방송 채널의 변경 유무를 화면을 통해 알 수 없기 때문이다.

다음 코드는 채널을 올리고, 내리기 위한 함수이다. 내부적으로는 chChange 함수 하나를 호출하는 역할을 수행할 뿐이지만 직관적이고, 사용의 편의를 위해서 별도로 만들었다.

```
Main.chUp = function(){
    chChange(1);
}

Main.chDown = function(){
    chChange(-1);
}
```

다음은 chChange 함수의 구현 소스코드의 기능을 보여주고 있다. 단순히 채널 변경을 하는 것이 아니라 기존의 채널 값을 불러와서 값을 조정하는 동작을 확인할 수 있다.

```
1 function chChange(addMajor){
2       currentSource = Main.pluginAPI.GetSource();
3       major = Main.pluginw.GetCurrentChannel_Major();
4       minor = Main.pluginw.GetCurrentChannel_Minor();
5
6       if(currentSource == 0){
7          major+=addMajor;
8
9          if(major == 0){  major = 135;}
10            alert("Major is: "+ major);
11
12         Main.setChl(major);
13      }
14      else{
15         alert("Not Available");
16      }
17 }
```

► 2번째 줄에서는 TV용 소스의 유무를 확인하기 위한 절차인데, 생략가능하다.

► 3~4번째 줄에서는 현재 설정된 채널 값과 방송 모드 값을 각각 읽어 들인다.

► 7번째 줄에서는 채널의 값을 더하는 연산을 수행한다.

► 9번째 줄에서는 채널의 증가 혹은 감소 시, 채널의 범위를 벗어날 경우 초기화하는 역할을 수행한다.

8.2 스마트폰 - 스마트 TV 사이의 리모콘 채널 개설

본 절에서는 스마트폰과 스마트 TV 간의 통신을 위해 스마트 TV에서 제공되는 Http Get Method 통신 방식에 대해 설명하고 예제 소스코드를 분석한다. 그리고 스마트폰에서 이를 구현하기 위해 Get 방식으로 서버에 요청하는 방법에 대해 알아본다.

일반적으로 웹 프로그래밍 상에서 서버에 요청을 보낼 때에는 주로 GET 방식과 POST 방식의 HTTP Method를 사용한다. 삼성 스마트 TV에서는 기기 간의 비동기 통신 지원을 위해 HTTP GET Method 통신방식을 지원한다. Ajax의 비동기 통신을 구현하기 위해 사용되는 XMLHttpRequest 객체를 이용하여 사용자의 요청을 보낸다. XMLHttpRequest 객체를 사용해서 비동기 통신을 구현하기 위해서는 일단 서버로 요청을 보내는 방법을 반드시 기술한다. 비동기라는 것은 서버와의 동기통신이 아닌 언제든지 서버로 요청을 보내고 결과를 응답받는 것이다. 이것은 서버로부터의 응답대기 없이 효율적인 통신을 하는 것이 목적이다.

[그림 8-1] Get 방식을 이용한 스마트 TV 리모트 UI/UX 및 이벤트 처리 과정

HTTP 메소드는 HEAD, TRACE, PUT, DELETE, CONNECT, GET, POST가 있다. 이중에서 대표적으로 사용되는 것이 GET과 POST 메소드이다. GET은 특정 URL (Uniform Resource Locators)의 HTML 페이지, 이미지, 텍스트파일 등의 자원을 요청할 때 사용된다. [그림 8-1]은 Get 방식을 이용해서 파라미터를 전달하는 예를 보여준다.

```
http://192.168.0.236:5501/media?button=chup
```

http://192.168.0.236:5501은 URL과 서비스 포트번호를 의미하며, media라는 서비스를 지정하여, button에 값으로 chup을 전달한다는 것을 의미한다. 이와 같은 호출 방식은 주소창에 노출되는 문제점으로 인해, 보안이 취약하다는 단점과 정보의 크기가 1024byte로 내용전달에 한계가 있다. 하지만, HTTP 방식에서 일반적으로 사용되며, 사용이 간편하다는 장점이 있다.

8.3 사용자 인증

본 도서에서의 인증모듈은 구글 인증모듈을 사용하여 인증절차를 수행한다. 메시지 절차는 먼저 스마트폰 애플리케이션으로부터 인증 요청을 받은 후, 스마트 TV의 Application에서 스마트폰의 인증 정보를 받아 구글 인증모듈에 인증을 수행한다. 그리고 구글 계정인증 리턴 결과 값을 바탕으로 스마트폰 어플리케이션에 인증 결과를 전송하는 방식이다. 인증 요청을 받을 경우, 인증 요청 형식은 아래와 같은 형식을 취하게 된다.

```
http://128.134.65.2XX:55001/media?authid=app4samsung&authpw=cpe000000
```

다음 소스코드는 Google 인증 요청을 위한 URL 정보와 전달받은 id, pw로 호출 파라미터 문자열을 생성하는 부분을 나타낸다. 이후 정보 설정 후, 호출 및 처리 함수를 호출한다.

```
var Authorization={

}

var bURL="https://www.google.com/accounts/ClientLogin";
var gmailData=null;
var xhttpObject=null;
var isValidAccount = null;


Authorization.checkAccount = function(id,pw)
{
gmailData="accountType=HOSTED_OR_GOOGLE&Email="+id+"&Passwd="+pw+"&service=mail&source=";
                  alert("**********************     authentication ***************************************************");
    alert("bURL====>"+bURL);

     parsebrowserData();
     return isValidAccount;
}

```

- 13번째 줄에서 전달된 id와 pw를 사용하여 호출을 위한 문자열을 작성한다.
- 17번째 줄에서 처리 루틴을 호출한다.

다음 소스코드는 XHR 객체 통신을 통해 구글 인증 서버와 통신을 한 후, 결과를 전달받는 부분을 나타낸다. 동기 방식을 취함으로서 해당 호출의 제어권을 인증확인 절차 이후로 연장시키는 역할을 수행한다.

```
function parsebrowserData()
{
   if (window.XMLHttpRequest)
   {
            xhttpObject = new XMLHttpRequest();
   }

   if (xhttpObject!=null)
   {
            xhttpObject.onreadystatechange = function ()
            {
                     if (xhttpObject.readyState == 4)
                     {
                              if (xhttpObject.status == 200) //인증성공
                              {
                  if (receivebrowserXHRResponse() == 1)
                  {
                   alert("************** AUTHENTICATION : SUCCESS !!!!!!
                   *************");
                      //_tigger_send_plaintext("ok");
                      isValidAccount = 1;
                  }else return 0;
                              }

                              if(xhttpObject.status == 403) //인증실패시
                              {
             alert("************* AUTHENTICATION : FAIL !!!!!! *************");
                  //_tigger_send_plaintext("no");
                  isValidAccount = 0;
                              }
                     }
            }

            xhttpObject.open("POST", bURL, false); // 동기방식:false
            xhttpObject.setRequestHeader("Content-Type",
            "application/x-www-form-urlencoded; charset=UTF-8");
            xhttpObject.send(gmailData);
```

```
56:         alert("send====>"+gmailData);
57:     }
58: }
59:
60:
61: function  receivebrowserXHRResponse()
62: {
63:     var AuthData=xhttpObject.responseText;
64:
65:      alert("receivebrowserXHRResponse ==========> "+ AuthData);
66:     var startIndex=AuthData.indexOf("Auth");
67:     var endIndex=AuthData.indexOf("");
68:     var subStringElement=AuthData.substring(startIndex+5);
69:
70:      alert("subStringElement ==========> "+ subStringElement);
71:     if(subStringElement)
72:             isValidAccount=1;
73:
74:     return isValidAccount;
75: }
```

- 53번째 줄에서 인증을 위한 작성된 값을 호출하여 인증 요청을 한다.
- 61번째 줄부터는 인증의 결과값을 isValidAccount 함수에 설정한다.

제 9 장

원격 PC 부팅

9.1 WoL 개요

9.2 PC WoL 설정방법

9.3 Android에서 WoL 구현

9.1 WoL 개요

인터넷에 연결되어 있는 PC의 원격부팅에 대한 프로그래밍을 수행하기 위해서는 먼저 WoL에 대한 이해가 필요하다. WoL이란 LAN(Local Area Network)에 연결된 컴퓨터의 전원을 켜거나 절전 모드에 들어가 있는 컴퓨터를 정상 모드로 바꿀 수 있도록 해주는 기술이다. 동일 네트워크에 연결만 되어있다면 다른 컴퓨터에서 전원이 꺼진 컴퓨터를 원격으로 전원을 켜는 등의 응용이 가능하기 때문에 유용하게 사용되고 있다. 원래는 LAN으로 연결된 회선 상의 컴퓨터를 켤 수 있다는 의미로 wake on LAN이란 이름이 붙여졌지만 다양한 응용기술의 개발로 LAN의 범위를 벗어나 인터넷만 연결되어 있으면 어디서나 원격으로 전원을 켜는 것이 가능해졌다.

초창기의 WoL의 설계는 네트워크 관리를 목적으로 사용되었으며, 네트워크 원격 관리용 소프트웨어가 설치된 서버로부터 각 클라이언트에 Wakeup Frame이나 Packet을 보냄으로써 실행된다. 클라이언트인 PC에 설치된 WoL 랜카드인 NIC (Network Interface Card)로 Wakeup Frame이 수신되면, 컴퓨터가 기동되면서 미리 계획된 작업들이 시작된다. WoL 기술을 사용하려면 WoL 기능을 지원하는 네트워크 카드, 마더보드, 원격 관리용 소프트웨어 등이 필요하다.

WoL은 PC를 종료할 때 NIC는 완전히 꺼진 것이 아닌 상태로 여전히 켜져 있으며, Magic Packet이 오는지 살펴보고 있다. 이 패킷은 특정한 문자열이 포함되어 있어야 하며, 데이터내용은 어떤 것이어도 상관없다. WoL를 지원하는 NIC는 Wakeup Frame이 들어오는 것을 알아차리기 위해 네트워크를 지속적으로 감시한다. 그렇기 때문에 PC를 꺼둔 상태에서도 NIC에 최소 전력이 공급되어야 한다. 이 네트워크 카드는 부팅을 시키기 위해 안정된 전원공급이 요구되는데, 전원공급 장치로부터 적정 전력을 공급받아야 한다.

WoL의 동작을 위한 스마트폰과 PC의 구성은 [그림 9-1]과 같이 인터넷에 서로 연결되어 있으면 가능하다. WoL을 위한 앱이 올라간 스마트폰과 WoL 기능을 지원하는 PC로 구성되어있으며, 인터넷 등의 랜카드가 접속된 네트워크를 통해서 연결된다. 스마트폰에 WoL 관련 정보들을 입력하고 패킷에 실어서 보내는 방식으로 동작한다. 이를 위해 사용되는 패킷을 Magic Packet이라고 부르며, PC에서의 BIOS(Basic Input Output System), 랜카드 등의 사전 설정, 스마트폰에서 WoL 구현 등을 수행하였으며 이에 대한 내용을 본 장에서 설명한다.

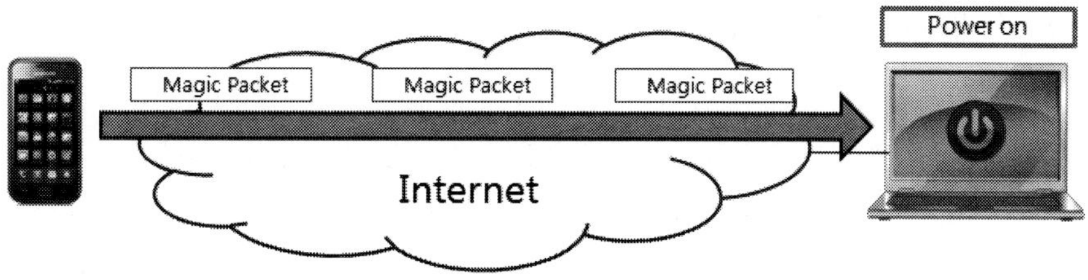

[그림 9-1] WoL 개념도

스마트폰은 물론 일반 PC에서 원격의 PC를 부팅하기 위한 WoL 동작은 해당 PC로 Wake Frame을 전송하게 되는데, 이때 사용되는 패킷이 Magic Packet이다. Magic Packet은 동기화를 위한 6 바이트의 16진수 문자열 'FF FF FF FF FF FF'로 시작하며 MAC 주소가 적어도 16번 반복되는 형태로 구성되어 있다. 예를 들어 '01:02:03:04:05:06'라는 MAC 주소를 가지는 랜카드를 위한 Magic Pacet은 [그림 9-2]와 같이 구성된다.

FF FF FF FF FF FF	01 02 03 04 05 06	01 02 03 04 05 06
01 02 03 04 05 06	01 02 03 04 05 06	01 02 03 04 05 06
01 02 03 04 05 06	01 02 03 04 05 06	01 02 03 04 05 06
01 02 03 04 05 06	01 02 03 04 05 06	01 02 03 04 05 06
01 02 03 04 05 06	01 02 03 04 05 06	01 02 03 04 05 06
01 02 03 04 05 06	01 02 03 04 05 06	

[그림 9-2] Magic Packet 예

9.2 PC WoL 설정방법

WoL을 이용하여 원격지에서 컴퓨터 전원을 켜기 위해서는 해당 컴퓨터가 WoL을 지원하는지를 체크해야한다. 즉 메인보드와 NIC가 WoL을 지원해야만 WoL 기능을 수행할 수 있다는 것이다. 최근의 출시되는 메인보드와 NIC는 대부분 WoL 기능을 지원하는 경향이 있다. PC에서 하드웨어적으로 WoL을 지원한다면 WoL 동작을 수행하기에 앞서 설정을 해야 한다. WoL 설정은 메인보드의 설정 부분에 해당하는 CMOS BIOS 부분과 NIC에 해당하는 LAN 카드 설정부분이 있으며 두 가지 설정을 모두 수행해야지만 WoL을 성공적으로 수행할 수 있다.

9.2.1 CMOS BIOS 설정

WoL 기능을 이용하기 위해서는 먼저 CMOS BIOS 설정이 필요하다. 즉 CMOS BIOS에서 WoL 기능을 사용하겠다고 설정하는 것을 의미한다. BIOS는 메인보드의 제작사마다 다른 형태를 가지기 때문에 이점을 유의해야한다. BIOS의 접속 방법 또한 메인보드 제작사마다 차이가 있으며 [표 9-1]을 참고하면 된다. 본 프로젝트에서는 ASUS사의 F1A75-V PRO BIOS로 테스트를 수행하였으므로 사용자의 PC BIOS마다 약간의 차이가 있을 수 있다. PC의 전원을 켜고 부팅이 시작되는 중간에 DEL키를 누르면 BIOS를 설정할 수 있는 화면으로 진입할 수 있다. [그림 9-3]은 BOIS에서 WoL기능을 활성화시키기 위한 설정을 나타내고 있다. 이 설정 부분에서 WoL과 관련된 메뉴를 활성화하면 된다.

[표 9-1] 제조사별 BIOS 접속 핫키

제조사	핫키	제조사	핫키
ALR Advanced Logic Research, Inc.® PC/PCI	F2	Dell Latitude (부팅되는동안)	Fn+F1
ALR PC non/PCI	CTRL+ALT+ESC	Dell Latitude(부팅시)	F2
AMD®(Advanced Micro Devices, Inc.) BIOS	F1	Dell Optiplex	DEL or F2
AMI(American Megatrends, Inc.) BIOS	DEL	Dell Precision™	F2
Award™ BIOS	CTRL+ALT+ESC	Gateway® 2000 1440	F1
Award BIOS	DEL	Gateway 2000 Solo™	F2
DTK®(Datatech Enter-prises Co.) BIOS	ESC	HP® (Hewlett-Packard)	F1, F2
Phoenix™ BIOS	CTRL+ALT+ESC	IBM®	F1
Phoenix BIOS	CTRL+ALT+S or CTRL+ALT+INS	IBM E-pro Laptop	F2
Samsung	F2	IBM PS/2®	CTRL+ALT+INS 후에 CTRL+ALT+DEL
LG	DEL	IBM Thinkpad® (노트북)	윈도우 프로그램 -Thinkpad CFG

[표 9-1] 제조사별 BIOS 접속 핫키(계속)

제조사	핫키	제조사	핫키
Acer®	F1, F2, CTRL+ALT+ESC	Intel® Tangent	DEL
ARI®	CTRL+ALT+ESC, CTRL+ALT+DEL	Micron®	F1, F2, or DEL
AST®	CTRL+ALT+ESC, CTRL+ALT+DEL	Packard Bell®	F1, F2, Del
Compaq® 8700	F10	Seanix	DEL
CompUSA®	DEL	Sony® VAIO	F2
Cybermax®	ESC	Sony VAIO	F3
Dell® 400	F3	Tiger	DEL
Dell 400	F1	Toshiba® 335 CDS	ESC
Dell Dimension®	F2 or DEL	Toshiba Protege	ESC
Dell Inspiron®	F2	Toshiba Satellite 205 CDS	F1

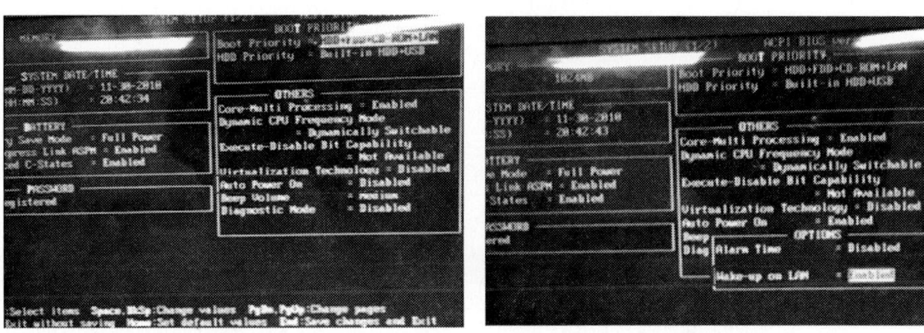

(a) (b)

[그림 9-3] BIOS 설정 화면 (a) WoL을 이용하여 전원 인가 설정 메뉴, (b) WoL을 이용하여 전원 인가가 가능하도록 설정하는 화면

9.2.2 LAN 카드 설정

BIOS에서 설정을 마치면 다음으로 윈도우 환경에서 WoL을 기능을 사용하여 컴퓨터 전원을 인가하기 위한 설정을 해줘야 한다. 이는 사용자의 컴퓨터가 대기 상태에 있을 때 대기 상태를 종료하기 위한 설정으로 매직패킷을 수신 받음으로써 대기 상태를 종료할 수 있게 설정한다. 또한 LAN 카드에 매직패킷을 통해 컴퓨터에 전원을 인가 할 수 있도록 설정해 주어야 한다.

WoL을 사용하기 위해 LAN 카드를 설정하기 위해서는 [제어판] -> [네트워크 및 공유 센터] -> [어댑터 설정 변경] 화면에서 사용자의 랜 카드를 우클릭하여 '속성' 메뉴로 진입한다. 속성 메뉴로 진입하게 되면 [그림 9-4](a)와 같은 화면에서 구성 버튼을 클릭하여 [그림 9-4](b)와 같이 LAN 카드의 설정을 변경할 수 있는 화면으로 진입한다. 이 상태에서 [그림 9-4](c)와 같이 '고급' 탭으로 진입하여 'Wake on Maigc 패킷' 값을 '사용'으로 바꾸어 준다. 마지막으로 [그림 9-4](d)와 같이 '전원 관리' 탭으로 진입하여 '전원을 절약하기 위해 컴퓨터가 이 장치를 끌 수 있음', '이 장치를 사용하여 컴퓨터의 대기 모드를 종료할 수 있음', '매직 패킷에서만 컴퓨터의 대기 모드를 종료할 수 있음'을 모두 체크하게 되면 윈도우에서 LAN 카드 설정이 모두 끝나게 된다.

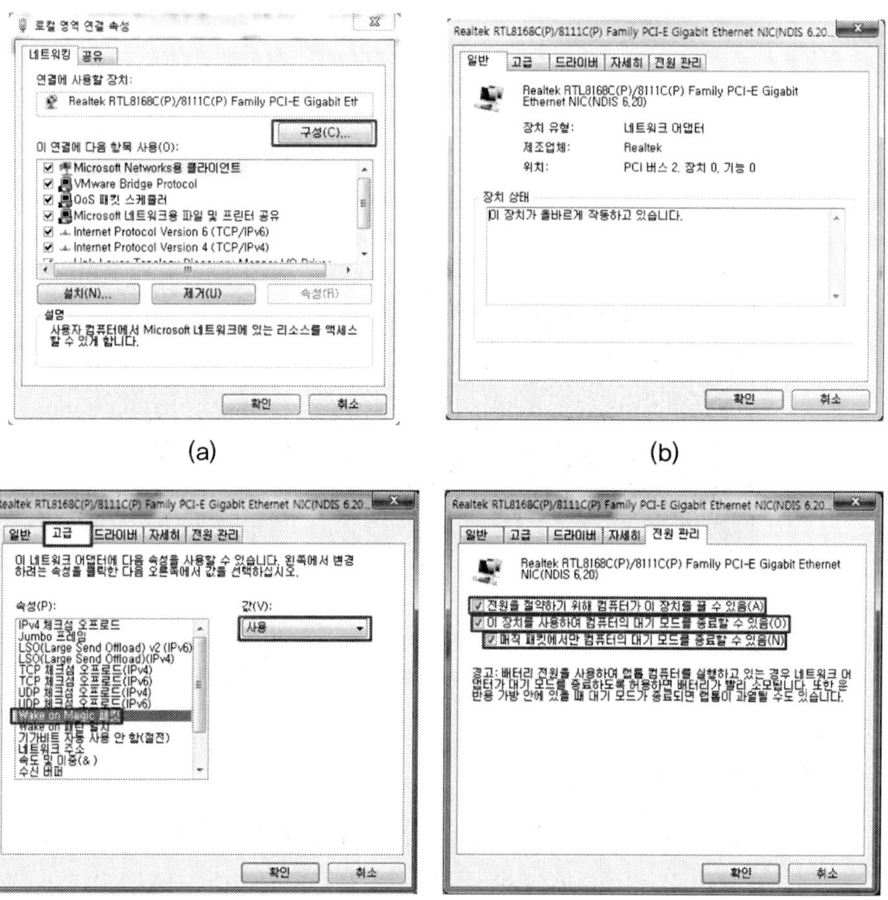

(a) (b)

(c) (d)

[그림 9-4] LAN 카드 설정 (a) LAN '속성' 클릭 화면, (b) '구성' 버튼 클릭 화면, (c) Wake on Maigc 패킷 설정 화면, (d) 전원 관리를 통해 대기 모드 설정 화면

9.3 Android에서 WoL 구현

[그림 9-1]에서 본 것처럼 WoL을 위해서는 스마트폰으로 매직 패킷을 보내주는 동작이 필요하다. 사용자가 원격지에 있는 컴퓨터를 부팅시키기 위해서는 목표로 하는 컴퓨터의 IP로 매직 패킷을 전송하면 된다. 이 매직 패킷을 수신 받은 목표지의 컴퓨터의 LAN 카드는 보드에 매직 패킷을 수신되었음을 알려 컴퓨터의 부팅시켜준다.

앞서 설명한 것처럼 매직 패킷을 통해 WoL 동작이 수행되므로 스마트폰에서 매직 패킷을 구성하는 동작과 목표지의 컴퓨터에 해당하는 주소로 매직 패킷을 전송해주는 동작이 필요하다. 본 소스코드는 Android 환경에서 매직 패킷을 구현한 소스 코드이다. 이 코드는 서비스로 동작하기 때문에 단독으로 동작하지는 못하기 때문에 Android UI 부분의 메인 Activity 부분과 함께 구성을 해야만 동작이 가능하다.

```
public class MagicPacket extends Service {
     public static final int PORT = 9;
       DatagramSocket socket;
       DatagramPacket packet;
       InetAddress address;

@Override public void onCreate(){
     MyParameter map = (MyParameter)getApplication();
     String MagicIP = map.StoredIP;
     String MagicMAC = map.StoredMAC;
     String IP = MagicIP;
     String MAC = MagicMAC;
         try{
             for(int i=0;i<10;i++){       // Retrieve the ServerName
                   address = InetAddress.getByName(IP);
                   Log.d("UDP", "C: Connecting...");
                   /* Create new UDP-Socket */
                   socket = new DatagramSocket();

                   /* Prepare some data to be sent. */
                   byte[] macBytes = getMacBytes(MAC);
                   byte[] bytes = new byte[6 + 16* macBytes.length];
                   for (int j=0; j<6; j++){
                          bytes[j] = (byte)0xff;
                   }
               for(int j=6; j<bytes.length; j += macBytes.length){
                          System.arraycopy(macBytes, 0, bytes, j, macBytes.length);
                                       }

                /* Create UDP-packet with * data & destination(url+port) */
```

```
031                 packet = new DatagramPacket(bytes, bytes.length, address, PORT);
032                 Log.d("UDP", "C: Sending: '" + new String(bytes) + "'");

033                 /* Send out the packet */
034                 socket.send(packet);
035                 Log.d("UDP", "C: Sent.");
036                 Log.d("UDP", "C: Done.");
037                     }
038                 /*socket close*/
039                 socket.close();
040             }
041             catch (Exception e){
042                     Log.e("UDP", "C: Error", e);
043                 Toast.makeText(this, "IO error", Toast.LENGTH_SHORT ).show();
044             }
045     }
046
047     @Override public void onStart(Intent intent, int startId){ }
048     @Override public IBinder onBind(Intent intent){
            return null;
        }
049     @Override public void onDestroy() { }
050
051     private byte[] getMacBytes(String macStr)throws IllegalArgumentException
052     {
053         byte[] bytes = new byte[6];
054      String[] hex = macStr.split("(\\:|\\-)");
055      if (hex.length != 6) {
056          throw new IllegalArgumentException("Invalid MAC address.");
057      }
058      try {
059          for (int i = 0; i < 6; i++) {
060          bytes[i] = (byte) Integer.parseInt(hex[i], 16);
061      }
062   }
063   catch (NumberFormatException e) {
064      throw new IllegalArgumentException("Invalid hex digit in MAC address.");
065   }
066   return bytes;
067   }
068 }
```

► 001번째 줄에서는 매직 패킷을 위한 서비스를 정의하고 있으며 서비스로 호출되어 동작할 수 있다.

► 008번째 줄은 호출한 Activity로부터 IP 주소와 MAC 주소를 포함하는 클래스를

받아오는 것이며 9번째 줄에서부터 12번째 줄까지가 저장된 컴퓨터의 맥주소를 불러오는 부분이다.

- 013번째 줄에서부터 44번째 줄까지가 매직 패킷을 구현하고 전송하는 부분으로 에러 처리를 위해 Try-Catch 구분을 사용한 것을 볼 수 있다.
- 014번째 줄은 에러를 대비하여 UDP 소켓을 10번 보내기위한 반복 부분이다.
- 015번째 줄은 보낼 주소를 받아오는 부분으로 매직 패킷을 받을 PC의 IP가 들어가는 부분이고 18번째 줄은 해당 주소를 향하는 UDP 소켓을 생성하는 부분이다.
- 021번째 줄부터 28번째 줄까지가 매직 패킷을 생성하는 부분으로 21번째 줄에서 **getMacBytes()** 함수를 이용하여 맥주소의 유효성을 검사하고 데이터 타입을 바이트로 전환하여 구성해준다. 22번째 줄은 보낼 패킷의 틀을 구성하는 부분이고, 매직 패킷의 시작부분인 'FFFFFF'를 앞에 넣어주고 26번째 줄에서 28번째 줄까지의 과정을 통해 매직 패킷을 완성한다.
- 031번째 줄에서 매직 패킷에 UDP 헤더를 붙여주는 작업을 수행하고 34번째 줄을 통해 해당 패킷의 전송을 수행한다. 마지막으로 39번째 줄을 통해 소켓을 닫고 전송을 마친다.
- 051번째 줄에서부터 58번째 줄까지가 **getMacBytes()** 함수를 이용하여 맥주소의 유효성을 검사하고 데이터 타입을 바이트로 전환하는 상세 동작이다.

위의 소스코드에서 구현한 매직 패킷이 Android 환경에서 제대로 동작하는지를 확인하기 위해 Android 에뮬레이터를 이용하여 컴파일한다. 그리고 매직 패킷이 전송되고 있는 부분은 패킷 캡처 프로그램을 이용하여 패킷을 캡처하여 확인할 수 있다. [그림 9-5]는 Android 에뮬레이터에서 IP 주소와 MAC 주소를 저장하는 화면을 캡처한 것이고, [그림 9-6]은 실제 패킷 캡처 프로그램을 이용하여 매직 패킷을 캡처한 화면이다.

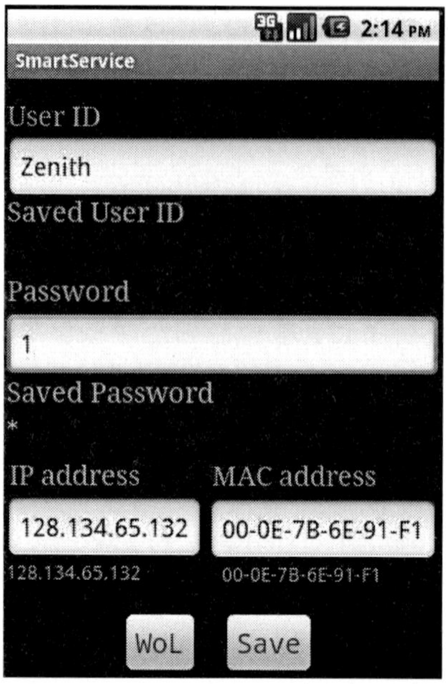

[그림 9-5] IP 주소와 MAC 주소 저장하는 화면

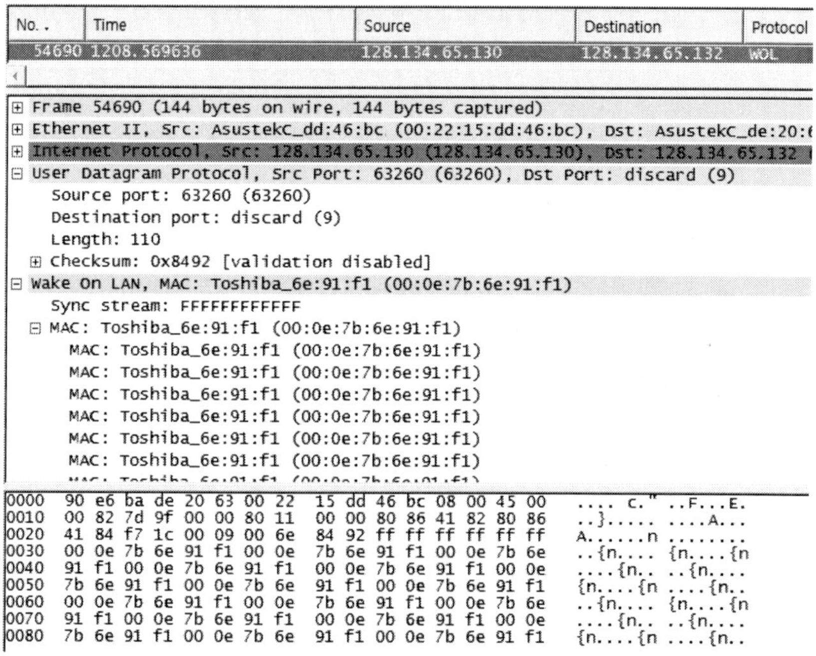

[그림 9-6] 매직패킷 캡처 화면

제 10 장

원격 PC 로그인

10.1 키보드 이벤트를 이용한 PC 로그인

스마트폰의 키보드 입력을 PC로 보내기 위해서 먼저 SendInput() 함수 기능을 이해하여야 한다. 이 함수를 설명하기 위하여 스마트폰에서 특정 이벤트를 발생하면 PC의 키보드 중 Caps Lock ON/OFF가 동작하는 프로그램 예를 알아본다. 즉, 스마트폰에서 키입력 또는 이벤트를 입력하면 이 값을 인터넷에 연결되어 있는 PC가 받아서 해당 키입력 또는 이벤트를 보여주는 예이다.

먼저 스마트폰의 키보드 입력창과 비슷한 이벤트 입력을 받을 수 있는 버튼 창으로 Visual Studio 2010의 MFC를 활용하여 [그림 10-1]과 같이 Dialog를 구성한다.

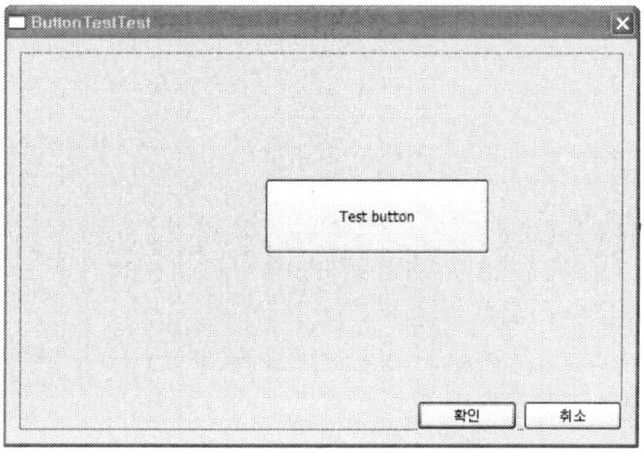

[그림 10-1] Caps Lock ON/OFF 프로그램 Dialog 화면

다음은 [그림 10-1]의 [Test button] 버튼을 선택하면 수행되는 소스코드로서 OnBnClickedButtonTest() 함수를 호출하여 동작한다.

```
void CButtonTestTestDlg::OnBnClickedButtonTest()
{
    // TODO: 여기에 컨트롤 알림 처리기 코드를 추가합니다.

    INPUT input[2];
    ZeroMemory(input, sizeof(input));
    input[0].type = INPUT_KEYBOARD;
    input[1].type = INPUT_KEYBOARD;
    input[0].ki.wVk = VK_CAPITAL;
    input[1].ki.wVk = VK_CAPITAL;
    input[1].ki.dwFlags = KEYEVENTF_KEYUP;
    SendInput(2, input, sizeof(INPUT));
}
```

- 204번째 줄은 INPUT 구조체를 자료형으로 하고 Input 배열을 선언하였다. in-put[2]인 이유는 키보드의 Pressed와 Released 상태로 구현하기 위함이다.
- 205번째 줄은 Input 배열을 초기화하기 위하여 ZeroMemory() 함수를 사용한다.
- 206~207번째 줄은 Input 타입을 키보드로 설정한 것이다.
- 208~209번째 줄은 Caps Lock ON/OFF를 위해 Caps Lock인 VK_CAPITAL로 설정한다.
- 210번째 줄은 Released 상태일 때 Caps Lock ON/OFF 동작을 위해 KEYEVENTF_KEYUP을 설정한다.
- 211번째 줄은 Caps Lock ON/OFF를 수행하도록 Input 배열에 설정한 것을 실질적으로 동작시키기 위해서 SendInput() 함수에 등록하여 수행하도록 한다.

다음은 실질적으로 PC의 레지스트리에 등록되는 소스코드이다.

```
.....
int main(void)
{
    if(WSAStartup(MAKEWORD(2,2), &wsa) != 0)
    {
    }

    sock = socket(AF_INET, SOCK_DGRAM, 0);
    if(sock == INVALID_SOCKET)
    {
    }

    ZeroMemory(&serveraddr, sizeof(serveraddr));
    serveraddr.sin_family = AF_INET;
    serveraddr.sin_port = htons(9000);
    serveraddr.sin_addr.s_addr = htonl(INADDR_ANY);

    int retval;

    retval = bind(sock, (struct sockaddr*)&serveraddr, sizeof(serveraddr));
    if(retval == SOCKET_ERROR)
    {
    }

    clnt_addr_size=sizeof(clientaddr);

    while(1)
    {
```

```
045     str_len = recvfrom(sock, message, BUFSIZE, 0, (SOCKADDR *)&clientaddr,
&clnt_addr_size);
046     message[str_len]='\0';
047
048     int i;
049
050     for(i=0; i<str_len; i++)
051     {
052             //ASCII 0은 Dec로 48 Hex로 0x30 임
053             //ASCII 9는 Dec로 57 Hex로 0x39 임
054
055             //ASCII A는 Dec로 65 Hex로 0x41 임
056             //ASCII Z는 Dec로 90 Hex로 0x5A 임
057             if((0x41<= message[i]) && (message[i] <= 0x5A))
058             {
059                     processSendInput(message[i]);
060             }
061     }
062     }
063     closesocket(sock);
064     WSACleanup();
065
066     return 0;
067 }
068
069 void processSendInput(char msg)
070 {
071     char processSendInput_Inputchar = msg;
072     INPUT input[2];
073     ZeroMemory(input, sizeof(input));
074     input[0].type = INPUT_KEYBOARD;
075     input[1].type = INPUT_KEYBOARD;
076     input[0].ki.wVk = processSendInput_Inputchar;
077     input[1].ki.wVk = processSendInput_Inputchar;
078     input[1].ki.dwFlags = KEYEVENTF_KEYUP;
079     SendInput(2, input, sizeof(INPUT));
080 }
```

- ► 20~30번째 줄은 UDP 소켓 설정을 하게 되는데 9,000번 포트번호로 설정한다.
- ► 45번째 줄은 recvfrom() 함수를 사용하여 스마트폰에서 전송하는 ID 및 PW를 수신 받는다.
- ► 57~60번째 줄은 수신 받은 데이터를 하나의 Char씩 필터링하여 precess-SendInput() 함수를 호출하도록 한다.
- ► 69~80번째 줄은 필터링된 Char를 SendInput() 함수를 호출함으로써 PC에 호출되도록 한다.

10.2 GINA를 이용한 로그인 방식

다음은 PC가 외부의 입력을 처리하는 부분에 대하여 알아본다. PC에 직접 연결되어 있는 장치들은 마우스, 키보드 등이 기본 입력장치로 있으며 로그인할 때에는 액세스 제한을 위하여 지문인식, 홍채인식 등 다양한 입력장치를 활용하기도 한다.

윈도우 로그인 프로세스는 기본적으로 Winlogon와 LSASS(Local Security Authority subsystem Service)로 구성된다. Winlogon이 전체적인 로그인 과정을 수행하고 있으며 LSASS는 계정과 암호를 검증하기 위한 과정을 수행한다. 그러나 Winlogon은 윈도우 시스템 자체와 깊은 연관을 가지고 있기 때문에 잘못 수정하게 되면 [그림 10-2]와 같이 시스템 자체에 큰 손상을 줄 수 있다.

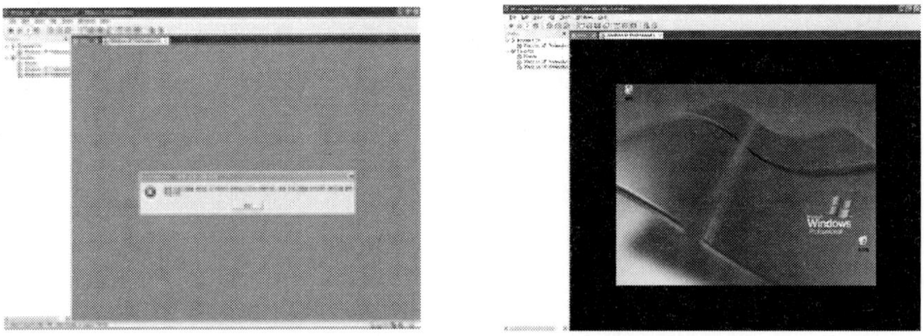

[그림 10-2] 윈도우 시스템 수정 에러 예

이러한 시스템의 위험성 때문에 마이크로소프트는 GINA(Graphical Identification and Authentication)를 추가하여 동작을 가능하도록 시스템을 구성하였다. 이 세 개의 구성요소들의 구성은 [그림 10-3]과 같다. GINA는 윈도우 로그온을 제삼자 공급자가 스마트폰을 이용한 로그인, 스마트카드를 이용한 로그인, 지문인식 로그인 등 독자적인 방식으로 수정할 수 있도록 마이크로소프트에서 제공하는 기능 및 라이브러리이다. GINA는 Winlogon의 함수들과 상호작용하며 동작하는데, 기본적으로 msgina.dll이라는 파일이 제공되고 해당 dll 파일을 포인터로 불러와 링크해서 동작시키는 것이 일반적이다.

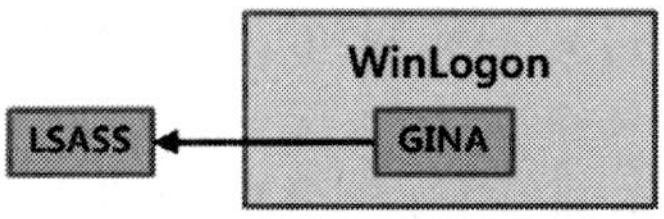

[그림 10-3] 윈도우즈 로그인 시스템 구성

Winlogon와 연계 동작을 하는 GINA의 state 및 순서도는 [그림 10-4]와 같다. 현재 로그인한 사용자가 없는 상태인 LOGGED_OFF State, 사용자가 로그인한 상태인 LOGGED_ON State, PC가 특정 사용자가 로그인한 후 잠금 상태에 들어간 LOCKED State의 세 개의 State를 기본으로 동작하고 있다. 처음 컴퓨터가 부팅되면 GINA는 Negotiate, Initiate 동작을 통해 초기화를 수행하며 DisplaySASNotice 동작으로 Ctrl+Alt+Del 입력할 수 있는 창이 나타나게 된다. 이후 LoggedOutSAS 동작을 수행하여 사용자 ID 및 Password를 입력하기 위한 창이 나타나며 이를 입력하고 OK 버튼을 누르게 되면 ActiveUserShell 사용자인증을 거쳐 LOGGED_ON State가 되어 시스템 로그인이 완료된 상황이 된다. 그리고 사용자 환경에서 Logoff나 Shutdown, ChangePassword 등의 동작을 수행하고자 할 때 Ctrl+Alt+Del로 LoggedOnSAS을 호출하여 해당 동작을 선택할 수 있는 창을 보여준다. 스마트폰에서 PC로 로그인하는 것을 목적으로 하기 때문에 본 절에서는 로그인과 관련된 부분을 주로 다루며 로그인 후의 동작은 기본 동작 패턴을 따른다. 참고로 GINA는 윈도우 XP까지만 지원하므로 윈도우 Vista가 아닌 윈도우 XP 환경에서 개발하도록 하며 오류가 발생하였을 경우를 대비하여 VMware와 같은 가상 환경에서 구현하는 것을 권고한다.

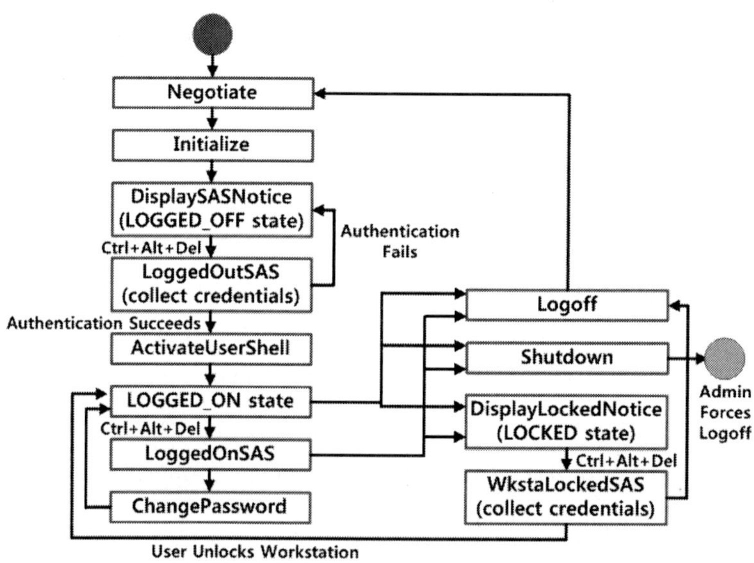

[그림 10-4] GINA의 state 및 동작 순서도

GINA의 구성을 이해하기 위해서는 GINA의 전체적인 함수들을 살펴볼 필요가 있다. [표 10-1]은 MSDN에서 제공하는 예제인 GinaStub을 기준으로 GINA에서 로그

인 하는 과정까지 사용되는 주요함수를 정리한 것이다. 해당 함수들이 주요 동작을 수행하여 GINA 로그인을 가능하게 하며 각각의 함수들의 코드 및 자세한 설명은 소절에서 다룬다.

[표 10-1] GINA 로그인 관련 주요 함수

함수명	동작
MyInitialize() 함수	Winlogon function들의 pointer 값을 받아와서 각 값에 대입함
WlxNegotiate() 함수	negotiate function의 포인터를 받아오고 GINA와 Winlogon의 버전 비교 및 설정함
WlxInitialize() 함수	버전에 맞춰 함수가 사용되도록 dispatch table 연결
WlxDisplaySASNotice() 함수	초기화면에 나타나는 SAS를 불러옴
WlxLoggedOutSAS() 함수	로그인 정보를 불러오는 SAS를 불러오며 인증 시스템 관련 함수를 호출 및 인증 수행함
WlxActivateUserShell() 함수	사용자 로그인을 성공했을 때의 shell 구성을 수행함

10.2.1 MyInitialize() 함수

GinaStub이나 GinaHook과 같은 코드의 첫 번째 함수로 나온 `MyInitialize()` 함수는 [그림 10-4]의 동작 순서도에서 살펴보게 되면, Negotiate에 포함된 부분이다. 각각의 함수를 링크하기 위해 `MyInitialize()` 함수 전에 PFWLXINITIALIZE, PFWLXDISPLAYSASNOTICE 등의 함수 포인터 형태의 인자를 구성하고 `GetProcAddress()` 함수를 이용하여 해당 함수를 포인터 값에 저장하는 과정을 수행한다. 또한 각각의 함수들이 제대로 값이 입력되었는가를 if문을 통하여 검사해 실제로 함수들을 불러온 것을 확인하는 동작을 수행한다.

```
PFWLXNEGOTIATE                  pfWlxNegotiate;
PFWLXINITIALIZE                 pfWlxInitialize;
PFWLXDISPLAYSASNOTICE           pfWlxDisplaySASNotice;
PFWLXLOGGEDOUTSAS               pfWlxLoggedOutSAS;
PFWLXACTIVATEUSERSHELL          pfWlxActivateUserShell;
.....
BOOL MyInitialize (HINSTANCE hDll, DWORD dwWlxVersion)
{
    //
```

```
    // Get pointers to all of the WLX functions in the real MSGINA.
    //
    pfWlxInitialize =
       (PFWLXINITIALIZE) GetProcAddress(hDll, "WlxInitialize");
    if (!pfWlxInitialize)
    {
       return FALSE;
    }

    pfWlxDisplaySASNotice =
       (PFWLXDISPLAYSASNOTICE) GetProcAddress(hDll, "WlxDisplaySASNotice");
    if (!pfWlxDisplaySASNotice)
    {
       return FALSE;
    }
.....
    //
    // Everything loaded OK.
    //
    return TRUE;
}
```

10.2.2 WlxNegotiate() 함수

WlxNegotiate() 함수의 가장 중요한 역할은 GINA와 Winlogon이 서로의 버전을 확인하고 맞추는 것으로 이들은 버전으로 1.0, 1.1, 1.2, 1.3, 1.4까지 나왔다. 1.0에서 기본적인 기능이 나오며, 버전 1.1에서는 스크린세이버와 시작 어플리케이션에 관한 추가기능을 담고 있으며, 버전 1.2에서는 Dispatch Table에 새로운 기능들이 추가되었고, 버전 1.3에서는 Network Provider 관련과 각종 메시지에 대한 내용이 추가되었다. 1.4에는 각종 쿼리문 및 다이얼로그 박스에 대한 내용이 추가되었다. Winlogon과 GINA가 연동되어 동작하기 위해서는 서로의 버전을 낮은 쪽으로 맞추어주는 동작을 수행해야 하는데, WlxNegotiate() 함수에서는 dwWlxVersion과 dwWinlogon-Version 값을 비교하여 dwWinlogonVersion쪽으로 값을 맞춰주는 동작을 한다.

첫 동작으로 먼저 GINA Library를 불러오고 GINA의 Handle값인 hDll에 저장하여 코드를 시작한다. 앞서 MyInitialize() 함수에서 했던 동작과 같이 GetProcAddress() 함수를 이용하여 WlxNegotiate() 함수의 포인터를 pfWlxNegotiate에 저장한다. 다음으로 버전을 비교하여 맞춰주는 작업을 수행하고 MSGINA에서 해당 기능을 지원할 수 있는가를 확인한 후 MyInitialize() 함수를 불러와서 모든 함수를 매칭시킨 뒤 버전을 완벽히 맞추는 동작 순으로 진행할 수 있다.

```
BOOL
WINAPI
WlxNegotiate (DWORD   dwWinlogonVersion,
              DWORD * pdwDllVersion)
{
    HINSTANCE hDll;
    DWORD dwWlxVersion = GINASTUB_VERSION;

    //
    // Load MSGINA.DLL.
    //
    if (!(hDll = LoadLibrary(REALGINA_PATH)))
    {
        return FALSE;
    }

    //
    // Get pointers to WlxNegotiate function in the real MSGINA.
    //
    pfWlxNegotiate = (PFWLXNEGOTIATE) GetProcAddress(hDll, "WlxNegotiate");
    if (!pfWlxNegotiate)
    {
        return FALSE;
    }

    //
    // Handle older version of Winlogon.
    //
    if (dwWinlogonVersion < dwWlxVersion)
    {
        dwWlxVersion = dwWinlogonVersion;
    }

    //
    // Negotiate with MSGINA for version that we can support.
    //
    if (!pfWlxNegotiate(dwWlxVersion, &dwWlxVersion))
    {
        return FALSE;
    }

    //
    // Load the rest of the WLX functions from the real MSGINA.
    //
    if (!MyInitialize(hDll, dwWlxVersion))
    {
        return FALSE;
```

```
    }

    //
    // Inform Winlogon which version to use.
    //
    *pdwDllVersion = dwWlxVersion;

    return TRUE;
}
```

10.2.3 WlxInitialize() 함수

WlxInitialize() 함수는 양쪽의 버전이 맞춰진 후에 실행되는 함수로 Winlogon의 Handle을 받아와는 작업을 수행하는 함수이다. WlxInitialize() 함수의 HANDLE 파라미터인 hWlx가 바로 그 handle이다. 또한 파라미터 중 pWlxContext라는 PVOID* 형태의 파라미터를 찾을 수 있는데 이것은 Winlogon에서 받아온 정보를 포인터로 지정하는 동작을 수행한다.

```
BOOL
WINAPI
WlxInitialize (LPWSTR  lpWinsta,
               HANDLE  hWlx,
               PVOID   pvReserved,
               PVOID   pWinlogonFunctions,
               PVOID * pWlxContext)
{

    //
    // Save pointer to dispatch table.
    //
    // Note that g_pWinlogon will need to be properly casted to the
    // appropriate version when used to call function in the dispatch
    // table.
    //
    // For example, assuming we are at WLX_VERSION_1_3, we would call
    // WlxSasNotify() as follows:
    //
    // ((PWLX_DISPATCH_VERSION_1_3) g_pWinlogon)->WlxSasNotify(hWlx, MY_SAS);
    //
    g_pWinlogon = pWinlogonFunctions;

    return pfWlxInitialize(lpWinsta,
```

```
                    hWlx,
                    pvReserved,
                    pWinlogonFunctions,
                    pWlxContext);
}
```

10.2.4 WlxDisplaySASNotice() 함수

WlxDisplaySASNotice() 함수는 설정에 따라 화면에 띄워질 수도 있고 안 띄워질 수도 있다. 기본 msgina.dll을 기초로 설명하자면 Ctrl+Alt+Del 설정여부에 따라 본 SAS 화면의 출력여부가 결정된다. [그림 10-5]는 msgina.dll에서 지원하는 SAS 화면인 WlxDisplaySASNotice 다이얼로그의 모습이다.

```
VOID
WINAPI
WlxDisplaySASNotice (PVOID pWlxContext)
{
  pfWlxDisplaySASNotice(pWlxContext);
}
```

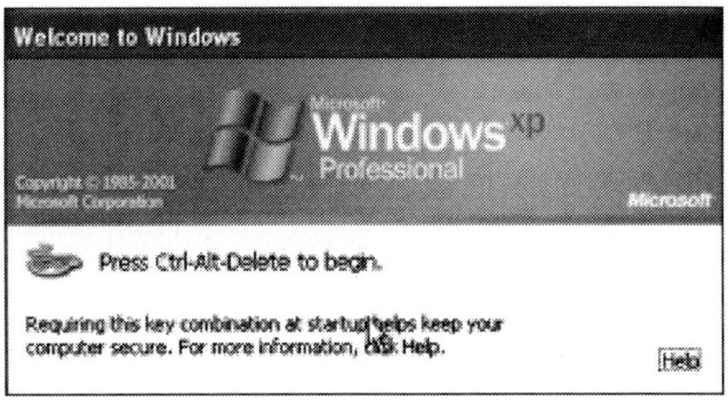

[그림 10-5] WlxDisplaySASNotice 다이얼로그 화면

10.2.5 WlxLoggedOutSAS() 함수

WlxLoggedOutSAS() 함수는 로그인 정보를 입력하는 SAS를 불러오며 GINA의 모든 함수 중에서 가장 복잡하다고 할 수 있다. 사용자로부터 계정과 비밀번호 등의 정보를 입력받고, 인증에 대한 결과를 내는 것이 이 함수에서 이루어지는 과정이다. WlxLoggedOutSAS() 함수는 사용자관점에서 보았을 때 [그림 10-5]와 같이 나타낼 수

있다. WlxLoggedOut-SAS() 함수의 return 값으로 WLX_SAS_ACTION_NONE, WLX_SAS_ACTION_SHUT DOWN, WLX_SAS_ACTION_LOGON 중 하나를 가지게 되는데, None의 경우 인증실패를, SHUTDOWN의 경우 종료를, LOGON의 경우 로그인이 성공했다는 것을 뜻한다. 이 함수는 LsaLogonUser() 함수와 긴밀하게 연결되어 있는데 [그림 10-3]에서와 같이 외부에 존재하는 LSASS는 사용자 인증 과정을 수행하는 부분이다. 본 함수에서는 pfWlxLoggedOutSAS() 함수가 해당 동작을 불러온다. pAuthenticationId, pLogonSid, pdwOptions가 입력 값으로 계정 등의 정보를 나타내는 것이고 phToken을 통해 인증을 받아오는 과정을 담고 있다. 실제 이 부분은 응용이 많이 되는 부분으로 이 부분은 다양한 방식을 사용하고 있다.

```
int
WINAPI
WlxLoggedOutSAS (PVOID                 pWlxContext,
                 DWORD                 dwSasType,
                 PLUID                 pAuthenticationId,
                 PSID                  pLogonSid,
                 PDWORD                pdwOptions,
                 PHANDLE               phToken,
                 PWLX_MPR_NOTIFY_INFO pMprNotifyInfo,
                 PVOID *               pProfile)
{
  int iRet;

  iRet = pfWlxLoggedOutSAS(pWlxContext,
                           dwSasType,
                           pAuthenticationId,
                           pLogonSid,
                           pdwOptions,
                           phToken,
                           pMprNotifyInfo,
                           pProfile);

  if(iRet == WLX_SAS_ACTION_LOGON)
  {
    //
    // Copy pMprNotifyInfo and pLogonSid for later use.
    //

    // pMprNotifyInfo->pszUserName
    // pMprNotifyInfo->pszDomain
    // pMprNotifyInfo->pszPassword
    // pMprNotifyInfo->pszOldPassword
```

```
    }

    return iRet;
}
```

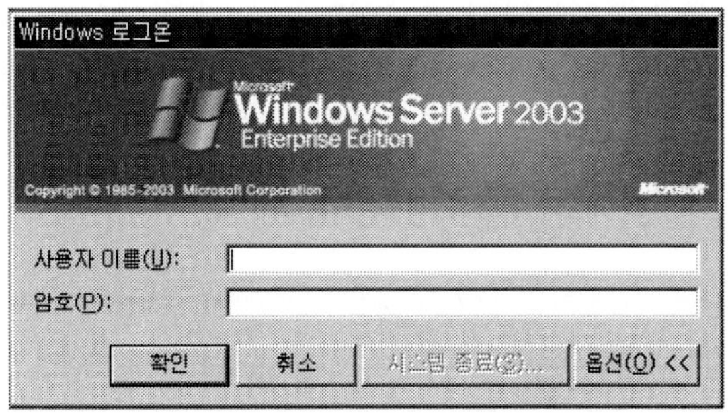

[그림 10-6] LoggedOutSAS 다이얼로그 화면

10.2.6 WlxActivateUserShell() 함수

`WlxActiveUserShell()` 함수는 인증과정을 마친 뒤 초기화를 담당하고 있는 프로세스인 userinit를 호출한다. 프로세스 userinit은 다양한 네트워크 관련 유저 특성별 지정 서비스들을 시작할 수 있도록 해주며 보안관련 부분도 처리해준다. Shell의 호출로 이 부분이 완료되면 실제 사용자 환경에 맞는 바탕화면을 볼 수 있게 된다.

```
BOOL
WINAPI
WlxActivateUserShell (PVOID pWlxContext,
                      PWSTR pszDesktopName,
                      PWSTR pszMprLogonScript,
                      PVOID pEnvironment)
{
   return pfWlxActivateUserShell(pWlxContext,
                                 pszDesktopName,
                                 pszMprLogonScript,
                                 pEnvironment);
}
```

10.3 GINA 컴파일 환경 구축

본 절에서는 MSDN에서 제공하는 GinaStub을 컴파일하기 위해 GINA 컴파일 환경 구축하는 방법에 대해서 살펴본다. GINA 컴파일 환경 구축하기 위해서는 Microsoft Platform SDK for Windows Server 2003 SP1 프로그램을 설치해야 한다. 해당 프로그램은 http://www.microsoft.com/download/en/details.aspx?DisplayLang=en&id=6510에서 무료로 다운받을 수 있으며 해당 사이트에 접속하면 [그림 10-7]과 같이 나타난다. 이때 PSDK-x86.exe를 선택하여 저장한다.

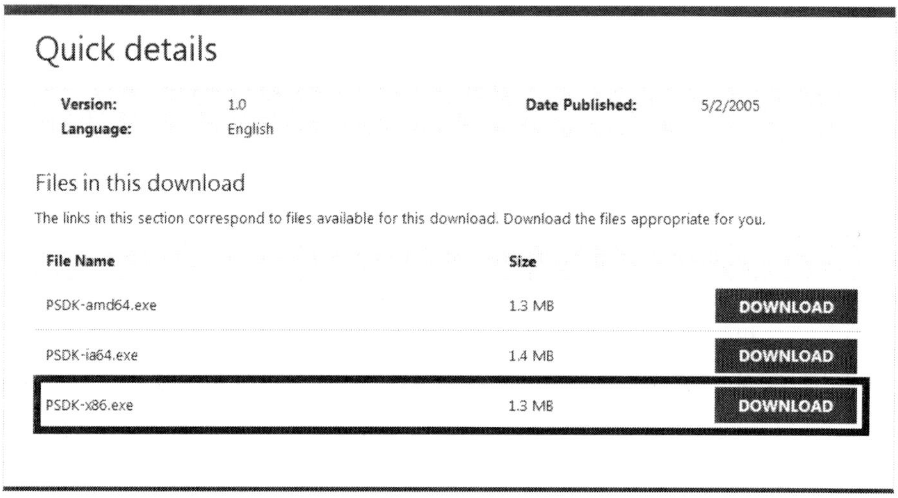

[그림 10-7] Microsoft Platform SDK 사이트 화면

다운로드받은 파일을 설치하면 [그림 10-8]과 같은 순서로 설치를 진행할 수 있다. 설치 절차대로 [Next] 버튼을 선택하여 설치를 진행할 수 있는 기본폴더인 C:₩Program Files₩Microsoft Platform SDK₩에 설치하는 것을 권장한다.

해당 프로그램 설치를 완료하고 [시작]->[모든 프로그램]을 클릭했을 때 [그림 10-9]와 같이 나타남을 확인할 수 있다. GINA 소스 코드를 컴파일하기 위해 Window XP 32-bit Build Environment에서 Set Windows XP 32-bit Build Environment (Retail)을 선택한다. 이후 GinaStub 폴더로 이동하여 nmake를 입력하면 [그림 10-10]과 같이 출력화면을 볼 수 있고 컴파일 전과 후의 GinaStub 폴더는 [그림 10-11]과 같다. 컴파일 후의 GinaStub 폴더에는 ginastub.dll이 새로 생성됨을 확인할 수 있으며 사용자가 PC 부팅할 때 dll 파일을 포인터로 링크되어 동작된다.

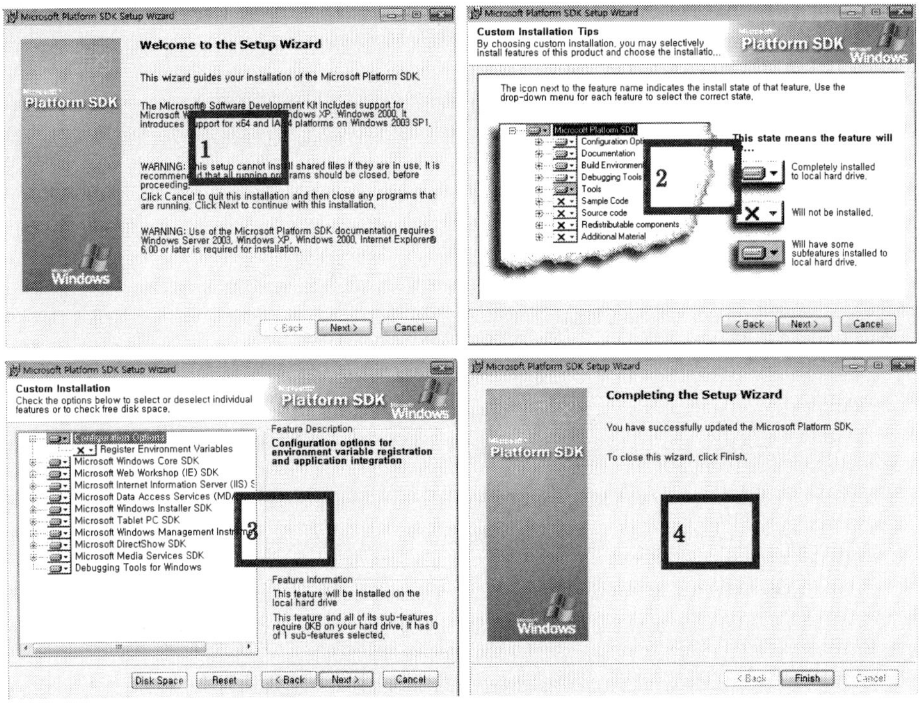

[그림 10-8] Microsoft Platform SDK 설치 화면

[그림 10-9] Platform SDK 설치 완료 후 확인

[그림 10-10] nmake를 이용한 GINA 컴파일

(a) (b)

[그림 10-11] GinaStub 폴더 (a) 컴파일 전, (b) 컴파일 후

ginastub.dll 파일을 링크하기 위해서는 해당 파일을 C:₩WINDOWS₩system32로 이동시키고 [시작]->[실행]을 누른 후 regedit를 입력한다. 그리고 [그림 10-12]와 같이 HKEY_LOCAL_MACHINE₩Software₩Microsoft₩Windows NT₩Current Version₩Win logon로 이동하여 마우스 오른쪽 버튼을 클릭하고 새로 만들기에서 문자열 값(S)을 클릭한다. 클릭하게 되면 새 값 #1으로 목록이 생성되며 이를 [그림 10-13]과 같이 이름은 GinaDLL 데이터는 "ginastub.dll"로 수정한다. 이후 부팅을 하게 되면 앞 절에서 설명했던 로그인 방식으로 수행된다.

[그림 10-12] ginastub.dll 레지스트리 목록 생성

[그림 10-13] ginastub.dll 레지스트리 등록

10.4 원격 PC 로그인을 위한 GINA 활용

10.4.1 WlxInitialize() 함수

`WlxInitialize()` 함수에서는 Winlogon의 handle을 받아오는 작업과 스마트폰으로부터 소켓통신을 하기 위한 초기화 작업을 수행한다. pgContext에는 GINA_CONTEXT 사이즈만큼 동적 할당하고 동적 할당한 곳을 가리키는 포인터를 저장하게 되며 pgContext의 구조체에 있는 hDllInstance, pWlxFuncs, hWlx, station를 초기화한다. hDllInstance는 이후 자기 자신의 로그온 다이얼로그를 보여주기 위함이고 pWlxFuncs는 SAS 이벤트의 Winlogon을 알리는 함수인 `WlxSasNotify()` 함수와 메시지 박스를 띄우게 할 수 있는 `WlxMessageBox()` 함수를 사용할 수 있도록 한다. pWlxFuncs는 `WlxSasNotify()`와 `WlxMessageBox()` 함수 외에도 다이얼로그 박스를 띄우게 할 수 있는 `WlxDialogBoxParam()` 함수와 타이머 설정을 할 수 있는 `WlxSetTimeout()` 함수 등 다양한 함수들을 지원하지만 본 도서에서는 `WlxSasNotify()` 함수와 `WlxMessageBox()` 함수만을 사용하였다. hWlx는 Winlogon의 handle을 저장하게 되며 station은 초기화되고 있는 윈도우 스테이션의 이름을 가리키는 포인터를 저장한다.

이후 스마트폰과의 통신을 위해서 WSAStartup() 함수를 수행하게 되고 포트 번호 9,000으로 UDP 통신을 위한 socket()과 bind() 함수를 수행하게 된다.

```
BOOL WINAPI WlxInitialize (LPWSTR lpWinsta, HANDLE hWlx, PVOID pvReserved, PVOID pWinlogonFunctions,
              PVOID * pWlxContext)
{
    g_pWinlogon = (PWLX_DISPATCH_VERSION_1_3) pWinlogonFunctions;

    pgContext = (PGINA_CONTEXT) LocalAlloc(LMEM_FIXED | LMEM_ZEROINIT, sizeof(GINA_CONTEXT));

    if (!pgContext) {
            return FALSE;
    }

    *pWlxContext = (PVOID) pgContext;
    pgContext->hDllInstance = hDllInstance;
    pgContext->pWlxFuncs = (PWLX_DISPATCH_VERSION_1_3) pWinlogonFunctions;
    pgContext->hWlx = hWlx;
    pgContext->station = lpWinsta;

    WSAStartup(MAKEWORD(2,2), &wsa);

    sock = socket(AF_INET, SOCK_DGRAM, 0); ZeroMemory(&serveraddr, sizeof(serveraddr));
    serveraddr.sin_family = AF_INET;
    serveraddr.sin_port = htons(9000);
    serveraddr.sin_addr.s_addr = htonl(INADDR_ANY);

    bind(sock, (struct sockaddr*)&serveraddr, sizeof(serveraddr));

    clnt_addr_size=sizeof(clientaddr);

    return TRUE;
}
```

10.4.2 WlxDisplaySASNotice() 함수

WlxDisplaySASNotice() 함수에서는 WlxLoggedOutSAS() 함수로 진입하기 위해 Ctrl+Alt+Del 설정을 하였으며 이를 화면으로 띄워 사용자가 직접 입력하도록 한 것이 아니라 화면으로 띄우는 것 없이 자동으로 수행하도록 하였다. 이를 위해 WlxInitialize() 함수에서 초기화를 수행했던 pWlxFuncs의 WlxSasNotify() 함수를 사용하였다. WlxSasNotify() 함수에서 WLX_SAS_TYPE_CTRL_ALT_DEL을 설정함으로써 사용자가 Ctrl+Alt+Del을 직접 입력하는 것이 아니라 `WlxLoggedOutSAS()` 함수로 바로 진입이 가능하게 된다.

```
VOID WINAPI WlxDisplaySASNotice (PVOID pWlxContext)
{
   PGINA_CONTEXT pgContext;
   pgContext = (PGINA_CONTEXT) pWlxContext;
                pgContext->pWlxFuncs->WlxSasNotify(pgContext->hWlx,
WLX_SAS_TYPE_CTRL_ALT_DEL);
}
```

10.4.3 WlxLoggedOutSAS() 함수

`WlxLoggedOutSAS()` 함수에서는 스마트폰으로부터 사용자 계정과 비밀번호 등의 정보를 입력 받고 입력 받은 정보로부터 인증에 대한 결과를 내는 것을 수행한다.

`WlxLoggedOutSAS()` 함수로 진입하게 되면 스마트폰으로부터 사용자 계정과 비밀번호 등의 정보를 전송할 수 있다. 만약에 사용자 계정이 'User3'이고 비밀번호가 '1'이라고 가정했을 때, User3/1의 문자열로 전송이 되며 `recvfrom()` 함수를 통해서 전송 받는다. User3/1의 문자열에서 '/'가 발견되기 이전까지 username에 저장하게 되며 '/'가 발견된 이후에는 password에 저장하게 된다. username에는 User3의 정보가 저장되고 password에는 1이 저장되면 이를 문자열로 취급하기 위해서 마지막 부분에 NULL을 저장한다. 문자열로 취급하는 이유는 이후에 살펴볼 `LogonUser()` 함수와 pMprNotifyInfo를 수행하기 위해서이다.

```
int WINAPI WlxLoggedOutSAS (PVOID pWlxContext, DWORD dwSasType,
    PLUID pAuthenticationId, PSID pLogonSid, PDWORD pdwOptions,
    PHANDLE phToken, PWLX_MPR_NOTIFY_INFO pMprNotifyInfo, PVOID *pProfile)
{
.....
    str_len = recvfrom(sock, message, BUFSIZE, 0, (SOCKADDR *)&clientaddr,
&clnt_addr_size);
.....
    for(i=0; i<str_len; i++) {
            if((message[i] != '/') && (j != 1))
            {
                    username[i] = message[i];
            }
            else {
                    if(message[i] == '/') {
```

```
                    j++;
                    y=i;
                }
                else {
                    password[k] = message[i];
                    k++;
                }
            }
        }
        username[y] = '\0';
        password[k] = '\0';
```

WlxLoggedOutSAS() 함수에서의 **LogonUser()** 함수는 로컬컴퓨터로 사용자가 로그인을 수행하도록 하며 로컬컴퓨터는 **LogonUser()** 함수가 호출된 컴퓨터를 말한다. 스마트폰으로부터 얻은 username과 password를 이용하여 인증 과정을 거치게 되며 성공적으로 수행한다면 logged-on user를 나타내는 token을 얻게 된다.

이러한 token을 얻기 위해서 **LogonUser()** 함수에는 username, domain, password, LOGON32_LOGON_UNLOCK, LOGON32_PROVIDER_DEFAULT, phToken이 입력되는데 username과 password는 스마트폰으로부터 얻은 정보이며 domain은 아무것도 설정하지 않았기 때문에 '.'으로 입력된다. LOGON32_LOGON_UNLOCK은 로그온 수행 타입으로, GINA DLL을 이용하여 로그온을 하겠다는 의미를 지닌다. LOGON32_PROVIDER_ DEFAULT는 사용자를 인증하기 위한 인증 프로토콜을 나타내며 phToken은 사용자가 성공적으로 로그인을 수행하였을 경우에 logged-on user를 나타내는 token을 얻게 된다.

```
.....
        if(!LogonUser(username,  domain,  password,  LOGON32_LOGON_UNLOCK,
LOGON32_PROVIDER_DEFAULT, phToken))
                return WLX_SAS_ACTION_NONE;
.....
```

WlxLoggedOutSAS() 함수에서의 **GetTokenInformation()** 함수는 **LogonUser()** 함수에서 수행했던 logged-on user를 나타내는 token을 이용하여 인증 ID을 얻기 위해 수행된다. 이후 WLX_MPR_NOTIFY_INFO 구조체를 가리키는 포인터를 갖는 pMprNotifyInfo을 이용하여 사용자의 domain, username, password 정보를 저장하게 되는데 이러한 정보를 이용하여 네트워크 프로바이더에게 identification과 authentication을 제공하도록 한다. 이후 WLX_SAS_ACTION_ LOGON 값으로 리턴하게 되는

데 사용자가 성공적으로 로그인을 수행했다는 의미를 지니면서 동시에 `WlxActivateUserShell()` 함수로 진입하게 된다.

```
.....
    if(!GetTokenInformation(*phToken, TokenStatistics, (PVOID) &userStats,
sizeof(TOKEN_STATISTICS), &cbStats))
    {
        return WLX_SAS_ACTION_NONE;
    }
    else
    {
        *pAuthenticationId = userStats.AuthenticationId;
    }
.....
    pMprNotifyInfo->pszUserName = DupString((unsigned short *) &username[0]);
    pMprNotifyInfo->pszDomain = DupString((unsigned short *) &domain[0]);
    pMprNotifyInfo->pszPassword = DupString((unsigned short *) &password[0]);
    pMprNotifyInfo->pszOldPassword = NULL;

    return WLX_SAS_ACTION_LOGON;
}
```

10.4.4 WlxActivateUserShell() 함수

`WlxActivateUserShell()` 함수는 GINA DLL에 의해서 수행되어야 한다. GINA DLL에 의해서 수행이 되면 Winlogon이 GINA로 하여금 사용자의 쉘 프로그램을 활성화 시키도록 요청하여 실제 사용자 화면에 맞는 바탕화면을 볼 수 있도록 한다.

`WlxActivateUserShell()` 함수에서의 `CreateProcessAsUser()` 함수에서 다양한 네트워크관련 유저 특성별 지정 서비스들을 시작할 수 있도록 해주는 userinit을 호출하고 이 부분이 끝났을 경우 사용자 화면이 출력된다.

```
BOOL WINAPI WlxActivateUserShell (PVOID pWlxContext, PWSTR pszDesktopName,
                                  PWSTR pszMprLogonScript, PVOID pEnvironment)
{
.....
    bRet = CreateProcessAsUser(pgContext->UserToken, "userinit.exe", NULL, NULL,
    NULL, FALSE, CREATE_UNICODE_ENVIRONMENT, pEnvironment, NULL, &si, &pi );
.....
    return bRet;
}
```

10.5 스마트폰에서 원격PC 로그인 수행

10.2절에서 설명했던 과정을 통해서 10.4절 소스코드를 컴파일하여 레지스트리에 등록한다. 이후 재부팅을 하게 되면 [그림 10-14](b)와 같이 검은 화면이 나오면, 스마트폰의 [그림 10-14](a)의 UI를 통하여 접속하는 원격 PC의 ID 및 PW 그리고 IP 주소를 입력한다. 이러한 설정을 모두 마친 후 Login 버튼을 누르면 검은 화면이 나오는 PC로 전송이 되어 부팅이 되고 부팅된 화면은 [그림 10-15]와 같다.

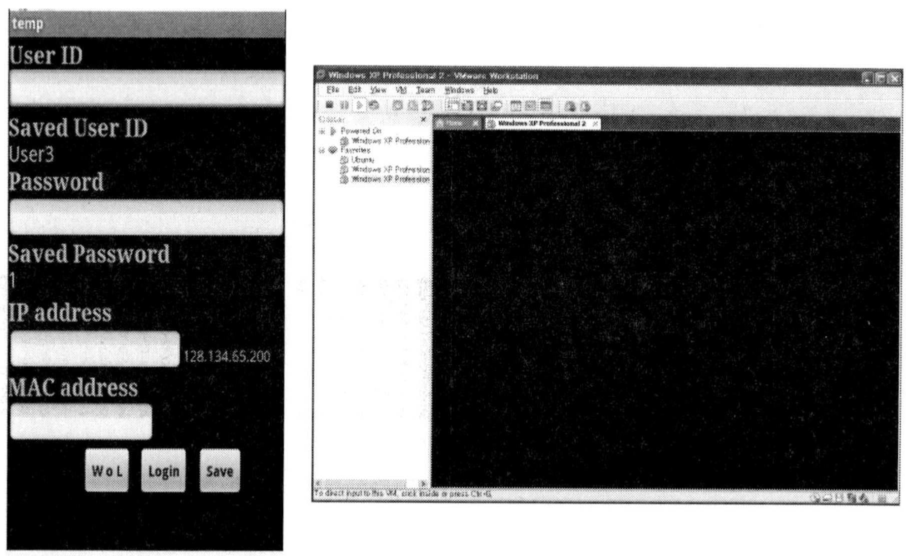

(a) (b)

[그림 10-14] 원격 PC 로그인 (a) UI 화면, (b) 로그인 이전 PC 화면

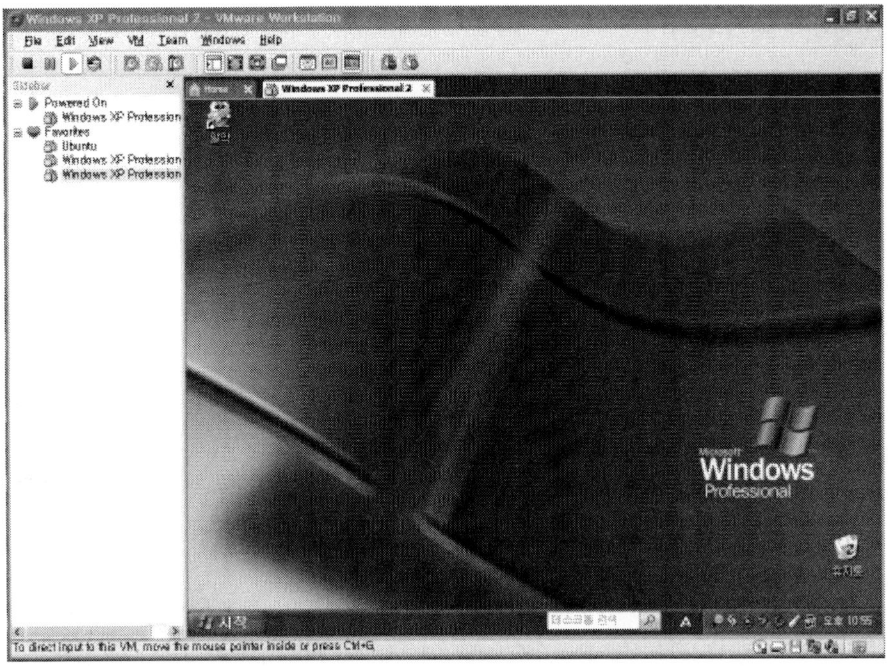

[그림 10-15] 원격 PC 로그인 완료 후의 화면

찾아보기

저자 약력

■ 하상혁

현▸ 광운대학교 통신프로토콜공학 연구실 석사과정

■ 윤승훈

현▸ 광운대학교 통신프로토콜공학 연구실 석사과정

■ 한제현

광운대학교 통신프로토콜공학 연구실 석사

■ 조성일

광운대학교 통신프로토콜공학 연구실 석사

■ 김민재

광운대학교 통신프로토콜공학 연구실 석사

■ 이원희

광운대학교 통신프로토콜공학 연구실 석사
현▸ 에릭슨-LG R&D연구소 연구원

■ 민상원

현▸ 광운대학교 전자통신공학과 교수

본 교재출판은 지식경제부 및 IDEC 플랫폼 센터의 지원으로 수행하였음

정가 17,000원

스마트폰, 스마트 TV와 PC 사이의 제어 및 통신 프로그래밍

2013년 2월 20일 초판 인쇄
2013년 2월 27일 초판 발행

저 자 : 하상혁 · 윤승훈 · 한제현 · 조성일 · 김민재 · 이원희 · 민상원
발행자 : 우명찬 · 송 준
발행처 : 홍릉과학출판사
주 소 : ㉾ 142-885 서울시 강북구 인수동 455-60
등 록 : 1976년 10월 21일 제5-66호
전 화 : 999-2274~5, 996-8341, 903-7037
팩 스 : 905-6729
ISBN : 978-89-97570-77-5

저자와의 협의하에 인지생략

hongpub@hongpub.co.kr
www.hongpub.co.kr